ZHENGFU YU SHEHUI ZIBEN HEZUO（PPP）DE LILUN TANSUO YU SHIJIAN YINGYONG YANJIU

政府与社会资本合作（PPP）的理论探索与实践应用研究

彭程甸 ◎ 等著

湘潭大学出版社

前　言

党的十八届三中全会提出“允许社会资本通过特许经营等方式参与城市基础设施投资和运营”之后，国务院以及国家发展和改革委员会、财政部、交通运输部、住房和城乡建设部等部委出台了一系列文件，鼓励推广政府和社会资本合作模式（Public-Private Partnerships，PPP）。特别是2014年全国财政工作会议后，全国各级财政部门均按照财政部的要求，在更加广阔的领域探索如何推广应用PPP模式。PPP模式下，政府通过特许经营权、合理定价、财政补贴等事先公开的收益约定规则，使投资者有长期稳定收益；投资者按照市场化原则出资，按照约定的规则独自或与政府共同成立特别目的公司，建设和运营合作项目。大力推广应用PPP模式，对于推进供给侧结构性改革、实现政府职能转变、建设现代财政制度、畅通融资渠道、合理分担风险、提升公共服务水平具有重要的意义。

近年来，PPP模式已成为地方政府融资及融资平台转型的重要方向之一，PPP立法、风险监管、地方政府信用建设、“物有所值”评价机制等相关制度不断完善，PPP项目的发展从重视数量和落地率转为重视项目质量。伴随PPP模式应用领域的不断拓展，我和多位学者对PPP模式理论与实践应用中的一些重要问题进行调研和思考，得到了湖南省财政厅与湖南省住房和城乡建设厅新型城镇化建设省级引导资金项目“新型城镇化的财税政策研究(PPP)”、湖南省哲学社会科学规划基金办公室“湖南推进PPP投融资模式的思路与政策研究”、湖南省社会科学成果评审委员会 2017 年度重点项目“湖南发展 PPP 模式的问题与对策研究”等部门的多项课题资助，围绕课题研究方向发表了系列学术论文，多篇论文被中国人民大学复印报刊资料转载。本书即是在综合前期研究成果基础上纂著而成的，对 PPP 模式理论与实践中的一些具体问题做了较为深入的研究。全书共分为五章，其主要内容如下：

第一章，PPP 模式应用的理论探索。在我国经济发展进入新常态的背景下，必须要加强供给侧结构性改革，解决好我国经济发展中供给方面特别是社会公共服务供给难以得到有效满足的问题，而 PPP 模式就是供给侧结构性改革的重要内容之一。PPP 模式作为公共服务市场化过程中的一种全新供给模式，有效地呼应了供给侧结构性改革，通过创新制度供给机制，不断提高公共服务的效率和质量，促进我国经济的转型升级和国家治理能力的提高。因此，本章着重从我国供给侧结构性改革的视角探讨了 PPP 模式应用的一般理论，内容主要包括中国供给侧改革的实践路径、PPP 模式应用与推广的理论依据、PPP 项目的运作流程以及 PPP 模式应用的地方政府诚信制度建设等。

第二章，湖南发展 PPP 模式的实证分析。2014 年，湖南省成为全国推广运用 PPP 模式试点的首批省份之一，通过健全组织、完善制度、规范管理、开展示范等措施，取得了积极成效。湖南经济发展水平、财政收支总量、县域产业结构、城镇化水平等均呈现区域不均衡发展的状况，因此新型城镇化背景下探究湖南基础设施建设领域大力推广应用 PPP 模式的现状、问题、区域选择等具有重要意义。本章通过实地调研，主要探讨了四大问题：一是在湖南县域城镇化发展水平的测度分析基础上，探究了湖南县域城镇化发展水平的空间差异和空间发展战略；二是探究了湖南基础设施建设 PPP 模式应用的区域环境、区域选择原则和区域选择建议；三是分析了湖南发展 PPP 模式的实践现状、主要措施和面临的问题；四是阐明了我国 PPP 模式的发展历程，以及湖南发展 PPP 模式的特征、影响因素和对策建议。

第三章，县域基础设施建设 PPP 模式应用。县域城镇化是新型城镇化的关键，相对于大城市，县域城镇化具有更大发展空间和更低人口转移成本，能更好地优化生产力布局、维护社会公平、缓解城市发展与资源环境的矛盾。但是，在我国县域城镇化推进过程中存在着县域中小城市基础设施无法满足县域城镇化快速膨胀人口需求的矛盾，严重制约了县域城镇化发展。毫无疑问，PPP 模式对于促进县域基础设施建设具有十分重要的作用。因此，本章在对县域基础设施建设 PPP 模式应用研究现状进行可视化分析的基础上，剖析了县域基础设施建设 PPP 模式应用的研究内容、存在的问题及展望，并以湖南省为例就县域基础设施建设 PPP 模式的项目与模式选择、应用基础与机制创新、制度优化路径等进行了深入探讨。

第四章，水务行业 PPP 模式应用。农村饮水安全事关农民群众生命安全、事关农村社会稳定发展大局。从 2005 年国家启动农村饮水安全工程建设至今，我国基本解决了农村饮水安全问题。当前，农村饮水安全工程进入巩固提升阶段，迫切需要应用 PPP 模式不断转换地方政府职能、减轻地方财政负担、提高农村公共产品供给效率。但是，农村饮水安全巩固提升工程应用 PPP 模式面临地方政府引导资金欠缺、项目投资回报率低和运营风险大不能吸引社会资本、农村 PPP 项目融资环境差等困难，需要认真研究并加以解决。因此，本章重点探讨了农村饮水安全工程建设现状，农村饮水安全巩固提升工程应用 PPP 模式的价值、困难和对策，农村饮水安全巩固提升工程 PPP 项目的政府补偿机制，以及城市黑臭水体治理 PPP 模式应用的现状描述、SWOT 分析及应用策略等。

第五章，绿色发展理念与 PPP 模式。中国特色社会主义进入新时代，人民对绿水青山、蓝天白云的需求日益增长，传统的发展模式和发展观念已经不能适应新时代发展的客观要求，不能满足人民日益增长的美好生活需要。随着习近平新时代绿色发展理念的贯彻落实，绿色发展模式逐渐受到人们的高度重视，以环境质量改善为核心的生态治理与环境保护项目受到社会普遍关注。本章通过对国内外绿色发展理论探索的系统梳理、习近平绿色发展理念理论渊源与核心要旨及重要价值的深入剖析、中国绿色发展理念实践路径的探讨分析，初步回答了绿色发展理念下PPP模式应用的基本状况，即绿色PPP潜力巨大、模式多样，急待优化绿色PPP监管机制和创新绿色PPP金融支持，农业绿色发展PPP方兴未艾。

本书的问世，首先要感谢湖南省财政厅经济建设处黄拥政副处长，他对PPP模式实践推进的坚持、对PPP模式应用运作的理论思考给了我们很多启发，在县市区PPP项目调研的选点、沟通、协调等方面给予了我们很大帮助；感谢长期合作的湖南财政经济学院余华教授、卿文洁研究员，调研方案的确定、异地调研的奔波、论点凝练的启迪、文稿修改的争辩，是团队PPP模式应用研究不断深入的坚强后盾；感谢湖南财政经济学院青年教师、湖南大学博士研究生祝子丽，个人生活、学业、工作诸务缠身极度繁忙，仍积极参与中外文献梳理、数据资料采集、调研笔录整理、调研报告草创，是团队PPP模式应用研究不断拓展的重要支持；感谢西南财经大学博士研究生周玉姣、湘潭大学博士研究生胡伟强、华南理工大学硕士研究生彭至乐等青年学者的参与。感谢湖南省委党校博士研究生导师曹健华教授、湘潭大学博士研究生导师颜佳华教授、湖南商学院硕士研究生导师欧阳资生教授对书稿的审读和提出的宝贵的修改意见。湖南省财政厅经济建设处及郴州市、永州市、益阳市、衡阳市、邵阳市、永兴县、资兴市、蓝山县、江华县、江永县、沅江市、汉寿县、临澧县、津市市、洞口县、沅陵县等市、县（市）的发改委、财政部门、水利水电管理部门、旅游管理部门和城建管理部门，对课题调研给予了大力支持和充分配合，一并致谢。

作者水平有限，书中难免存在不妥之处，需要随着PPP模式的推进和认识的深化不断修正、完善，恳请大家批评指正。

彭程甸

2018年8月

目　录

第一章　PPP 模式应用的理论探索

经济形势日趋复杂，单一需求管理政策已经不能满足当前宏观经济运行要求，供给经济学强势进入大众视野，政府对供给侧改革高度重视，学者们不遗余力地从供给侧角度探究国民经济运行思路。供给侧结构性改革是中国新供给经济学者在当前社会经济矛盾趋于激化下提出的适合中国国情的理论主张和政策诉求，它是需求管理政策在中国空间收效见窄情况下的一抹亮色。当前 PPP 模式已经成为经济社会发展中的热词，PPP 模式成为基础设施建设中引入社会资本、减轻财政负担的有效手段。从某种程度上看，PPP 模式是贯彻落实供给侧结构性改革的一项非常重要的内容。本章就中国供给侧改革的实践路径、PPP 模式应用的理论依据以及 PPP 模式应用的地方政府诚信制度建设等进行探讨。

第一节　中国供给侧改革的实践路径[①]

考察目前我国经济增长动力，外需明显疲软、内需提振不足、需求经济学在经济发展中乏力。为了适应新常态下经济结构调整转型、提振经济增长动力，着力供给侧结构调整发展实体经济、促进就业的新供给经济学成为政

① 余华、彭至乐：《中国供给侧改革的理论逻辑与实践路径探析》，载于《湖南财政经济学院学报》2016 年第 4 期。

府和学者尝试的新思路。供给侧改革的核心是进一步解放和发展生产力，优化供给侧环境机制要着力提升制度供给的高效性和市场空间的开放性，激发微观主体创业、创新活力，使其成为新时期经济发展的新动力。借鉴车海刚①的观点，供给侧改革的实践路径主要有产业转型升级、要素创新驱动和制度改革促推三个方面。

一、产业转型升级

产业转型升级是供给侧改革的重中之重，一方面意味着要素的重新流动和配置，通过帕累托改进，最终实现经济效率的提升；另一方面意味着淘汰落后产能，减少无效供给，提升有效供给和产业层次，从而提高全要素生产率。

（一）工业供给侧改革实践

互联网消费时代的到来推动着传统产业转型升级，“工业互联网＋”成为工业企业的首选，满足消费者及企业个性需求的服务模式创新、以分散式网络协同为特征的生产组织模式创新、深度融入互联网思维的全流程开放式创新以及多业态多技术融合的产业生态体系创新②，这种“工业＋互联网”的融合模式不仅可能创新新产品、新工艺，推进产品创新，还有可能挖掘潜在的消费市场，消耗多余库存剩余产能的同时加强短板供给，完善产业链从低端向中高端的转型。李克强总理在2016年政府工作报告中同样强调提质增效，促进产业创新升级，鼓励大众创新、万众创业，一手抓新兴产业培育、一手抓传统产业升级，无一不体现出中国中央政府推进供给侧结构性改革的勇气和决心。

（二）农业供给侧改革实践

2016年中央一号文件《关于落实发展新理念加快农业现代化实现全面小康目标的若干意见》中首次提出“农业供给侧改革”，明确农业供给侧改革的

---

① 车海刚：《“供给侧结构性改革”的逻辑》，载于《中国发展观察》2015年第11期。

② 杜娟、王建伟等：《互联网与工业融合创新的主要路径及模式初探》，载于《产业经济评论》2014年第7期。

重点是去库存、降成本、补短板；主张农村第一、第二、第三产业实现交叉融合，推进产城一体化发展，这样不仅拓宽了农业农村发展空间，还将有效地整合农业农村资源，提高第一产业现代化和市场化水平。

二、要素创新驱动

新常态下，单纯依赖土地红利和人口红利两大要素驱动，已难以继续推动中国经济向前快速发展。要素是改革的基础，推动要素创新有利于优化资源配置、组合和创新要素效用、推进新产品和新产业的形成和发展。

（一）土地改革创新

2008年《中共中央关于推进农村改革发展若干重大问题的决定》中允许农民以转包、出租、股份合作等形式流转土地承包经营权。这是改革开放30年后农村土地改革的重启，开始承认市场在土地经营中的作用，土地不仅可以通过种植作物实现价值，还能通过市场实现增值，这是中国土地改革的创新。2016年蔡继明提出征地制度、建设用地制度和农村宅基地制度改革，应按照“三位一体”城乡互动进行，对“三块地”进行通盘考虑和顶层设计，构建城乡统一的建设用地市场，实现城乡土地市场互联互通①。

（二）人力资本创新

人力资本是现代经济增长的源泉之一，建立“统一开放、服务完善、城乡一体”的人力资源市场是避免刘易斯拐点出现的重要手段。通过初级劳动力短缺到中高级劳动力富余的过渡、提升人力资本层次继续保持人口红利，既有助于促进国家科技水平的提高并提升国家产业层次，又有助于加快知识积累、提高传播速度、发挥知识的外溢效应，通过人的现代化推进国家的现代化。

三、制度改革促推

制度改革主要是行政管制、准入管制、退出管制以及价格管制等的改革，实现由政府主导向市场主导的转变，加强市场的决定作用，减少对企业和个

---

① 蔡继明：《农村“三块地”改革不能被割裂》，载于《中国经济时报》2016年3月18日。

人的束缚，提升市场、企业和个人的发展活力。当前正在推动的政府行政管理制度改革、土地审批制度改革、金融制度改革和财税体制改革等，或者简政放权、放管结合和优化服务等，都是政府让位于市场的实际举措。

（一）负面清单嵌入行政审批制度改革

“新制度经济学视角下，我国行政审批制度经历了制度缺失到制度过剩的演进过程，目前简政放权的行政审批制度改革已进入关键阶段，必须从有限准入向开放准入转型。负面清单管理是构建开放准入秩序的现实选择，能满足强化市场型政府职能的要求。”① 肇始于上海自贸区建设的负面清单管理模式已经全面嵌入行政审批制度改革，全国各省市均出台了负面清单改革的相关文件和具体措施，负面清单嵌入行政审批制度改革必将推动政府职能转型，这将大大激发市场、企业和个人创新、创业活力。

（二）金融体制及财税体制的改革创新

在宏观调控上，实行定向调控和相机调控相结合。一是加大实施积极财政政策力度。滕泰（2016）② 认为减税是促进中国经济复苏最有力的举措，应以全面减税为起点，扩大结构性减税范围，全面推行营改增，实现普遍性降费；阶段性提高财政赤字率，实现新供给改革，开启经济增长新周期。二是实施稳健略宽松的货币政策。注重松紧适度，多次降息降准、改革存贷比管理、创新货币政策工具等加大对实体经济支持力度。财税体制和金融体制改革将大大减轻企业税负，释放企业和市场活力，推动企业和个人投资力度，刺激国内潜在消费需求。

（三）社会资本全面介入基础设施建设

2014 年 9 月以来，国务院和财政部、国家发展和改革委员会等多个部委及各省市政府相继出台 PPP 模式相关文件，基础设施建设 PPP 模式应用的制度体系初步成形，国家层面和各省市公布了多批 PPP 试点项目。公共产品供给基本来自政府、被政府垄断的局面得到改变，社会资本开始冲破公共产品生产成本

---

① 余华：《负面清单嵌入行政审批制度改革研究》，载于《甘肃社会科学》2015 年第 5 期。

② 滕泰：《减税是中国经济复苏的最有效举措》，载于《财经界》2016 年第 2 期。

高、周期长、风险大、盈利慢的障碍，全面介入基础设施建设。基础设施建设 PPP 项目合同管理、财政承受能力论证和评估、程序管理、风险防范和分担等制度的完善，必将促推社会资本进入基础设施建设的广度和深度。

第二节　PPP 模式应用的理论依据①

2014 年全国财政工作会议后，全国各级财政部门均按照财政部的要求，在一个广阔的领域探索如何推广使用 PPP 模式。全面应用与推广 PPP 模式，必须明确“利益共享和风险共担”两大核心要义，树立 PPP 是转变方式不是转嫁风险、PPP 是平等合作不是一厢情愿、PPP 是“婚姻”不是“婚礼”的思想，处理好政府与市场、短期与长期、传统与创新的关系，解决好传统模式下资金不足、规划和项目遴选不善、管理低效、后期维护不足四大问题，关注候选项目识别、项目构建和评估、公私合作合同设计、公私合作交易、公私合作合同管理五大阶段，做好成立政府管理机构、组织专家团队、搭建公共交易平台、组建 SPV 公司、建立 PPP 项目库、制定推进 PPP 的工作方案等六项重点工作。

一、PPP 模式的内涵

（一）PPP 模式的含义

第一个“P”，即 Public，通常指政府机构、公共部门或者政府预算资金。执行公私合作项目和管理公私合同的责任通常落在负责确保相关资产或服务提供的实体上，这一实体在公私合作中通常被称为合同主管部门，担当公私合作的公共方。公私合作法律或政策可以确定担当合同主管部门的政府实体，并指定这些机构负责公私合作的实施。贯彻“不与民争利”的原则，就是市场能做的政府不做、民营企业能做的国企不做、社会组织能做的政府不做。不管是传统领域还是新兴产业，应尽可能让市场起决定性作用，充分发挥市场配置资源

① 黄拥政：《PPP 模式应用与推广的战略思考》，载于《湖南财政经济学院学报》2014 年第 3 期。

的功能。政府部门主要是做好PPP模式的总体规划、建立“政策（定价）调整机制”、监督合同的履行等工作，一般不参与项目的建设经营。第一个“P”可能是一级政府部门（机构、单位），也可能是两个平级的政府部门。

第二个“P”，即Private，通常指私营部门或者是社会资本、民间资本。贯彻“盈利但不暴利”的原则。私营部门或者社会资本、民间资本主要负责项目的设计、建设、运营和维护，同时承担相应风险，通常情况下私营部门必须承担重大风险和管理责任。第二个“P”可以是一人公司，可以是几个合伙制公司，甚至可以是几个有限责任公司、股份公司等。不同股东之间应注意规避关联交易事项，如项目属于设计施工总承包方式，就要防止作为股东的设计单位和施工单位组成项目盈利目标之外的小集体。

第三个“P”，即Partnership，指的是合作，也就是Public和Private就提供公共产品（准公共产品）或者提供公共服务签订的长期合同，是一种新的投融资模式，是一种合作关系。商业银行、金融单位自有资金以及其他法律法规规定的资本，比如一些国家主权外债，都可以作为股权投入、作为Private参与进来。其他金融资本、信托、保险、基金可以作为债权投资参与进来，只收利息，但不参与项目管理。

（二）PPP模式的分类

首先，根据内涵不同，PPP有广义和狭义之分。广义的PPP，包括以前运用的BOT、BOO、BT和PFI等模式[①]。目前，我国城市污水处理厂约有60%是采用PPP模式建设运营的，社会垃圾处理厂约有90%是采用PPP模式建设运营的。笔者认为，第二个“P”如果是政府成立的融资平台或者是国有资产控股的国企，其经营、债务风险最后还是会转嫁到政府，此类PPP应归入广义类。有时政府不出资，而是以补贴，或有收益、无形资产等要素参与PPP，这类也应归入广义范围的PPP模式，实践中应尽可能将之量化为一定股份，作为出资人才能参与决策，有发言权和投票权。这些要素值不值钱、

① 贺霞：《基础设施建设BOT与BT模式的比较研究》，载于《湖南财政经济学院学报》2013年第5期。

值多少钱，需要经过评估，由市场说了算。狭义的 PPP 模式，仅指私营部门运用民间资本与政府公共部门之间的合作，而且大多是有稳定的现金流、有固定收入回报的准公共产品项目，这类准公共产品大多具有公益性、公共性和外部性以及运营周期长、投资大、风险高、回报期长、收益持续稳定等特征。

其次，以收费机制为标准，PPP 可以分为“使用者付费”和“政府付费”的公私合作项目以及二者皆有的项目。收费道路是最典型的“使用者付费”公私合作项目。该类项目中，私营方向使用者提供公共产品或准公共产品服务，并通过向使用者收取服务费来创造收益。相关费用可以由政府出资予以补贴，补贴也可以基于业绩，如取决于所提供的服务是否达到特定的标准；补贴也可以基于产出，如根据使用者的数量付费。“政府付费”的公私合作项目中，政府是私营方唯一的收入来源。政府付费可取决于资产或服务是否达到事先约定的质量标准，即按“可用性”付费。政府可基于产出、根据私营方向使用者提供服务的数量，向私营方付费。如“隐性收费”公路项目，使用者可免费使用道路设施，政府则根据用户数量向私营方付费。

（三）PPP 模式的领域

公私合作项目主要应用于最需要投资或最需要改进服务的领域，或者预计公私合作能够顺利实现的领域。如新加坡的公私合作政策（2004 年）被限定在“其他类似国家已经证明公私合作成功”的领域，包括体育设施、垃圾焚烧、供水和污水处理工程、大型 IT 基础设施、教育设施、医院和综合诊所、高速公路及政府办公大楼建设等。

（四）PPP 模式的规模

关于合同期限，巴西公私合作法（第 11079 号法律，2004 年）和智利特许法（第 20410 号法律，2010 年）都规定了合同期限，巴西最短为 5 年、智利最长为 50 年。关于项目规模，新加坡公私合作政策（2004）规定，初期推行的公私合作仅适用于资金估算超过 5 000 万美元的项目；巴西的公私合作法设定了单个项目的最小规模为 2 000 万雷亚尔（1 170 万美元）。

（五）PPP 模式的目标

许多国家的政府部门在制定和编写公私合作政策文件时，均确立了公私合作项目的目标。目标的选择主要依赖于政府的经济社会发展其他政策和优先事项，具体包括通过民间融资方式加大基础设施建设投资、提供基础设施和公共服务方面实现更高的性价比、提供基础设施和公共服务方面完善问责制、利用私营部门的创新和效率促进国家的经济增长和发展。

二、PPP 模式的应用

（一）掌握两个要义

PPP 的全过程反映了两个核心要义，即利益共享和风险共担。一方面，合同的设计要确保项目能够正常营运（略有盈利）但又能够防止暴利。如一条经营性高速公路，当建设初期，低于预测的最低流量时（不是因为经营不善引起的），政府有时会给予一定的补贴；当高于一定流量时，政府通过降低收费标准等办法适时调整收益分配机制，防止产生暴利。PPP 项目最终都应有一定的盈利能力，通常是同期限国债利率加减 CPI。另一方面，风险共担并不是所有股东对于可预见的风险平均分配，而是由最合适的一方负担。比如，地铁项目施工过程中的风险，如果股东中有施工企业，而且也是项目的施工方，那么它就可以承担施工过程中的大部分风险。风险共担的最优原则是，谁对哪种风险最有控制力，谁就承担相应风险。

哈尔滨既有建筑综合节能改造项目在 PPP 模式设计时，同时引入亚行（公营）和私营部门资本，采用合同能源管理模式建设，统筹当地政府、供热企业、节能服务公司和最终受益人等利益相关方，通过政府财力投入一部分、供热企业从节能效益中贡献一部分、节能服务公司利润让渡一部分、节能改造建筑所有者负担极少一部分的融资方式，有效整合多种资源，在不增加社会成本的前提下，实现“四方共赢”。

PPP 与通常使用的 BOT、BT 模式有所区别。BOT、BT 等传统模式最大的问题是，没有在合同或协议中对私人收益制订“可以调整”的约束性条款，导致项目经营中出现暴利。PPP 有一个合理的、适时的价格或利润调节机制。

作为PPP典型案例的英国希思罗机场，其监管机构航空管理委员会每五年会对机场的运营成本和价格上限核定一次。

（二）端正三种思想

首先，PPP是转变方式，不是转嫁风险。近年来，我国4万亿投资、全国20万亿平台债务积累了一些债务风险、出现了产能过剩问题。美国次贷危机、欧洲国家的主权债务危机、底特律市的破产，都给了我们很多警示。毋庸置疑，传统发展方式难以为继。新一届政府大力推进新型城镇化，有关部门提出了6年50万亿的投资需求，湖南省2014年组织203个重点项目建设，年度投资达1 800亿元，巨量的投资计划，资金从哪来？因此，必须创新思路、创新投融资体制，把思想统一到十八届三中全会精神上来。十八届三中全会提出要“大幅度减少政府对资源的直接配置”“发展混合所有制经济”“建立透明规范的城市建设投融资机制，允许社会资本通过特许经营等方式参与城市基础设施投资和运营”① 等体制机制变革。从传统的“政府包揽式”公共产品和公共服务提供方式向PPP转变，不是简单的、技术层面的“转嫁风险和方式更新”，而是涉及转变政府职能、创新预算管理、整合社会资源、消除隐性壁垒的“机制变革”，是适应“转变政府职能、优化资源配置、深化改革开放”要求的一次体制机制变革措施。只有站在这一高度，做这项工作才会有动力有积极性心情愉悦。

其次，PPP是平等合作，不是一厢情愿。股东结构、成本负担、利益分配等不是政府说了算，不是政府行为，不是拉郎配，政府不是老大，政府不能背着手、高高在上发号施令；PPP是市场行为，需要一起坐下来好好谈、细细谈、认真谈。

再次，PPP是“婚姻”，不是“婚礼”。一场美好的婚姻更多地需要双方的信任、理解、容忍、谦让，这样才能天长地久。结婚前要谈恋爱（项目艰苦细致的前期工作，国际上有的PPP项目前期工作达10年之久），你情我愿

---

① 《关于全面深化改革若干重大问题的决定》，载于《人民日报》2013年11月16日。

了要有婚前协议（全面详实的合同文本，有的PPP合同文本长达一两百页，10多万字）等。不是拿一个证书，放几个礼炮，说两句“我愿意”就完事了。PPP是项目全过程、全生命周期的合作，包含共同谋划、共同投资、共同建设、共同运营维护和共同监管。

（三）厘清三个关系

按照目前理论界对经济事项的分析，PPP模式的推广和运用，要注意处理好三个关系，即政府与市场的关系、短期与长远的关系、传统与创新的关系。

首先，厘清政府与市场的关系。“使市场在资源配置中起决定性作用”是十八届三中全会的理论创新，就是说，即使在传统理论认为市场难以发挥作用的公共领域，也要尽量依靠市场力量来做。推广运用PPP模式，正是政府通过授予特许经营权等方式引入私人资本，不但可以发挥优胜劣汰的市场竞争作用，激发非公有制经济的活力，还有助于破除各种行政垄断，消除各种隐性壁垒，推进公共产品和公共服务的市场化配置，大力提高公共产品和公共服务的品质和效率。

其次，厘清短期与长期的关系。以往各级政府都是单一年度的“预算收支”。十八届三中全会要求建立跨年度预算平衡机制，逐步转向强化中长期财政规划和“资产负债管理”，建立权责发生制的政府综合财务报告制度。PPP模式强调将一部分政府性债务剥离出去，并提高效率，有助于减轻政府债务压力，有助于创新财政管理理念。通过中长期规划、公开收费或补贴的调整机制，将政府的远期支出责任和收益纳入预算和资产负债表予以固化和法制化，并同年度预算安排相结合，做到PPP项目“全生命周期”的“预算管理”。公私合作通常会对政府产生长期财务影响。公私合作合同项下的付款承诺通常为长期的，可能取决于一种或多种风险。这将为公共财政管理带来特殊挑战，因为公共财政管理通常与年度拨款挂钩。因此，应针对PPP公私合作制定出具体的公共财政预算、财务管理和会计处理办法。

再次，厘清传统与创新的关系。公共领域引入公私合作模式是政府投融资模式的创新，但这不意味着对传统政府投资模式的全盘摒弃。尤其在我国现阶段，公私合作模式的法律、法规还不健全，相关运作机制和管理经验的积累还需要一段时间，推广PPP模式将是一个循序渐进的过程，不能“一哄而上”。参考国外做法，在推广起步阶段，对于一些经济基础较好的地区可积极运用PPP，对于一些经济欠发达地区还要小步试点、稳步推进。《国家新型城镇化规划》要求每个省要选择部分市县开展新型城镇化试点，PPP也可以选择一些基础条件较好的市县先试起来。

（四）解决四个问题

首先，解决资金不足的问题。公私合作可以拓宽基础设施项目的融资渠道，产生更多的服务收入用于基础设施项目建设。一方面，许多公私合作项目都向使用者收取服务费，这样能有效提高政府总收入和基础设施项目资金。另一方面，公私合作还可以通过提高资产使用率获得额外收入。利用基础设施相关资产产生其他方面的收入可以降低政府和使用者所付成本。澳大利亚新南威尔士州的私营部门融资新学校项目（一项建造并维护19所新学校的公私合作项目）的承包商通过将学校区域内的场地出租给私人幼教中心获得额外收入；整个项目周期幼教中心的额外收入为澳大利亚政府节省了320万澳币（折合约250万美元）的相应支出。

其次，解决规划和项目遴选不善的问题。规划和项目遴选过程就是项目经受市场考验和测试的过程。PPP项目的出资人和贷款人会积极主动进行项目分析，丰富的项目管理经验和强烈的利润追逐动机会驱动他们对收益、成本进行谨慎评估；尤其是为PPP项目合作提供资金的贷款人会针对项目开展广泛的尽职调查。2002年标准普尔的一份研究表明，由银行出具的收费公路交通流量预测不像其他机构提出的预测那么乐观，即使存在偏差，但银行高估交通流量低于20%，而其他机构往往高估交通流量超过35%以上[①]。规划PPP项目时，应集众人之长，汇集各方智慧，充分发挥项目团队的力量，大

① 贝恩、威尔金斯：《基础设施建设融资：初设收费设施公路的交通流量风险》，2002年。

胆利用“外脑”，合理接受愿意参与PPP模式的私营企业提交的非应标建议书。非应标建议书可以成为非常有用的建议来源，但如想以此改善项目甄选，则需要和其他大型政府投资一样，对建议书进行深入分析。一些国家政府通过制定政策，鼓励私营企业提交非应标建议书，但同时将其纳入严格的分析和竞争程序。

再次，解决管理低效的问题。一方面，要改善新资产建设。与传统的政府采购相比较，PPP模式可以大大节约基础设施项目建设的施工时间，节约工程成本，提高工程建设效率。英国国家审计署对PPP模式与传统政府采购模式的超预算或工期延迟现象进行了对比，发现PPP模式明显优于政府建造模式，尤其是在成本控制方面。另一方面，要改善服务交付和管理。有证据表明，与政府运营的公用事业相比，私营部门参与项目可以改善服务和管理。2009年世界银行一项综合性研究分析了引入私营部门（通过特许经营或公用事业完全私有化）参与经营的效果[①]。该项研究使用计量经济学分析的方法，评估了71个发展中国家和转型经济国家中1 200多家水电公共事业项目的表现。研究发现，当引入私营方参与项目时，会产生巨大的收益——包括降低水耗和提高人员效率。这些收益伴随着服务质量的提高、服务覆盖范围的扩展和每天服务时间的增加。

最后，解决后期维护不足的问题。维护不足增加了整个生命周期的成本，同时也降低了项目收益。为保护基础设施资产、保持服务质量，日常定期维护是降低成本的一种有效运营方式；如果疏于维护、任由硬件资产破败到需要进行大修的程度，则需要付出更高的成本。世界银行非洲基础设施诊断研究报告估计，非洲公路部门的预防性维护每年能够节省大约26亿美元的大修支出。南非国家公路局的公路维护报告指出，在南非，推迟公路维护三年产生的大修成本比预防性维护的原始成本高出6倍。若公路维护推迟五年，则

① Marin：《市区供水设施的公私合作：发展中国家经验回顾》，载于《PPIAF，世界银行：趋势与政策选择第8号》，2009年。

大修成本将比预防性维护成本高出 18 倍[①]。公私合作在一份合同中，把工程建设或修复与日常维护捆绑在一起，同为合同义务。如 2003 年英国国家审计署公私合作业绩报告所述，这样的激励机制使私营企业非常重视项目前期的施工质量，以便使后期维护需求最小化（使基础设施资产的“全生命周期”成本降低）[②]。

（五）关注五个阶段

第一，识别候选项目。首要的是确定具备公私合作潜力的项目。政府已经制定的领域或基础设施计划可作为出发点。通常，各级政府年初确定的重点项目，或是对外招商引资的重大项目都可纳入备选项。这个阶段包括把公私合作的提议发展到“概念”阶段，初步筛选分析以评估其作为公私合作项目的盈利潜力。进行更完善的“商业论证”之前可能需要审批。

第二，构建和评估项目。确定和初步批准有潜力的候选项目后，下一步通常是从技术、经济、金融、法律和环境方面进行可行性研究，从而确定相关重要商业条款，包括拟议的合同类型、风险分配和付款机制。通常也进行“商业论证”证明该公私合作项目是明智的投资决策。公私合作的构建可以与商业可行性、承担能力和性价比分析的结果结合，在必要时调整风险分配。决定是否开展公私合作项目时，通常要依据三个关键性标准对拟议的公私合作项目进行评估：

（1）项目的技术可行性和经济可行性。不论是实施公私合作项目还是采用传统公共部门采购方式，都须考虑相关项目是否合理。这通常包括用以检查项目可行与否的可行性研究，证明其符合国家行业发展政策的优先考虑和规划，还涉及用以检查项目成本效益是否合理的经济性评估，以及用以实现效益的最低成本方法。

（2）公私合作的性价比。相比其他方案，以拟议公私方式开发项目预计

---

① 南非国家公路局有限公司：《南非国家公路局有限公司 2004 年度报告》，2004 年。

② Finlay，Browne，Chambers，Ratcliffe：《在国家审计署（NAO）Richard Eales 的指导下（2003）私营融资计划：审查官与审计长 HC 的报告：建设业绩报告》，2003 年。

是否能够实现最佳性价比。这可能包括与公共采购的替代方案进行对比（在其为可选方案的情况下），也可能包括与其他可能的公私合作结构对比，以此检查拟定的结构能否产生最佳价值（例如，风险是否配置得当）。

（3）负担能力。项目的综合收入要求是否在用户、公共实体或者两者的基础设施服务支付能力范围之内。这涉及在定期付款和财政风险方面检查项目财政成本，并确定其是否能够在预算和其他财政约束范围内得到满足。在确定和开发潜在公私合作项目时，政府还需要考虑其商业可行性，也就是说，项目是否能够通过提供稳健和合理的经济回报吸引优质出资人和贷款人。

第三，设计公私合作合同。制订公私合作合同和其他协议，这一阶段包括把商业原则纳入合同条款以及制订合同变更和管理的规定，如争议解决机制。通常在采购流程的早期完成合同草案的设计，以方便潜在的投标人协商。

第四，进行公私合作交易。在交易阶段，政府选择有可能实施公私合作项目私人方。通常包括准备和竞标过程。投标人需提交其资格证明、详细技术和融资建议书；政府通常经过若干阶段根据预定的标准对材料进行评估，选出优先投标者。一旦融资完成，该项目的交易阶段随即结束。

第五，管理公私合作合同。公私合作项目的融资完成后，政府必须在合同期间全程管理合同，包括监控与实施公私合作合同要求以及管理公共和私人合作伙伴之间的关系。

（六）做好六项工作

第一，成立政府管理机构。政府的PPP管理机构主要负责顶层设计（建立法律体系）、战略规划、政策设计、部门协调、模式创新、平台建设、项目指导、营造环境等工作。

要明确公私合作项目中政府的作用。私人融资并不是公私合作项目的必然特征，政府也可以为公私合作项目提供部分或全部融资。但是，降低私营部门的资本投资金额会减弱风险转移的力度，从而弱化私营部门创造资金价值的激励机制，使私营部门更容易在项目出现问题时随意退出。尽管如此，仍然有很多原因使政府选择为公私合作项目提供融资。具体原因包括：防止出现过高的风险溢价。相对于实际项目风险，政府可能会认为私营部门要求的风险溢价过高。但确认这一判断非常困难，因为金融市场往往比政府更善于评估风险。对于新项目或新市场，特别是在金融市场出现动荡时，的确会出现过高的风险溢价。采用PPP融资的项目多为私营部门不愿或不能承担的项目，政府提供一定的项目资金可以有效地缓解PPP项目的融资压力，降低融资成本，提高项目实施的可行性。特别是在我国资本市场尚不发达的市场环境下，政府的作用体现得更为明显。作为政策的制定者和引导者，政府可以通过某些渠道获得优惠贷款，或直接给予贷款免息或贴息，从而降低PPP项目融资成本。政府拥有的政策性金融机构也可参与项目，向公私合作项目提供融资作为共同投资组合的一部分，或设立专门支持公私合作项目的政策性金融机构。

要分清公私合作项目财政承诺的形式。公私合作项目都包含有财政承诺。公私合作财政承诺为周期性付款，包括私方应获得的全部或部分报酬、分担风险的承诺，或两者相结合。政府公私合作财政承诺包括直接债务和或有债务两类：一方面是直接债务。直接债务系不依赖于未来某一不确定事件发生的付款承诺（尽管价值方面可能存在不确定性）。由公私合作合同产生的直接债务可包括：第一种是预先“可行性缺口”补偿——预先资金补贴（可于建设期间分期付款或按股权投资进度进行支付）。第二种是可用性付款——项目周期内的常规付款和补贴，通常取决于符合特定合同质量标准的服务或资产的可用性。付款通常根据和效益挂钩的奖金或罚款进行调整。第三种是影子收费或基于结果的付款——按照服务接收单位或用户的数量发放的款项或补贴。例如，按照在收费道路上行驶的公里数付款。另一方面是或有债务。或有债务系其发生、时间及幅度依赖于某一未来不确定事件的付款承诺，不受政府控制。公私合作合同项下的或有债务有四种：第一种是特定风险变量担保——特定风险变量偏离合同项下特定水平时，向私人个体或实体补偿收入损失的协议。由此产生的相关风险由政府和私人个体或实体按照协议分摊。例如，协议应包含需求维持在特定水平以上的保证，或汇率维持在特定区间内的保证。第二种是赔偿条款——如就特定、特殊、不予保险的不可抗力事件对私人个体或实体造成的损失作出赔偿的承诺。第三种是终止付款承诺——因公方或私方违约终止合同时，偿付某一商定额的承诺；金额应视违约情况而定。第四种是债务担保或其他增信举措——偿付用于项目融资的部分或全部债务的承诺。此保证应包含特定风险或事件。利用担保令贷款方确信贷款可得到偿还。

要梳理公私合作处的职责。世界银行考查了世界范围内许多公私合作处所起的作用。首先是规范公私合作流程——包括确保开发中采取正确的步骤，所需的分析表明项目符合评估标准，以及规定的批准均已获得；其次是在政府内推广公私合作项目——例如提醒执行机构采用公私合作方式来做新的大型项目可能更理想；再次是帮助机构实施公私合作——提供其专注公私合作并参与了众多项目所获得的经验和专业技术；最后是为投资者提供渠道——帮助投标者和资金方了解获得项目信息的渠道以及未来的机遇。关于公私合作后的职责问题，智利和南非的经验值得借鉴。

智利的经验：1991 年第 164 号总统令发布，智利开始实施公私合作，当时设立的不少框架沿用至今。2010 年，智利针对公私合作项目所遇到的各种问题，通过《国家特许法》对总统令进行更新。智利国会出版的《特许法历史》总结了法令历史沿革。《特许法》规定了公私合作开发与实施过程中的机构责任和流程。智利公共工程部（MOP）特许处负责所有公私合作项目的实施。政府和私人投资者可向公共工程部提交建议书，公共工程部按规定程序对项目进行进一步评估。如果某项目入选，公共工程部负责制定详细的招标文件进行招标，按照规定实施遴选并宣布中标人。此后，在项目有效期内，公共工程部全程管理公私合作合同，接受特许权受让人的定期报告，同时公共工程部有权要求附加审计，以核实所收到的信息。公共工程部还负责管理合同的变更。公私合作招标文件须经财政部批准方能发布。招标过程中以及合同有效期内所作的任何变更，也必须得到财政部批准，财政部下设或有债务处，负责在进行财务审批前审查所有项目，并计算政府的初期债务值以及整个合同期间所涉及的债务值。财政部部长须在有关法令上签字，正式授予中标人公私合作合同。特许委员会接受公共工程部领导，由五名顾问组成，其中一名由公共工程部指定，其他四名分别来自智利大学土木工程系、经济管理系、法律系以及建筑系。委员会负责初步批准公私合作项目的立项。国家规划局负责审核并批准项目的技术与经济分析。智利国库根据公私合作合同中规定的程序及时间表进行付款。合同所含付款款项在项目审批阶段由财政部批准。尽可能对付款承诺进行结构化处理以降低财政风险。例如，一旦金额确定，见索即付担保付款通常在需求短缺的一年后到期。智利在年度或有债务报告中详细公开披露其对公私合作项目的承诺。预算文件会包含公私合作项目的相关信息。

南非的经验：《1999 年公共财政管理法》颁布的财政部第 16 条规定适用于公私合作项目。该条例规范了公私合作的流程、要求、审批及参与实体的机构责任，详细规定了公私合作的流程和机构责任，说明了财政部规定的解释办法，并针对公私合作过程中的每个步骤提供详细的指南，每个步骤均单独设立一个模块。公私合作项目的实施由合同主管部门负责。合同主管部门对项目进行确立与评估，并根据条例的详细指导和各项要求（包括每个阶段的清单和标准格式）对招标过程进行管理，最终选定中标人。在合同有效期内，合同主管部门负责公私合作项目的管理，包括确保项目符合性能标准，解决争议，并在该机构的年度报告中就公私合作协议作出报告。财政部负责公私合作项目的审批。项目申报后须接受四次审核：可行性研究、投标文件制定、投标受理和评估以及磋商已有结果，公私合作合同定稿后，2004 年财政部设立公私合作处，对所有申报项目进行审核并推荐审批。财政部的评估标准侧重于项目的资金价值及财政偿付能力。

第二，组织专家团队。PPP 的专业性非常强，必须组织一个专家团队为项目提供专业的技术支撑、模式设计和流程定制等。可成立一个专家库，为项目提供稳定服务。公私合作的实施需要一系列的技能和专业知识。负责实施项目的机构需要有对特定部门的需求、项目和公私合作经济与财务评估技能、组织私人融资基础设施项目合同的专业知识、采购与合同管理的专业知识以及在处理私营部门的经验方面有相当程度的认识。另外，聘用外部顾问。即便是拥有长期公私合作经验的政府也不会内部拥有开发公私合作项目所需的全部专业知识和技能。在进行可行性研究和起草公私合作合同等具体技术性任务上，均要聘请外部专家顾问。政府和国家拥有的公私合作经验不同，外部顾问支持的范围和性质也可能不同。例如在荷兰，最初公私合作项目中外部顾问均约占受聘人员的75%。这有利于内部工作人员的逐渐改变，他们会逐渐熟悉并胜任公私合作交易的准备和采购工作。

第三，搭建公共交易平台。较为理想的是，将现有的发改委的、住建的以及机关事务局等各部门的交易平台全部整合为一个面向全球发布项目信息，进行公开、公平、公正、竞争性的电子招投标和政府采购的公共交易平台。

第四，组建SPV公司。按照有关解释，SPV公司可以是法人实体，也可以是一个空壳公司，还可以是一个拥有国家信用的中介。公私合作合同中的大部分私营方都是专门为经营项目而成立的“项目公司”，通常称为“特殊目的公司”（SPV）。该项目公司进行融资通常结合采用股权融资（由项目公司股东提供）、债务融资（由银行提供贷款）、发行债券或其他金融工具等方式。因此，项目公司的融资结构由股权和债权组成，分别与股东和贷款人形成合约关系。政府部门与项目公司建立合同关系，项目公司的初始股权投资人（负责起草公私合作项目建议书）也被称为项目出资人。公私合作项目典型的股权投资人包括项目开发商、设计公司或建筑公司、基础设施管理公司和私募股权基金。在发展中国家，公私合作项目的贷款人包括商业银行、多边或双边开发银行、金融机构以及机构投资者（例如养老基金）。

第五，建立PPP项目库。将各级政府、各主管部门认为较为合适的备选项目整理汇总，并按一定的原则和要求进行初步筛选，形成PPP项目库，包括项目名称、内容、拟定投资结构、建设期限等内容。政府PPP管理机构有必要建立一个PPP项目筛选机制，即“VALUE FOR MONEY”，要有一个评估办法，看哪些项目适合，哪些不适合。

第六，制定一个推进PPP的工作方案。政府要有一些真金白银的鼓励措施。在短时间无法制定全国性法律、法规的情况下，可比照2010年的《国务院关于鼓励和引导民间资本投资健康发展的若干意见》（新36条），在部门人员设置、项目前期准备、贷款利率优惠、政策性亏损补贴、税收减免等方面给予PPP项目提供一些可预期的稳定支持。2008年，墨西哥颁发“关于设立国家基础设施建设基金会的总统令”，根据该总统令，国家基础设施建设基金会的运营章程和规章就规定了识别、评估和批准公私合作项目的过程和程序；该基金除了提供补贴性贷款和少量拨款外，还安排一定拨款用于项目的初步研究、项目文件准备和招投标程序的实施。

当然，公私合作模式并不能解决所有问题，有时甚至会使某些情况更加恶化。首先，在缓解资金压力方面，公私合作的实际作用并不如想象的那么有效，政府对于公私合作项目的财政投入承诺一般较为模糊，最终政府在公私合作项目中的实际财政投入和承担的风险往往要高于稳健公共财政管理的相应水平。其次，尽管公私合作模式可以带来更好的项目分析和更多的新想法，但前期规划和项目甄选的责任主要还是由政府部门承担，公私合作合同不清晰的成本以及不灵活的特性将使这一问题雪上加霜。再次，私营部门在基础设施管理中的高效率优势，以及定期开展硬件维护的激励机制，均取决于合理有效的公私合作合同与政府采购安排。这些局限意味着公私合作项目还需要有其他配套措施，如增加对基础设施的财政资源投入、优化公共部门的决算流程以及改善治理和监管等，方能真正改善基础设施项目的质量。

三、PPP项目的运作①

2015年5月，国务院办公厅转发财政部、发展改革委和人民银行《关于在公共服务领域推广政府和社会资本合作模式的指导意见》（国办发［2015］42号）。该文件明确指出，公共服务领域实行PPP模式，“有利于充分发挥市场机制作用，提升公共服务的供给质量和效率，实现公共利益最大化”“加快

① 黄拥政：《PPP项目的运作流程管理探析》，载于《湖南财政经济学院学报》2016年第2期。

转变政府职能”“打破行业准入限制，激发经济活力和创造力”[①]。郑建新同志在2016年财政工作报告中指出，要“大力推行PPP模式”“创新财政投入方式，充分运用市场化工具和手段，最大限度发挥财政资金‘四两拨千斤’的杠杆作用，引导撬动社会资本进入公共服务领域”[②]。近年来湖南省在公路、铁路、“两供两治”、“两房两棚”、城市综合管廊、海绵城市等重大基础设施建设中大力推广运用PPP模式，狠抓制度建设、宣传培训、项目示范和财政奖补等工作，PPP模式已渐入人心。同时，在PPP项目实际操作过程中，时感政府“有形之手”伸得过长，市场的决定性作用没有得到充分发挥，对于PPP模式的认识还存在一些误区，亟待深化改革、创新。

（一）PPP项目的识别和筛选

2014年以来，国务院和财政部、国家发展改革委等相关部门密集出台多项PPP政策文件，对PPP项目的操作流程和运作要点进行了严格规范。项目识别和筛选是PPP项目发起的第一环节，对PPP项目的有效运转起着关键作用。目前，部分地方政府在PPP项目的发起环节，没有严格地进行项目识别和筛选，已成为阻碍PPP项目顺利推进的突出问题。考察其原因，可追溯到中央政府和地方政府发起、实施PPP项目的目标上。政府在公共设施建设领域推广PPP模式的应用，主要源于三个方面的目标：一是缓解公共设施建设的财政压力，化解日益凸显的地方政府债务风险，解决项目建设融资难的问题；二是满足新型城镇化建设的需求，进一步提高公共服务和公共产品的质量；三是转变政府职能，将项目建设投资权和运营权交给社会资本，政府承担监管职能，提高政府行政能力。

中央政府与地方政府对PPP项目的目标设定有差异。中央政府考虑推进PPP模式，主要是扩大基础设施建设，满足公共需求，拉动地方经济，并倒逼

---

① 财政部，发展改革委，人民银行．关于在公共服务领域推广政府和社会资本合作模式的指导意见．http：//www.cnbanbao.cn/ special/news/ CnBanBao _ 35426.html，2016 -01-16.

② 郑建新．2016年全省财政工作报告．http：//www.nycz.gov.cn/info/1152/2804.htm，2016-01-21/2016-03-28.

地方政府转变政府职能，因此更倾向于第二、第三目标。地方政府因债务规模激增、财力不足、传统融资模式受限等原因，更多考虑的是地方债务压力的缓解，甚至纯粹为了融资，因此地方政府更希望所有公共项目都能做成PPP，其推出PPP项目时几乎没有严格的标准。事实上，并非所有基础设施项目都适合PPP模式。识别和筛选PPP项目时，应按照市场化程度进行分类。

第一，完全市场化的项目。有人认为PPP是个万能的筐，拿到一个项目，不分青红皂白就往里面装。还有人将目前市场化程度极高的商品房开发、燃气和旅游开发项目，也拿个PPP帽子戴上，其主要目的是获取国家财政补贴。将所有建设项目按照市场化程度进行细分，完全市场化的项目应该占50%左右。使用者付费可以完全覆盖成本的项目，要尽可能采用市场化手段，交给社会资本运作，政府主要是优化市场环境，通过行政审批、许可、备案或通过环境影响、社会稳定评估等手段进行掌控。

第二，使用者付费不足的项目。使用者付费不足、需要政府提供可行性缺口补贴和按照PPP模式要求规范运作的项目，即通常的狭义PPP项目，大概占整个建设项目总额30%左右。这部分项目多具价格调整机制相对灵活、投资规模相对较大、需求长期稳定、有稳定现金流等特点。就特许经营而言，只适用于燃气、供水、供电、公路、城市轨道交通、医疗、健康养老等基础设施和公用服务项目。进行PPP项目的识别和筛选时，要注意避免三类项目：一是方案不清晰，没有严格按照标准模板和方案顺序完成，对PPP项目操作流程和运作要点表达不具体、缺乏可操作性的项目；二是为争取社会资本，盲目提高政府补贴标准，对补贴年限、范围、金额等没有经过严格测算和系统推导，随意性较大的项目；三是项目经营年限和后期维护成本缺少系统测算，难以保证可持续运营的项目。

第三，政府付费类项目。剩下约20%的项目属于没有使用者付费、完全通过政府购买服务的公益类项目，如河道整治、市政道路、公共绿地建设等政府付费项目。这类项目，财政部和国家发展改革委明文规定，政府可以购买服务方式引入社会资本，完成项目投资建设，运营期内向社会资本支付费用。政府付费项目可在一定程度上缓解当期财政压力，但其实质是将当期的一次性财政支出分解为多年的经常性财政支出。长期看，在没有相应的经常性财政支出与之配比的情形下，城市建设的可持续性将大打折扣。识别和筛选政府付费类 PPP 项目时，必须评估运营期内财政收支的平衡，充分关注其中存在的隐形、长期风险。可通过与土地出让收入挂钩或者周边土地联动开发推进政府付费类 PPP 项目发展。一是将政府付费类 PPP 项目与土地出让收入挂钩，提高土地出让收入中基建支出比重，将其中一部分单列作为政府付费类 PPP 项目专项基金；二是构建政府付费类 PPP 项目与周边土地开发联动机制，将政府付费周期、金额和调整机制与周边土地开发带来的土地出让收入联动，降低长期性财政风险。

总之，识别和筛选 PPP 项目，首先应考虑项目能否完全交给市场运作。不能交给市场运作、需要推行 PPP 模式的，要严格遵循市场规则，按照 PPP 模式的规范程序进行项目筛选、物有所值评价和财政承受能力论证。通过物有所值评价的项目，可以进行财政承受能力论证；未通过物有所值评价的项目，可以调整实施方案后重新进行评价，仍未通过评价的不宜采用 PPP 模式。

（二）PPP 项目合作伙伴选择

合作是社会个体或组织之间为了共同目标达成的协作方式，参与者必须构建一定的信任机制，共担风险、共享利益。PPP 项目前期投资力度大，长达 10～30 年的运营周期，需要依靠后期运营收益弥补前期投资，风险极大。PPP 项目建设和运营需要政府和社会投资者之间建立可持续的“多赢”合作伙伴关系，PPP 项目合作伙伴的选择是 PPP 项目能否成功的关键。

第一，要做好合作伙伴的分类管理。基础设施建设 PPP 项目涉及多个环节，包括项目融资、设计、施工、运营管理等，各环节都可能有不同的合作伙伴加入，政府部门（项目发起人）、社会投资者（主要股东）、金融机构（债权人）、承包商（建设者）、运营商（经营者）等合作伙伴在项目不同阶段承担不同的职能，组成 PPP 项目的合作团队，共同影响 PPP 项目的实施质量和整体效益。根据对项目控制力、决策目标、承担风险的不同，可将 PPP 项目的合作伙伴分为核心合作伙伴、一般合作伙伴和边缘合作伙伴三种类型。核心合作伙伴是PPP项目的运作主体，是PPP项目主要决策者和风险承担人，如政府部门和社会投资者，一般共同组建项目公司，便于对PPP项目进行管理；一般合作伙伴是指参与PPP项目建设、运营各环节，对项目最终结果能起到重要影响，承担项目部分责任的合作方，如银行等金融机构、承包商、运营商；边缘合作伙伴是指参与PPP项目某一环节，对PPP项目成败不起决定作用，如供货商和担保机构。

在实际操作过程中，PPP项目的运作涉及多方利益关系，政府部门作为PPP项目的发起者，应当根据PPP项目对各合作伙伴的职能要求，具体明确其选择原则和标准体系，构建PPP项目合作伙伴选择指标体系，这个指标体系应囊括所有核心合作伙伴、一般合作伙伴和边缘合作伙伴，而不仅仅是对社会投资者的要求。但是作为最重要的合作伙伴，社会投资者的选择最为关键，笔者重点对社会投资者的分类、选择原则、选择标准进行具体分析。根据PPP项目运作现状及未来发展趋势预测，可将PPP项目的社会投资者分为四类：一是国有（控股）企业。目前，国有（控股）企业是基础设施PPP项目最主要的参与主体，其在人才、技术、资金等方面拥有丰富社会资源，与政府、银行等部门关系密切，具有较强的融资能力。种种历史原因影响，我国基础设施投资领域长期被国有企业垄断，私营企业和个体投资者进入基础设施投资领域存在准入壁垒，不断推进市场化建设进程中基础设施PPP项目的社会投资者仍以国有（控股）企业为主。随着国有企业改革的不断深入，立足现代企业制度的、产权多元化的混合所有制企业将不断发展壮大，成为基础设施建设PPP模式的重要参与主体。二是外商。随着负面清单制度的逐步推行，外商投资领域日益扩大，其将成为基础设施PPP项目的重要参与者。外商参与PPP项目，符合最大限度引入社会资本参与公共事业领域的目标，可以享受一定的政策优惠，同时其技术能力、管理水平及资源优势相对明显，能为我国基础设施PPP项目建设提供助力。三是私营企业。目前我国私营企业上市的不多，多为中小企业，规模不大、技术创新能力较弱，多数私营企业难以与国有企业抗衡。基础设施PPP项目投资需求大、周期长、回收期慢、风险大等特点均与私营企业利润最大化的经营目标相悖。因此，一方面，私营企业对是否参与PPP项目投资决策会比较谨慎，会充分考虑项目风险和企业实际承受能力；另一方面，政府选择私营企业作为PPP合作伙伴时，对其财力、人力、物力及抗风险能力要求较高。四是个人投资者。目前，个人投资者参与我国基础设施PPP项目有政策瓶颈。随着市场化改革深入，不排除未来个人投资者会有机会以资金、技术参与PPP项目合作。

第二，要明晰合作伙伴选择的原则。PPP模式的总体要求是寻找投资有回报、产品有市场、企业有利润、当地有就业、政府有税收、环境有改善、能够实现各方合作共赢的项目。换言之，政府可以通过PPP模式提供更多更好的公共产品和公共服务，社会资本通过PPP模式可以获得合理稳定的投资回报。选择合作伙伴时，政府部门应重点关注核心能力、信誉、市场化主体原则。首先，核心能力原则。基础设施建设的公共产品性质，决定PPP项目需要兼顾公共利益和社会资本收益，需要在二者之间寻求平衡①。PPP项目运作的核心是政府部门充分整合社会投资者的资源优势，所谓资源优势即投标者的核心能力，包括融资能力、项目策划能力、风险管控能力、运营能力等，其必须是PPP项目所需要且政府部门缺失或执行成本较大的资源优势，所以政府筛选合作伙伴时应全面考虑企业的核心竞争力及综合发展能力。当社会资本方缺乏相应能力时，可以考虑以资本与技术结合的方式参与投标，即投资方与运营能力强的企业组成利益联合体，或投资方委托第三方进行运作，确保项目顺利运营，实现技术扩散效应，达到技术引进与管理提升双重发展。其次，信誉原则。PPP项目合作关系的维护，是以政府和私人合作伙伴之间签订的契约和信任关系为前提的，综合评估社会投资者的专业资质、技术能力、管理经验和财务实力等因素的同时，应择优选择商业信誉和社会信誉较好的合作伙伴。评估社会投资者信誉的同时，政府部门（特别是地方政府）

① 杜雪梅：《PPP模式下准经营性城市基础设施项目合作伙伴选择研究》，重庆大学硕士学位论文，2014年。

应注重自身诚信建设，这是目前推进基础设施 PPP 项目举步维艰的重要原因之一，即有些社会资本对地方政府的信誉心存疑虑。个别地方政府为吸引社会资本，会与其签订一些脱离实际的 PPP 合同，之后无法履行合同义务，直接损害合作伙伴的利益。PPP 项目运营期较长，其间存在政府官员换届、政策更改等客观因素，难以合理保证社会投资者的合法权益。因此，充分考虑社会投资者信誉的同时，地方政府应加强自身诚信建设和法治建设，构建 PPP 项目合作伙伴信任机制，达成政府和社会合作者的“多赢”局面。再次，市场化主体原则。目前，基础设施 PPP 项目的合作伙伴多数是国有企业或政府融资平台，相比私人投资者其融资能力更强，与政府存在千丝万缕的联系，相对容易争取到项目。但若仅仅吸引国有企业参与 PPP 项目，会难以实现分散风险、转变政府职能、提升公共管理效率、充分利用社会闲散资金等目标。因此，应当尽可能选择市场化程度高的私有投资者作为 PPP 项目的合作伙伴。财政部 PPP 项目合同指南要求，本级政府下属的政府融资平台公司及控股的其他国有企业（上市公司除外）不得作为社会资本方参与本级政府辖区内的 PPP 项目。为化解存量债务，国务院 2015 年国办发 42 号文件作了调整，规定已经建立现代企业制度、实现市场化运营的，其承担的地方政府债务已纳入政府财政预算、得到妥善处理并明确公告今后不再承担政府举债融资职能的融资平台公司，可以作为社会资本参与 PPP 项目。其中包含三层意思，一是本级政府融资平台和国有控股企业可以作为政府方的出资人代表，二是本级国有控股企业不能作为社会资本参与 PPP，三是依法设立且具有法人资格的基金公司、商业银行、金融机构可作为社会资本参与 PPP。可见，即使是国有企业作为 PPP 项目合作伙伴，也应选择建立了现代企业制度的国有企业。

考察水务行业 PPP 项目，代表政府一方的多为有能力、有条件的国有企业、政府融资平台，但其大多缺少创新动力，没有加强管理、降低成本、提高收益的积极性，价格政府定、财政有补贴、没钱了涨价即可，怎么亏也有政府兜底。作为社会资本的一方，民营水务企业具有创新动力，但其规模小、资金少，政府不够重视，往往很难争取到项目。政府与水务企业开展 PPP 合作，双方如同开始一场长久的婚姻，现在却出现很多门不当、户不对的结合，个别政府在招标时一味降低资金需求和技术门槛，往往会导致处理的水质不达标、形成二次污染。对于PPP项目，如果本级的国有企业可以作为社会资本的话，两个同级政府所属的国有企业搞PPP，就像是左手握右手，亲兄弟难算账，PPP的优势难以发挥出来。再如湖南铁路基金PPP综合融资方案，是一个比较成功的PPP案例，但如果说有什么遗憾的话，那就是所有参与的社会资本都是国有控股金融机构，一旦有风险还是政府系统内风险。

第三，要构建合作伙伴选择的指标体系。结合PPP项目选择的原则，政府部门应基于PPP项目的合作需要，对社会投资者从融资、设计、建造、运营、维护等方面进行全面综合评价，构建合作伙伴选择的评价指标体系，以选择最合适的社会合作者，实现PPP项目运作目标①。设计评价指标体系时，可以将诸多指标归纳为财务能力、技术能力、管理能力和信誉水平四个维度进行分类分项考核。首先，财务能力维度指标。基础设施PPP项目投资力度大、周期长、风险大，对社会投资者的财务能力提出了较高要求，一旦出现资金供应链断裂，就会拖延工期，影响项目建设进度，甚至影响政府和社会投资者的信任关系。故财务能力指标是合作伙伴选择的最重要评价指标，主要包括资金实力（资金流动性、净资产、总资产、固定资产指标等）、融资能力（承诺贷款额/投资额等）和获得财务担保的能力（银行信贷额度、项目担保额度等）。其次，技术能力维度指标。技术能力是对合作伙伴具备的项目设计、建造、运营等综合技术水平的反映。基础设施PPP项目建设的重要目标之一即将私营企业的核心技术充分应用于公共服务与公共产品，以创造良好的社会效益。同时，部分基础设施项目建设过程复杂，对工程技术水平要求较高，需要有相应技术能力的私营部门参与。其指标体系包括建设方案合理性、设计方案新颖与合理性、运行管理方案合理性、核心技术资源、技术创新能力（专利数量等）、人力资源状况、关键机械设备（机械设备的功能、技术参数、使用年限、充足情况）等。再次，

---

① 梁舰：《对PPP项目要加以识别和筛选》，载于《中国经济导报》2015年9月9日。

管理能力维度指标。提升公共服务质量和公共管理效率是基础设施领域应用PPP模式的重要目标，社会投资者的管理效率应成为政府选择合作伙伴的重要评价因素，其管理能力的强弱会影响PPP项目建设与运营效率，进而影响双方合作质量。管理能力评价指标体系包括组织结构合理水平（管理模式、组织分工、团队设置合理性）、管理体系规范程度（质量管理体系、环境管理体系、健康管理体系）、风险管理能力（管理措施细化程度、流程控制规范性、风险处理效率）、分包商管理能力、政府关系处理能力（以往PPP项目政府满意度）和运营维护管理能力（运营维护方案、管理制度、运营和维护的人力与设备资源）等。最后，信誉水平维度指标。企业的商业信誉和社会信誉是其无形资源，是政府部门选择合作伙伴的重要标准。信誉指标可从企业资质（注册资本、资质等级、银行信用等级）、社会声誉（HSE事故质量不合格、超资、项目延期等信息）、历史诉讼、历史项目荣誉、项目合同履约率、社会公益活动参与度、顾客满意度等方面考察。

（三）PPP 项目运作流程设计

PPP项目运作涉及政府部门和社会投资者、金融机构、承包商等合作伙伴之间的博弈，需要在公共利益和私人利益之间寻求平衡，其运作流程较为复杂（表1—1），需要经历项目识别、准备、采购、执行、移交等多个环节，每个环节又涉及诸多程序，冗长的运作程序是PPP项目流程控制和风险控制的需求，但不可避免地会带来管理控制与流程简化之间的矛盾。

表 1—1　PPP 模式运作流程

环　节	程　序
项目识别	项目发起→项目筛选→物有所值评价→财政承受能力论证
项目准备	管理架构组建→实施方案编制→实施方案审核
项目采购	资格预审→采购文件编制→采购方式及执行→谈判与合同签署
项目执行	项目公司设立→融资管理→绩效监测与支付→中期评估
项目移交	移交准备→性能测试→资产交割→绩效评价

部分社会投资者看到PPP项目比传统项目还要费时费力时，就对PPP项

目抱有怀疑和畏难情绪。事实上，很多传统项目都存在类似问题，如前期审批环节过多过滥、门槛过高、效率低下，待政府部门确定下来后，又匆忙上马，像环评、节能评估、公众听证、公开公示等环节能省则省。表面上看，项目前期经费有所节省，但却给项目后期的运营和移交、给社会公众留下很多后遗症。因此，PPP 项目的运作，应当重视流程设计，尽力避免问题的发生。

第一，寻求流程简化与流程控制的平衡。简化流程可以提高效率、降低管理成本，流程控制是为了规避风险，二者之间宛如天平，需要寻求平衡点。具体讲，流程简化不能超越项目可接受的风险，故为控制风险，PPP 项目识别和准备阶段的操作流程难以简化；待 PPP 运作模式成熟后，总结 PPP 项目操作经验，可以遵循企业管理 2∶8 原则，在项目可承受的风险范围内，项目执行与移交阶段的流程节点设置可遵从 2∶8 原则，经常出现、风险大的问题通过流程节点予以控制，较少出现、风险小的节点则予省略，避免出现 20％的问题需要投入 80％的流程控制成本的情形。因此，一方面，要简化 PPP 项目审批流程，减少审批环节，可建立项目实施方案联评联审机制，提高审查工作的效率。项目合同签署后，可并行办理必要的审批手续，有关部门要简化办理手续，优化办理程序，主动加强服务，对实施方案中已明确的内容不再作实质性审查。另一方面，可引入负面清单管理机制。针对社会资本不能进入的行业或领域，列示行业负面清单；针对社会投资者良莠不齐的现象，列示准入主体负面清单，以制度形式对社会投资者的规模、行业性质、财务指标、技术条件、信誉水平等选择设立天然防线，减少 PPP 项目的流程审批工作量，有效控制风险的同时简化流程。

第二，重视 PPP 项目前期流程的完备。不管是政府还是社会资本，都应当为前期项目识别、项目准备、项目采购等环节预留充足时间、精力和财力。按照财政部的顶层设计和制度安排，物有所值评价、资格预审、竞争性磋商等环节非常重要、不可或缺。PPP 项目存在建设内容复杂、合作周期较长、风险变数较大等特点，客观上需要花费较长时间来完成整个项目前期工作。

特别是财政部为部分复杂的PPP项目量身定制的竞争性磋商采购方式，实际上已把竞争性谈判前半段和公开招标后半段结合起来，项目边界不清晰的情况下，先通过磋商来明确政府的采购需求。待完成磋商后，形成一个相对明晰的采购文件，再让所有投资人来综合报价和接受评审。整个竞争性磋商程序包括采购公告发布及报名、资格审查及采购文件发售、采购文件的澄清或修改、响应文件评审四个阶段，不能一蹴而就。政府、财政部门、行业实施机构如果专业力量不够，应聘请专业的中介机构，财务、法务、技术、运营等方面都需要足够专业力量支撑。项目成本是否有效控制、项目盈利点是否充分挖掘、资格预审是否充分听取各方社会资本意见、竞争性磋商是否实现社会资本选取的充分竞争、PPP合同是否全面准确表达合作各方的权利义务，前期工作充分、扎实，项目执行才会事半功倍，实现项目建设快、质量好、运营顺畅、移交资产保质增值的目标。要做好PPP项目前期工作，必须精准识别、充分准备、采购全过程公开公示。

第三，实现PPP项目操作流程的标准化。基础设施PPP项目操作流程的标准化问题急待解决。近两年财政部和发展改革委制定的PPP政策文件数量多、下发频繁，特别是各种规范指引存在差异，造成实务操作层面无所适从。不管是为实现与国际接轨、吸引外国投资者参与PPP项目，还是为各地方政府执行PPP模式提供统一的运作平台，都急需实现PPP项目操作流程的标准化。一是确立标准化的PPP合同语言。PPP项目运作过程中，政府和社会投资者的目标都是多元的，政府视为投融资渠道，需要引入先进技术和管理模式、稀释风险，社会投资者希望尽快回收资本、获取垄断利益、占领行业市场份额，必须通过制度将双方的行为束缚在“笼子”里，以标准化语言详细规范二者权利义务，确保PPP项目顺利推进。二是通过制度明确PPP项目合作伙伴的法定责任和合同责任。明确PPP项目合同适用民商法，政府和社会投资者法律地位平等。三是完善PPP项目运作信息公开机制。明确要求政府在财政预算、政府资产负债表中列入PPP项目，公开PPP项目商业开发、财政预算补贴、收费等信息，增强政府公信力，保证PPP合同长期有效执行，根本上化解 PPP 模式运行面临的困境。

（四）PPP 项目政府职能履行

PPP 项目的运作，政府既是项目参与者，又是项目监管者，政府担负的双重角色和多种职能应当融入 PPP 运作环节，通过流程节点实现政府职能的转化。

第一，项目参与者职能的履行。政府作为 PPP 项目参与者，其职能主要体现在资金安排、团队组建、风险分配、股权行使四个方面。项目资金安排，政府应从传统的为项目提供无偿资金补助，转为向项目提供股权投资、可行性缺口补贴和风险对价等财政支出责任，既为财政承受能力扩容，又可有效撬动社会资本。团队组建，目前财政部门机构编制受限情况下，可考虑采取公开招考政府雇员的方式，组建强有力的、专业能力一流的 PPP（中心）管理团队，加强政策制订、项目储备、业务指导、项目评估、信息管理、宣传培训、人才培养等工作。风险分配，要尽可能由有能力承担、化解风险的一方负责，项目设计、建设、财务、运营维护等商业风险原则上应由社会资本承担，政府不宜管得过多。股权行使要坚持同股同权原则，政府不能运用行政权力谋求大于股权的话语权和收益分配权，应当完善现代公司制度，运用市场化方式推进 PPP 项目权力配置。

第二，项目监管者职能的履行。PPP 模式应用是政府主动整合社会资本、参与公共管理的过程，需要各级政府部门（特别是财政部门）充分履行行政监管和资金管控职责，构建科学的政府监管机制，确保 PPP 项目的经济效益和社会效益。一是建立健全政府监管的沟通交流机制。PPP 项目运作涉及多个政府部门，应当完善政府部门内部的信息交流平台，定期举行政府部门联席会议，共同协商，联动发力，全面、及时监管 PPP 项目运作流程出现的问题。二是完善 PPP 模式应用的政府权力清单。明确不同层级的地方政府及不同政府部门之间的权力与责任，以清单形式公开其审批权限和责任，防止出现“九龙治水”和多头监管。三是建立完善 PPP 模式应用的绩效评价体系。尽快建立和完善 PPP 模式应用的项目绩效评价指标体系和区域绩效评价指标体系，加强 PPP 模式应用绩效评价中介机构的培育，重视 PPP 模式项目绩效评价结果和区域评价结果的运用。目前，PPP 模式的推广运用普遍存在国企和央企参与多、民企和民间资本参与少、一二线城市做的多和三四线城市做的少等问题，值得政府部门深思。没有社会资本广泛、深度参与的经济不是市场经济，没有私营企业（或者是私营资本控股的企业）参与的 PPP 不是真正的 PPP。只有充分发挥市场的决定性作用，社会资本真正参与到 PPP 项目运作中来，项目才能得到社会各界广泛关注和监督制约，项目建设效率和运营能力才能得到稳步提高，合同才能切实得到执行，政府与社会资本合作（PPP）才能积极稳妥向前推进。

总之，完善项目运作流程是稳妥推进 PPP 工作的重要保证。项目识别和筛选应当严格遵循市场规则，精准区分完全市场化项目、使用者付费不足项目、政府付费项目。合作伙伴选择阶段，应当按照核心能力、讲究信誉、市场化主体原则和财务能力、技术能力、管理能力、信誉水平评价指标体系选择合适的社会投资者。项目流程设计方面，寻求流程简化与流程控制的平衡，重视 PPP 项目前期流程的完备，实现 PPP 项目操作流程的标准化。要重视政府的项目参与和项目监管双重角色，正确行使政府参与项目的资金安排、团队组建、风险分配、股权行使职能，正确履行政府完善监管沟通交流机制和绩效评价机制的项目监管职责。

第三节　PPP 模式应用的地方政府诚信制度建设①

立足国外学者的政府诚信建设内涵、政府诚信建设体制、政府诚信建设管理和国内学者的政府诚信建设意义、政府诚信缺失原因、政府诚信建设对策研究成果以及 PPP 模式推广应用的数据分析、个别访谈，得出地方政府契约精神、合作精神、服务精神欠缺是制约 PPP 项目落地进度的重要原因。制度演进视角系统分析 PPP 模式推广应用过程地方政府诚信缺失的法律制度、

① 彭程甸、余华：《PPP 模式应用视角下地方政府诚信制度的构建》，载于《求索》2017 年第 12 期。

信用体系、财政论证、诚信监管和角色定位等方面原因，提出应当加快PPP国家立法形成法制合力、建立政府官员失信惩戒机制、培育权责明晰的多主体诚信监管体制、妥善处理政府监管和交易双重角色冲突等地方政府诚信制度建设策略。

一、政府诚信建设的研究综述

（一）国外研究文献梳理

第一，政府诚信建设内涵研究。国外学者基于微观个人层面和宏观组织层面论述了政府诚信的内涵。阿兰·胡克斯特拉和米埃尔·卡波坦（2012）从个人层面出发，提出规范的个人伦理行为是一位良好公务员必须具备的能力，是诚信政府建设的中心问题和基本内涵[①]。米埃尔·科索夫和雷蒙德·考克斯和特伦斯·约翰逊（2009）通过对政府诚信问题的研究，将伦理规范、价值观念和道德准则三种要素定义为宏观政府机构诚信建设的本质要求[②]。

第二，政府诚信建设体制研究。国外学者的政府诚信建设体制研究集中于制度实施和机构建设方面。万·诺伊（2000）从立法、执法角度分析认为合理的公共财政制度可有效降低金钱对政府诚信的不利影响[③]。史密斯（2003）采用口头访谈和实地调研方法深入研究美国部分州政府设立的伦理委员会的运作机制，认为政府失信主要原因是相关政策无法有效执行[④]。

第三，政府诚信建设管理研究。国外学者的政府诚信建设管理研究涉及绩效评估管理、领导模范作用、伦理道德监管、人力资源管理等方面。波特和梅尔（2000）提出政府失信的主要诱因是未能采取有效管理措施，如绩效

---

① Alain Hoekstra, Muel Kaptein. The Institutionalization of Integrity in Local Government. *Public Integrity*, 2012, 1.

② Emile Kolthoff, Raymond W CoxIII, Terrance Johnson. Measuring integrity a Dutch-American Comparative Project. *M. E. Sharpe*: *Armonk*, 2009.

③ Van Noy, Carolyn M. The City of Seattle and Campaign Finance Reform. *Public Integrity*, 2000, 2.

④ Smith, Robert W. Enforcement or Ethical Capacity: Considering the Role of State Ethics Commissions at the Millennium. *Public Administration Review*, 2003, 3.

评估不充分、伦理培训不到位[①]。唐纳德·门泽尔（2007）认为构建良好有效的政府诚信管理系统必须有机统一道德培训、伦理监督、人力资源管理等要素[②]。国外学者还研究了公务员诚信意识和能力、政府诚信环境和政府诚信评价。

（二）国内研究文献梳理

第一，政府诚信建设意义研究。国内学者认为诚信建设能提高政府行政能力和树立威信、构建社会诚信体系和促进社会主义市场经济发展。林栋等（2008）分析了改革开放背景下政府诚信建设对发展社会主义市场经济的意义[③]；潘信林等（2015）认为以社会契约为基础的政府诚信是“实现经济繁荣的精神动力”“推进政治民主的动力源泉”“构建和谐社会的重要保证”[④]。

第二，政府诚信缺失原因研究。国内学者认为，政府诚信缺失主要是法律保障力度不足、思想意识多元发展、社会信用体系不全、政府绩效评估考核晋升制度不合理等。崔光胜（2012）认为政府诚信缺失主要源于社会信用制度不健全、政府自利性的存在、涉政规章制度不健全、传统“官本位”文化的负效应[⑤]；盛柯（2014）认为“服务政府”意识欠缺、地方政府特殊利益驱使、地方政府诚信缺失监督制约机制软弱是地方政府诚信缺失的重要原因[⑥]。

第三，政府诚信建设对策研究。政府诚信建设对策主要是构建法制诚信政府、加强诚信宣传教育、加快政府职能转变、加大政府诚信监督及优化人事管理、责任追究、诚信考评、问责监督制度。高昆等（2017）给出“互联

---

① Bohte John and Kenneth J Meier. Goal Displacement: Assessing the Motivation for Organizational Cheating. *Public Administration Review*, 2000, 2.

② Donald C Menzel. Ethics Management for Public Administrators: Building Organizations of Integrity. *M. E. Sharpe*, 2007.

③ 林栋、陈春艳：《我国政府诚信建设的现状与对策研究》，载于《内蒙古农业大学学报（社会科学版）》2008年第5期。

④ 潘信林、李阿婷：《政府诚信的契约要义及其建设路径》，载于《湖南财政经济学院学报》2015年第2期。

⑤ 崔光胜：《政府诚信：缺失与重建》，载于《辽宁行政学院学报》2012年第7期。

⑥ 盛柯：《论政府诚信缺失与重建》，载于《人民论坛》2014年第2期。

网+”背景下信息共享平台建设、公务员职业道德素质提高、政府权力监督管理制度健全等基层政府诚信建设策略[①]。潘信林等（2015）从契约视角探究了“重塑政府诚信建设理念”“强化政府诚信建设主体意识”“完善政府诚信建设机制”的具体路径[②]。杨畅、贺培育（2015）主张运用“法治思维和法治方式”“打造清单明晰、程序正义、问责法定、公开透明”的现代诚信政府[③]。

（三）相关研究文献评析

国内、国外学界对政府诚信建设研究的重点不尽相同，但其丰硕成果均可为PPP模式应用视角的地方政府诚信制度建设提供有益借鉴。国外学界对政府诚信建设研究视角广，既包括微观个人层面又涵盖宏观机制层面；国外学界研究方法全面，理论研究与实证研究并重，收集到的多数文献都采用实证研究方法。国内学界研究重点是总结分析政府诚信建设领域存在问题、探寻解决问题的对策措施，PPP模式应用视角系统探寻地方政府诚信制度建设的研究成果仍欠缺。拟立足国内外地方政府诚信制度建设研究成果的广泛梳理、中西方政府诚信制度建设现状及差异的全面了解，批判继承、取长补短、系统探究PPP模式应用视角的地方政府诚信制度建设路径。

二、PPP项目的地方政府诚信问题

（一）PPP模式推广应用现状

第一，政府积极推广PPP模式。PPP模式是政府和社会资本为有效提供公共产品或合作进行基础设施建设，通过签订特许协议形成的合作伙伴关系，能优化项目质量、降低风险、缓解地方政府财政压力。2014年以来财政部和省级政府已通过多批示范项目形式推广PPP模式。2014年财政部公布首批PPP示范项目26个、总投资1 800亿元；2015年第二批PPP示范项目206

---

① 高昆、马林艺：《“互联网+”背景下基层政府诚信建设研究》，载于《决策探索》2017年第9期（下）。

② 潘信林、李阿婷：《政府诚信的契约要义及其建设路径》，载于《湖南财政经济学院学报》2015年第2期。

③ 杨畅、贺培育：《运用法治思维和法治方式 推进现代诚信政府建设》，载于《光明日报》2015年9月30日。

个、总投资6 589亿元；2016年第三批PPP示范项目516个、总投资11 708亿元[①]。从全国范围看，2016年1月财政部PPP综合信息平台入库项目6 997个、总投资81 322亿元[②]，2016年8月底全国10 313个项目入库，比1月底多3 316个，项目金额超过12万亿元[③]；从财政部第4期季报至第7期季报公开披露数据看，地方政府PPP项目需求继续大幅增长，2017年6月末全国入库项目13 554个、总投资额16.3万亿元，PPP模式的应用范围和社会关注度均大幅提高。

第二，PPP项目落地率低。财政部三批示范项目落地率较高，但从全国范围看社会资本对参与政府合作项目仍处观望状态。截至2016年9月末入库项目10 471个、总投资额12.46万亿元，处于识别、准备、采购、执行和移交阶段的项目数分别为6 831、1 885、809、946和0个，已进入执行阶段的项目仅946个、按照财政部口径计算的落地率为26%，总投资额1.56万亿元[④]；将识别阶段项目纳入计算基数，执行阶段项目数与入库项目总量比实际签约率仅9%、实际签约额只占总投资额的12.5%[⑤]。从入库项目资金规模和落地率角度看，截至2016年8月31日全国10 313个PPP入库项目，资金1亿元以下项目1 964个、落地率2.9%，资金1亿～3亿元项目2 535个、落地率5.9%，资金3亿～10亿元项目2 645个、落地率8.8%，资金10亿以上项目2 158个、落地率8.7%[⑥]。

---

① 搜狐财经．国家第三批PPP示范项目公布华夏幸福PPP样本受认可．http：//business. sohu. com/20161028/n471607487. shtml. 2017-04-10.

② 财政部．全国PPP综合信息平台项目库季报第1期．http：//jrs. mof. gov. cn/ppp/dcyjppp / 201607/t20160728 _ 2369727. html. 2017-04-10.

③ 环球老虎财经．中国式PPP大数据：总数量10313个，投资额超过12万亿．https：//xueqiu. com /5710624967/76214876. 2017-04-10.

④ 财政部政府和资本合作中心．全国PPP综合信息平台项目库．http：//www. cpppc. org：8082/efmisweb/ppp/projectLivrary/toPPPMap. do. 2017-10-10.

⑤ 管清友．中国式PPP的十大痛点．http：//www. chinathinktanks. org. cn/ content/detail/id/ 2989223. 2017-04-10.

⑥ 财政部政府和资本合作中心．全国PPP综合信息平台项目库．http：//www. cpppc. org：8082/efmisweb/ppp/projectLivrary/toPPPMap. do. 2017-10-10.

第三，地方政府诚信度制约PPP项目落地进度。PPP项目落地率与项目资金、地方政府财政能力密切相关，地方政府资金越充足项目落地率越高。PPP项目的地方政府资金准备和财政能力，需要健全的法律制度保证，地方政府诚信建设是关键。政府和社会资本合作是个动态过程，存在很强的不确定性，试图通过合同穷尽各种可能的想法是不切实际的，合同治理外尚需政府和社会资本的相互信任补充。PPP项目参与方多，任何一方不守信用都可能给项目带来巨大风险，导致项目失败，无法达到预期收益和社会效果。地方政府有政治、经济优势和处于项目主导地位，违约可能性最大、违约后果最严重。王守清调研结论表明，外资项目面临的中国风险，信用风险排首位①。社会资本方最关注地方政府诚信问题，地方政府是否诚信直接关系到PPP项目的落地。

（二）PPP项目的地方政府诚信问题

PPP项目的地方政府诚信问题主要表现为地方政府欠缺契约精神、合作精神和服务精神，地方政府信誉不高、社会资本参与度低、社会资本受刁难等方面。

第一，缺乏契约精神，地方政府信誉不高。“契约”的实质是通过协议明确主体双方的权利和利益、责任和义务。我国虽长期倡导契约精神，但对契约履行并不重视。阻碍PPP项目落地的诸多原因，以社会资本对地方政府契约精神和“履约”能力的怀疑最突出。契约精神是政府和社会资本合作的基石，协议是双方合作的纽带，公私合作双方需共同遵守契约、讲诚实守信誉。我国社会信用体系尚不完善，PPP模式应用的地方政府信用还存在诸多问题。有些地方政府新官不理旧事、一届政府一朝政策、随意撕毁招商引资合同、随意不履行政府作出的承诺，社会资本投资者对政府PPP项目望而却步②。

第二，缺乏合作精神，社会资本参与度低。中国传统文化“官本位”思

---

① 刘毓：《城市基础设施PPP项目中的政府责任研究》，西南交通大学硕士研究生学位论文，2009年。

② 温来成：《现阶段我国PPP模式推广中的几个关键问题分析》，载于《会计之友》2016年第6期。

想源远流长。PPP 模式应用过程表现为个别地方政府以“老大”自居，传统投资思维理念根深蒂固，以政府地位、政府意志、政府权力强势支配企业投资、左右企业经营、压制企业决策，社会资本合法权益受损，PPP 模式治理结构流于形式；个别地方政府、地方政府官员视 PPP 模式为甩掉财政包袱的手段而不是提高公共服务效率的有效机制，PPP 项目运作过程缺乏主动合作精神，不履约或履约拖沓、前期承诺不兑现、后勤保障不及时、违约赔偿不到位，直接导致社会资本对政府不信任、PPP 项目落地率和社会资本参与度“双低”。

第三，缺乏服务精神，依靠权势刁难社会资本。政府既是 PPP 项目参与者又是 PPP 项目决策者，双重身份优势使得地方政府能够支配投资合作，刁难社会资本。个别地方政府对 PPP 模式认识不到位，依然因循“政府独大”逻辑与社会资本争夺项目利益。有些地方政府通过国有企业垄断高收益高回报 PPP 项目，将投资大、周期长、收益慢的基础设施项目扔给社会资本，公私合作变成“公公联合”；有些地方政府担心市场经济条件下 PPP 项目合作中社会资本会竞争挤压政府收益，故意在政策、资金、管理等方面给社会资本设置障碍，变着“戏法”刁难社会资本。在经济下行压力仍然较大的情景下，这些行为不但给私营部门带来巨大经济损失，还大大打击私营部门对公私合作的积极性和信心，严重延缓地方基础设施建设进度，不利于社会经济发展。

三、PPP 项目地方政府诚信问题的制度原因

PPP 项目地方政府诚信缺失的制度原因包括法律制度不健全、信用体系不成熟、财政承受论证弱、诚信监管不到位、角色定位不合理等方面。

（一）法律制度不健全

政府与社会资本合作的法律法规不健全是地方政府诚信缺失最重要的制度原因，主要表现为现行政策文件或法规的层级低、冲突多、管理弱。

第一，政策、法规层级低。PPP 模式发展已近 30 年，出台 PPP 模式制度文件很多，但多为国务院部门规章或省级政府规章，不是国家立法，司法适用存在较大争议。调整 PPP 主体利益关系的规范性文件层级低，存在发生争

议时被否定的风险，社会资本无法可依[①]。PPP 模式制度规范不上升到国家法律层面会严重阻碍 PPP 模式发展，亟待出台完整系统的 PPP 模式国家法律文件。

第二，法规冲突多。国家发改委和财政部分别发布 PPP 模式指导文件，财政部《政府和社会资本合作模式操作指南（试行）》和发改委《关于开展政府和社会资本合作的指导意见》都是规范 PPP 模式运行的文件、共识很多，表明了政府基建投融资体制改革趋势。国家发改委、财政部文件内容有区别，指导层面、制定流程、社会资本界定标准、政府和社会资本合作原则、项目选择重心等方面均有不同。两部文件同时发布，社会资本担心不协调、不和弦情况造成乱调重音、“多龙治水”和法律冲突，地方政府无所适从。统一 PPP 模式法律规定和管理制度是 PPP 项目运作下一阶段亟待解决的问题。

第三，合同管理弱。一是政府部门与社会资本对合同重视不够。初期准备不充分、合同谈判不重视、风险防范不及时、应对措施不充足，导致合作基础不牢、合同违约风险大。二是直接保障 PPP 模式合同效力的法律法规欠缺。地方政府缺乏契约精神，政策随意性和执行风险大，无法保障社会资本及消费者的权利。三是存在“新官不理旧账”“合同是张纸，签完随时改”现象。欠缺独立于政府的第三方机构对 PPP 模式中政府部门与社会资本的合作进行全程监督，社会资本对 PPP 项目的政府诚信和履约意愿存在担忧。

（二）信用体系不成熟

第一，个人层面信用观念淡薄，诚信意识较薄弱。一是改革开放以来经济建设为中心，快速发展的市场经济冲击人们的思想观念和社会心态，负效应就是道德滑坡和诚信缺失。二是缺乏系统完善的诚信教育培训机制，失信惩戒制度不完善，个人失信成本低和惩处力度小，个人诚信意识薄弱。PPP 项目建设中，政府官员特别是一把手为追求政绩，随意更改承诺、毁弃合同。

第二，社会层面信用体系欠缺，信用信息欠完善。一是社会信用体系建

① 李显东、李彬彬：《试论我国 PPP 法律系统规范的构建》，载于《财政科学》2016 年第 1 期。

设滞后。社会主体信用信息记录不完善，且因体制和技术原因分散分布、无法互联共享、无法服务经济社会发展。二是社会诚信建设体制机制不健全。社会诚信建设顶层设计不足，实践缺乏有效指导。PPP模式实践中，个别社会资本“钓鱼”意识较强，试图通过政府补贴保障自身利益；个别社会资本为节约建设成本偷工减料、降低工程质量，道路、桥梁公共安全事故时有发生。

第三，国家层面信用建设滞后，信用市场不发达。一是社会信用建设整体滞后。党的十八大、十八届三中全会均提出加快社会诚信建设，各地方政府积极探索和实践，但社会诚信建设依然滞后于社会经济发展需求。二是社会信用服务市场不发达。目前我国社会信用服务市场化程度低，与政府机构信息共享、数据开放程度低，政府引导推动、监督管理和购买服务力度小，社会信用服务还应不断创新产品、优化服务、探索模式，满足经济社会日益发展的需求。在PPP项目建设运营过程中，地方政府屈服于财政压力或政绩需求，将不属公共投资领域的项目包装成PPP项目，加剧社会资本对政府的不信任。

（三）财政承受论证弱

财政承受能力论证机制不完善是政府诚信缺失的重要制度原因，体现为财政承受力论证体系不可信、规模设置不合理、财政承受论证流于形式。

第一，财政承受力论证体系不可信。一是财政承受能力论证关系乱。PPP项目多部门交叉管理，责权利不匹配，管理混乱；政府付费类PPP项目论证主体和被论证主体同体，既是“裁判员”又是“运动员”；论证过程欠缺独立性，论证信息“不可信”。二是论证内容模糊，财政支出责任测算未形成体系。从财政部《政府和社会资本合作项目财政承受能力论证指引》（以下简称《指引》）执行情况看，股权投资、运营补贴、风险承担和配套投入的论证存在明显漏洞，没有落实《指引》指出的对项目全生命周期内的财政支出责任分别进行测算。

第二，财政承受力规模设置不合理。财政部“每一年度全部PPP项目需要从预算安排的支出责任，占一般公共预算支出比例应当不超过10%”是对地方政府PPP项目财政支出的硬性限制。现实看，基层政府公共财政收入长期不足，承担事权繁多，基层政府财权与事权无法匹配；经济欠发达地区公共服务和基础设施建设投资需求巨大，年度公共预算只能10%用于PPP项目的规模上限，难以满足基层政府融资需要；新型城镇化不断推进，基础设施建设供需矛盾突出，中西部经济欠发达地区尤为明显，财政部《指引》10%的上限规定难以满足基层政府融资需要，不利于PPP模式在县域、乡镇的推广应用。

第三，部分项目财政承受论证流于形式。一是财政部《指引》10%的财政公共预算用于PPP项目的上限规定，实际论证只针对单个项目，如果某地所有PPP项目加在一起，一般都会超过10%的上限规定，地方财政不能承担实际的PPP项目支出责任，地方政府财政承受论证流于形式。二是实际论证忽略对政府债务情况的评估甄别，政府未来时间段现金流和偿债能力不可测算。

（四）诚信监管不到位

目前存在诚信监管法律制度不齐全、诚信监管主体责任不明确、诚信监管技术方法不成熟等问题，创新政府诚信监管方式方法十分重要。

第一，诚信监管法律制度不齐全。一是PPP项目缺乏专门监管法律。中央、地方政府制定的系列规章制度，法律效力低、易变、针对性和权威性差、内容不全面，难以满足PPP项目监督的法律需要。二是PPP模式的地方政府诚信监管制度不健全。地方政府失信违约没有司法制衡机制，法院依法独立办案难落实；现有制度对政府官员缺乏诚信守约要求；官员任期制使政府官员通过大肆举债获得政绩升迁异地，无法追究责任。三是地方政府行政文化缺乏诚信价值观念。基层公务员队伍没有形成诚信守约的价值认同和文化氛围。

第二，诚信监管主体责任不明确。一是社会信用体系建设主体多元导致监管责任不明确。我国社会信用体系建设是通过发改委、人民银行召集多方党政部门联席会议，虽可对规则制定、体系建设起一定推动作用，但制定的规则难以得到监督执行，社会信用体系建设实践性不强。二是政府内部监管主体多元导致监管责任不明确。现有政府内部监管体系，各部门对各自负责的领域实施监管，国家发改委负责项目经营主体、立项审批的监管，建设主管部门负责项目建设及招投标的监管，行业主管部门负责项目技术方法、服务质量的监管①，各相关部门推诿扯皮现象时有发生、监管效率极低。

第三，诚信监管技术方法不成熟。一是地方政府诚信监管缺少系统完整、科学全面的评价技术方法。传统监管方法和手段，上级检查督促、媒体新闻曝光、法律渠道诉讼已不能满足 PPP 项目投资者对政府综合信用状况透明程度的要求，难以促进 PPP 模式健康发展。二是理论界缺乏对政府诚信监管技术方法的研究。政府诚信综合评价指标、评价制度研究少，尚未建立不同类型 PPP 模式政府诚信分类管理技术方法，欠缺 PPP 项目监管流程的规范研究。

（五）角色定位不合理

参与 PPP 模式的地方政府既是裁判员又是运动员，无论突出监管角色忽视交易角色还是强调交易角色忽视监管角色，都可能出现职能越位、错位、缺位现象。

第一，替代社会资本决策，政府管理越位。PPP 模式实践中，政府垄断法律政策等讯息资源，社会资本、私有企业和消费者知之甚少，信息不对称、传统“官本位”思想和体制惯性以及行政职权范围与自由协商范围划定不清、界限不明，政府制定 PPP 项目政策不尊重社会资本方权利，甚至直接干预社会资本投资。个别地方 PPP 实践存在对社会资本管理过多过细甚至直接“替民做主”，以保护商业秘密为由排斥公民的知情权、参与权等问题。

第二，重投资轻管理，政府角色错位。出于政府形象、官员政绩考虑，地方政府重视 PPP 项目初期投资，对项目运营监督管理重视不够，不能正确

① 刘毓：《城市基础设施 PPP 项目中的政府责任研究》，西南交通大学硕士研究生学位论文，2009 年。

定位建设和运营的关系，角色错位导致项目运营服务水平和投资效率不高，诱发公共安全隐患。政府选择PPP项目合作伙伴时，倾向于选择资金能力强的企业，将出资情况作为主要衡量因素，项目运营时政府部门不能很好履行自身监管职责，“甩包袱”现象屡见不鲜。全国范围内道路桥梁垮塌事故时有发生，重要原因就是承包商偷工减料、过度追求项目进度和利益最大化[①]。

第三，公平效率协调不力，政府角色缺位。首先，政府对社会资本收益方式指导不足。PPP项目直接定价限定了社会资本的固定收益，阻断了社会资本降低成本提高效率的通道，部分企业谎报经营成本、骗取高额利润。其次，社会资本进入PPP门槛过高，难以实现完全竞争。目前PPP项目多数是政府与央企、国企合作，私企只占很小一部分，“公公联合”代替公私合作，容易导致垄断、缺少压力，丧失改革创新动力。

四、PPP项目的地方政府诚信制度建设路径

（一）完善法律法规建设，加速PPP法制建设步伐

公私合作能否顺利进行，与国家层面法律法规的制定执行、法规的协调统一、项目合同的规范管理息息相关，是PPP模式广泛推广运用的基石。

第一，加快PPP国家立法。首先，尽快启动国家宏观层面PPP模式法律规范的制定。明确规范PPP项目模式界定、适用范围、储备规范、联审机制、合作伙伴选择、绩效评价、示范推进、合同管理、实施建议、风险分担、纠纷处理。其次，注意中观层面PPP法律规范的层次性。法律规范系统是由不同层级的法律规范合理有序、相互作用形成的，既要制定最高层级的PPP单行法律，还要根据PPP项目实践的特殊性、多样性制定针对性强的行政立法和地方性法规。2018年7月初国务院法制办已公开《基础设施和公共服务领域政府和社会资本合作条例（征求意见稿）》（简称《PPP条例》），学者、中介机构、社会资本方等主体纷纷通过媒体表达对《PPP条例》立法基本原则、立法导向等问题的修改意见。国务院法制办、国家发展改革委、财政部等法

① 孙治艳：《公用事业领域公司合作中政府角色定位研究》，苏州大学硕士学位论文，2014年。

案起草机关应当充分听取各利益主体代表意见、综合权衡 PPP 项目公共利益与社会资本方利益维护的重要价值，确立能被各利益主体接受的立法原则，明确划分基础设施与公共服务的边界、设计合理的物有所值评估程序、落实民企参与 PPP 项目和 PPP 项目信息公开措施，尽快出台《PPP 条例》。再次，要提高 PPP 模式法律执行阶层，设立政府某一部委专门管理、解释和裁决的机构，配备专家学者组成的咨询机构，克服地方法规和部门条例缺乏权威性的弊端。

第二，形成法制合力。一要重视 PPP 法律规范体系的综合性。需对中央到地方政府部门的 PPP 项目政策文件、法律法规进行整合规划，保证 PPP 模式参与主体依据统一的法律法规有效协商、充分合作，使 PPP 模式参与主体责任明晰。二要重视 PPP 法律规范体系的系统性。综合理解和运用不同的法律部门划分手段，破除原有的法律部门划分方法，构建包含多种社会法律关系和调整方法的系统的 PPP 法律规范体系，使 PPP 法律规范体系具有整体性、内部各要素的关联性和结构上的功能性。三要重视 PPP 法律规范体系的动态性。PPP 模式运行实践具有动态性特征，PPP 法律规范必须具有开放性和包容性，随着 PPP 模式运行实践发展不断动态调整、不断丰富完善。

第三，规范合同管理。课题团队提出了“构建标准合同文本管理制度”“预留合同文本调整机制”观点。应当进一步运用研发评估工具，明晰规范各领域各类型 PPP 项目合同格式文本，公开披露 PPP 项目合同格式文本，明确 PPP 项目参与主体的风险收益、权利义务关系，确保 PPP 项目参与主体的权利和利益；应当设置独立于政府的 PPP 项目合同监管机构，全程监控合同签订和实施过程，明示地方政府的角色职责、失信违约风险，确保 PPP 项目实施过程中地方政府谨慎承诺、履行合同、珍惜信誉；PPP 项目合作各方应当提高对合同的重视程度，合同签订前充分辨析合同条款、充分认识合同履行过程存在风险、精准设计合同风险规避条款，保障 PPP 项目的正常建设运营。

（二）建立健全信用体系，推动社会诚信制度建设

第一，建立个人失信惩戒问责机制。尽快建立政府官员个人特别是一把

手的失信追责机制。一是政府官员失信惩戒机制。将PPP项目建设、运行过程的政府官员信用行为作为政绩考核、官职升迁的重要依据，提高政府官员失信成本、加大失信惩罚力度，使政府官员失信行为得不偿失。二是建立政府官员失信问责机制和赔偿机制。PPP项目建设运行过程发生的政府官员失信失职渎职、滥用误用公共权力行为应依法追究法律责任；建立健全政府官员给社会资本或私人部门造成损失的赔偿机制，重塑政府诚信形象①。

第二，完善社会资本诚信准入机制。一要建立PPP行业准入负面清单机制。明确PPP项目适用范围，非收费项目、不宜采用PPP模式的行业领域，应当禁止社会资本参与。二要建立PPP准入主体负面清单机制。社会资本方的发展具有差异性，适用PPP模式的行业、领域、规模具有差异性，必须分行业、领域、规模建立PPP准入主体的负面清单，对进入PPP项目的社会资本规模、性质、财务情况、信用状况、技术要素等进行有效评估。

第三，加快社会诚信制度建设。一要加快社会诚信整体建设。十八届三中全会要求建立健全社会征信体系，褒扬诚信、惩戒失信，加强社会诚信建设顶层设计，发挥地方政府诚信建设引导作用，繁荣信用市场。二要加强诚信监督。PPP项目建设运行过程，鼓励公民、媒体或第三部门监督，对地方政府信用进行评级、公示，形成社会舆论压力，避免政府失信。三要增强合同约束力。明确政府部门失信违约的赔偿责任、政府换届后特许协议贯彻执行责任等。

（三）健全财政评估机制，开展财政承受能力论证

第一，建立可信的财政承受能力论证体系。一是厘清论证关系。设立PPP模式归口管理部门，建立“事权”清晰的管理体系，克服PPP项目多头管理导致的推诿扯皮、效率低下缺陷；委托独立的第三方机构进行论证，保证财政承受能力论证主体的独立性，确保论证信息客观、真实、有效。二是明晰论证内容。论证过程要谨慎，要不断明确细化论证内容，按类别分别进

---

① 张万宽：《发展公私伙伴关系对中国政府管理的挑战及对策研究》，载于《中国行政管理》2008年第1期。

行财政支出责任测算，确定测算内容、测算范围和计算公式，降低政府违约风险。

第二，设置合理的财政承受能力上限。财政承受能力设置要与宏观财政支出指标挂钩，将政府债务总额控制在合理区间，寻求 PPP 模式限制上限与推动经济发展的理想平衡点，设置支出责任上限弹性标准，适当上调财力状况相对较好或确有需求县（市）的支出责任额度。根据 PPP 模式发展的实际情况，结合财政预算体系的改革完善状况，适时调整 10% 的 PPP 项目上限比重。

第三，构建规范的财政承受能力论证机制。一要提升财力薄弱地区县级推广 PPP 项目的财政承受能力，切实考虑欠发达地区经济基础薄弱、财政能力有限、融资环境较差、政府事权较多的实际情况，适当加大上级政府财政转移支付力度，保障地方政府有财力支持 PPP 项目建设。二是尽快出台可行性强的分行业或分领域 PPP 项目操作指南，能够针对具体项目开展评标、设计特许权协议等关键工作，克服部分项目财政承受论证流于形式的弊病。

（四）创新诚信监管制度，加强地方政府诚信监管

第一，加快诚信监管的法律制度建设。一是加快出台 PPP 模式监管专门法律，如《公私合作法》或《特许经营法》及必要的配套制度规范、政策指南、操作指南，适应 PPP 模式推广需要。二是加快构建地方政府诚信监管制度体制，注重监管制度的完整性、有效性，确保法律法规的原则、要求得到落实。三是加快培育诚信守约的政府行政文化。全社会范围内营造遵纪守法、诚实守信的文化环境和文化氛围，推进地方政府诚信建设，潜移默化提高政府、公务员的诚信意识和契约意识，促进地方政府诚信监督良性软环境的形成。

第二，培育权责明晰的多主体诚信监管体制。一是建立财政部门牵头的政府 PPP 项目管理机构，统筹 PPP 项目的规划编制、审批管理、风险监管业务，加强对地方各级政府诚信状况的综合评价、监督管理。二是建立合理的政府内部监管框架，PPP 政策制定部门与监管部门分离、行业监管组织与政

府监管机构并存，建立健全合理的激励约束机制。三是发挥社会监督体系的作用，督促地方政府、公务员讲信用、守约定，做表率、引风尚。

第三，开发科学有效的诚信监管技术方法。一是提升PPP诚信监管标准和技术规范的科学性。建立准入监管标准，提高资格审查检验技术；建立PPP价格监管标准，合理定价，保护多方利益；规范合同文本、风险管理及违约赔偿标准。二是建立健全政府监管队伍，强化职业技能培训，提升监管人员的PPP协议签订、融资运营、合同纠纷化解技能，优化监管队伍职能结构。

（五）优化政府职能结构，促进地方政府角色转变

第一，明确政府角色。一是要推进政府理念转变，理念转变是角色转变的前提。政府要正确认识PPP模式的本质内涵、管理流程、运作方式、监管主体及重要性，推广应用PPP模式的根本目的不是甩掉地方政府财政包袱或提升政绩，而是在为社会提供良好的公共产品与公共服务，实现社会公共利益的基础上促进市场竞争、促进社会经济发展、增加社会福利。二是要优化政府结构，促进角色转变。法律层面，要用完善的法律、法规清晰界定政府和社会资本的权限；制度层面，要优化政府的PPP模式行政流程，提高行政效率。三是要正确处理好政府监管和交易双重角色的冲突，政府必须正确定位自己的职能作用，明确职责权限，以多中心治理理论为指导，完善包括普通民众和舆论媒体在内的社会监督机制，通过互动治理、分权管理和平等合作，以满足社会资本的合法合理利益诉求，切实维护公众利益，增强社会福祉①。

第二，转变政府职能。一是要结合“放管服”改革的总体要求，进一步加大简政放权力度，深化行政审批制度改革和投融资项目审批制度改革，切实实行市场准入负面清单制度，不断放宽私营资本参与公共基础设施建设领域，不断提升社会资本参与力度、广度和深度。二是要建立服务型、学习型

① 石贤平：《PPP模式中政府交易角色与监管角色冲突的法律平衡》，载于《商业研究》2015年第12期。

政府，PPP模式对地方政府的能力提出了更高要求，必须充分发挥市场对资源配置的决定性作用，理顺政府、企业、社会的关系，抛弃传统“官本位”思想，尊重企业经营自主权，服务社会经济发展。三是要积极优化公私合作外部环境。营造公平竞争环境，积极培育市场主体，提高私人企业竞争力；扩展公众参与渠道，积极培育公民社会，提高公众或社会组织等社会力量的参与能力。

总之，目前PPP模式应用的地方政府诚信建设还存在法律规制不完善、信用体系不成熟、财政承受评估弱、诚信监管不到位、角色定位不合理等问题，亟须加速PPP法制建设步伐、建立健全信用体系、加强财政承受能力论证、创新诚信监管制度和优化政府职能结构，保障PPP项目建设运营的顺利进行。社会资本投资城镇基础设施项目除考虑经济收益外，重点考虑政府部门信用程度，政府信用是决定项目成败的关键因素，地方政府诚信制度建设重点应转向法律法规完善、体制机制健全、社会诚信文化培育等方面。

第二章 湖南发展 PPP 模式的实证分析

城镇化发展水平可用于衡量不同发展阶段的区域（城市）发展状况，如区域经济、社会进步以及生态文明的发展程度。当前，我国正处于城镇化加速发展时期，要素资源禀赋、地理位置差异和政策倾斜使城镇化发展呈现区域非均衡状态，就湖南而言，城镇化水平低于全国平均水平且县域城镇化发展水平空间差异大。同时，2014 年以来，国务院和国家发展改革委、财政部及各地方政府陆续出台系列 PPP 文件，PPP 模式正以前所未有的关注度出现在我国新型城镇化潮流中。2014 年，湖南省成为全国推广运用 PPP 模式试点的首批省份之一，湖南基于基础设施薄弱、历史欠账多的省情，把 PPP 视作一把解决湖南新型城镇化过程中基础设施建设难题的“钥匙”，不断推进 PPP 模式在基础设施建设中的运用，通过健全组织、完善制度、规范管理和开展示范等措施，虽然取得了积极成效，但也存在着一系列问题。本章就湖南县域城镇化的空间差异与发展战略、湖南基础设施建设 PPP 模式的区域选择、湖南发展 PPP 模式的状况与面临的问题、湖南发展 PPP 模式的影响因素及其对策等予以研究。

第一节　湖南县域城镇化的空间差异与发展战略[①]

以湖南 87 个县域 2013 年度截面数据为测度范围，利用因子分析法，运用县域发展经济总量、人均均量和运行质量三大指标构建湖南县域城镇化发展水平指标体系并进行综合测度，得出湖南县域第一、二、三梯度范围。结果表明，湖南县域城镇化发展水平差异明显，呈现东北高、中部次之、西南最低的空间布局，应积极实施突先进、抓中间、托后进的梯度开发战略以及效率与公平并重的协调发展战略、定“一极”布“两圈”的圈层战略、重中心强辐射的多极发展战略。

一、湖南县域城镇化发展水平的测度分析

（一）城镇化发展水平的相关文献综述

城镇化是指“第二、三产业在城镇集聚，农村人口不断向非农产业和城镇转移，使城镇数量增加、规模扩大，城镇生产方式和生活方式向农村扩散、城镇物质文明和精神文明向农村普及的经济社会发展过程”。城镇化发展水平可用于衡量不同发展阶段的区域（城市）发展状况，如区域经济、社会进步以及生态文明的发展程度。许学强等（1986）和陈明星等（2010）部分学者已关注到中国省际城镇化发展水平的差异，较好地揭示了我国城镇化发展水平在省级层面上的空间分异格局；但宣国富等（2005）以及欧向军等（2008）学者认为他们忽略了省内城镇化水平的非均衡和异质性。以县域为单位研究中国城镇化的空间格局，能更加全面地认识城镇化发展水平的空间分异，有利于制定差异化的区域空间发展战略。

① 余华、彭程甸：《湖南县域城镇化的空间差异与发展战略》，载于《南通大学学报（社会科学版）》2016 年第 3 期。文中数据，除有特别说明外，均根据历年《湖南省统计年鉴》、各市州统计年鉴以及市县政府统计公报数据统计整理获得。笔者选题依据《国家新型城镇化规划（2014－2020 年）》《湖南省推进新型城镇化实施纲要（2014～2020 年）》，两个重要文件统计数据截止年份均为 2013 年。2015 年上半年开始选题研究时 2014 年的统计数据还无法获得，故选用了 2013 年度统计数据作为县域城镇化空间差异分析素材。2015 年 9 月成稿后反复多次修改，迁延至今。2016 年 2 月 1 日题记。

国内众多学者采用不同的统计或计量分析方法，从人口城镇化、土地城镇化、经济城镇化和社会城镇化等方面构建综合评价指标体系，对中国的城镇化发展水平进行评价。仇方道（2006）采用熵值法和SPSS统计分析，通过构建经济、社会文化、人口、基础设施于一体的县域城镇化发展水平综合评价指标体系，对江苏省沭阳县城镇化发展水平进行了综合评估；曾珍香（2008）运用主成分分析法从经济、社会、生态三个子系统建立京津冀区域协调发展指标体系；王聪（2009）运用主成分分析法和聚类分析法，从经济发展、人口社会发展、城市建设等方面选取指标构建指标体系，对山东140个县域的城镇化发展水平进行综合评价和系统聚类，指出其县域空间分异格局特征明显；严萍（2010）运用BP神经网络模型对陕西省83个县域的城镇化发展水平进行综合分析和评价，建立融经济、社会、人口、环境于一体的县域城镇化发展水平体系；陈桂枝（2011）运用聚类分析法，从经济发展、人口社会发展、城镇发展构建县域城镇化发展水平评价指标体系；吕可文（2011）运用因子分析法和Arc GIS技术，对河南省地市和县（市）的城镇化空间差异分别进行研究，进行了地市区域等级划分以及县域城镇化空间差异分析；王洋（2012）运用熵值法、偏相关系数和空间自相关方法，从人口、经济、社会角度构建中国县域城镇化水平的综合评价体系。

国外学者多从人口城镇化、经济城镇化、生活方式城镇化角度界定城镇化，通过人口规模与密度、用地规模与密度、通勤时间等构建指标体系判断城市化发展水平。赫茨勒（1963）认为城镇化是人口从农村流入城市及人口往城市聚集定居；Wilson（1986）认为城镇化是城市人口比重上升、乡村人口比重下降的现象；库兹涅茨（1985，1989）认为城镇化是城市和乡村间人口分布方式的变化，技术变革和经济增长促使劳动人口向城市转移；沃纳·赫西（1990）从经济角度界定城镇化，认为城镇化是以人口分散、空间广布、生产方式单一落后为特征的农村经济转变为以人口集中、土地利用高效、生产方式及产业结构先进为特征的城市经济的过程；Louis Wirth（1989）从生活方式角度界定城镇化，认为城镇化是乡村生活方式向城市生活方式发展及质变的过程；David（2004）从人口规模与密度、用地规模等可获得指标界定城市区域和农村区域；Hirotsugu（2010）根据城市人口规模和密度、通勤时间判定城市化率；Sanjib（2010）将5 km范围内人口密度、人口变化和商业区及居住区密度作为城市化判定指数，得出城市化发展水平。

梳理现有文献发现，既有研究成果在测度范围上，包括以具体县域为例的城镇化发展水平、某个省内部分县域的城镇化发展水平以及国家层面对省域城镇化的评价；又有在研究方法上，广泛运用统计和计量分析方法，如主成分分析法、系统聚类分析法、BP神经网络以及空间自相关等分析方法；以及在衡量指标上，学者之间尚未达成共识，指标体系的构建不尽相同，主要是从经济、人口、社会、环境等角度来界定城镇化发展水平。但从县域空间角度研究城镇化发展水平的文献非常少，且多数使用城镇化率等单一指标衡量城镇化发展水平。如彭翀、常黎丽（2013）发表于《经济地理》的"湖南省县域城镇化时空格局及其经济发展相关性研究"一文，利用湖南省2001～2010年城镇化率数据，从狭义城镇化（人口城镇化）角度，以城镇化率单一指标验证了其与经济发展的相关性并提出县域城镇化发展的经济带动策略。

湖南城镇化水平低于全国平均水平且县域城镇化发展水平空间差异大。中国城镇化进入加速发展阶段，城镇化率由2000年36.22%上升到2013年53.73%；湖南省城镇化率从2000年29.75%上升到2013年47.96%，但2013年湖南省城镇化率仅相当于全国2010年左右的城镇化水平。2013年湖南省124个县（市、区），"大部分县（市）城镇化水平均处于低水平状态，城镇化率低于40%的县（市）60个，占县（市、区）总数的48.39%；低于湖南城镇化平均水平（47.96%）的县（市）80个，占县（市、区）总数的64.52%"。县域之间，城镇化率最高的冷水江（76.65%）与最低的隆回（26.56%）相差约50个百分点，县域城镇化发展水平空间差异非常大。笔者拟基于统计数据，从横截面角度，利用因子分析法并通过县域发展经济总量、县域发展人均均量、县域发展运行质量三个指标研究2013年湖南县域城镇化发展水平，分析湖南87个县域[①]之间的空间差异并对其进行综合评价，为采取异质化的城镇化区域空间发展战略、持续提升湖南城镇化发展水平提供选择路径。

（二）湖南县域城镇化发展水平的测度

第一，指标体系构建。借鉴已有的城镇化测度指标体系及湖南“三量齐升”[②]评估体系，并考虑指标可获得性、科学性、层次性及城镇化水平与经济发展水平之间的影响最为深刻，主要从经济城镇化角度构建县域城镇化发展水平指标体系并进行综合评价，主要理由是人口增长、社会进步、居民生活质量以及环境质量的提升都可体现在经济城镇化指标体系中，并且经济城镇化指标体系中的具体指标数据可获得性强且数据真实可靠，社会进步、环境质量等指标越往老少边穷县域，其指标数据的可获得性越小（老少边穷县域有些数据可替代性差甚至不具备）。经济城镇化发展水平评价指标体系主要分为三个部分（表2—1）：

（1）县域发展经济总量指标。县域发展经济总量指标主要反映县域经济总量增长情况，具体包括地区GDP（X_1）、公共财政支出（X_2）、居民储蓄存款余额（X_3）、年末金融机构各项贷款余额（X_4）、消费品零售总额（X_5）、固定资产投资总额（X_6）、规模以上工业总产值（X_7）、地区财政收入（X_8）等8个三级指标。

（2）县域发展人均均量指标。县域发展人均均量指标主要反映经济结构变化以及经济增长效率情况，具体包括人均GDP（X_9）、居民人均可支配收入（X_{10}）、农民人均可支配收入（X_{11}）、人均财政收入（X_{12}）、人均生活消费支出（X_{13}）等5个三级指标。

（3）县域发展运行质量指标。县域发展运行质量指标主要反映经济和社会

---

① 87个县域是指湖南省14个市州124个市辖区、县及县级市中，除中心城市主城区外的县和县级市，不包括洪江区、大通湖区，但包括吉首市。

② 时任省委副书记、省长徐守盛在2011年11月底召开的省委经济工作务虚会上正式提出“经济总量、人均均量和运行质量同步提升”（简称“三量齐升”）的观点。

运行质量，具体包括从业人口（X_{14}）、农业机械总动力（X_{15}）、工业增加值（X_{16}）、第一产业占 GDP 比重（X_{17}）、地区财政收入占 GDP 比重（X_{18}）等 5 个三级指标。

表 2—1　城镇化发展水平评价指标体系

一级指标	二级指标	三级指标	计量单位
城镇化发展水平指标	县域发展经济总量	地区 GDP（X_1）	万元
		公共财政支出（X_2）	万元
		居民储蓄存款余额（X_3）	万元
		年末金融机构各项贷款余额（X_4）	万元
		消费品零售总额（X_5）	万元
		固定资产投资总额（X_6）	万元
		规模以上工业总产值（X_7）	万元
		地区财政收入（X_8）	万元
	县域发展人均均量	人均 GDP（X_9）	元
		居民人均可支配收入（X_{10}）	元
		农民人均可支配收入（X_{11}）	元
		人均财政收入（X_{12}）	元
		人均生活消费支出（X_{13}）	元
	县域发展运行质量	从业人口（X_{14}）	万人
		农业机械总动力（X_{15}）	千瓦
		工业增加值（X_{16}）	万元
		第一产业占 GDP 比重（X_{17}）	%
		地区财政收入占 GDP 比重（X_{18}）	%

第二，研究方法。研究采用因子分析法。因子分析法是主成分分析法的扩展，更有助于对变量的经济学解释。该方法是利用众多原始变量的相关性和信息重叠，保证在原始数据信息丢失最少的原则下，对多变量进行降维处理，即减少变量的数量，将较多的原始变量归纳为几个综合指标，并将这些综合指标称为因子（主成分），再进行多元统计分析。当因子（主成分）累计贡献率达到 85%～95%时就基本反映了原指标的信息。衡量城镇化进程的县域发展经济总量、县域发展人均均量以及县域发展运行质量等指标间存在耦合关系。

第三，测度范围和数据来源。湖南省辖14个市州共124个县（区、市）。区域选择测度范围限于县及县级市，即16个县级市、64个县、7个自治县，共87个县及县级市。研究采用的指标数据大部分来自2014年《湖南省统计年鉴》、《中国县域统计年鉴》、《长沙市统计年鉴》、2014年各县市统计公报以及相关政府报告，部分数据是通过统计年鉴数据整理计算所得。采用SPSS17.0统计软件进行数据分析。原始数据需要标准化，考虑评价指标的正负取向差异，采用公式（1）和公式（2）进行原始数据的标准化处理。

（1）正向指标

$$Y_i = \begin{cases} 1 \quad (X_i \geqslant m_i) \\ (X_i - n_i)/(m_i - n_i) \quad (m_i > X_i > n_i) \\ 0 \quad (X_i < n_i) \end{cases} \tag{1}$$

（2）负向指标

$$Y_i = \begin{cases} 1 \quad (X_i \geqslant m_i) \\ 1-(X_i - n_i)/(m_i - n_i) \quad (m_i > X_i > n_i) \\ 0 \quad (X_i < n_i) \end{cases} \tag{2}$$

公式（1）和公式（2）中，Y_i 为标准化变量指标值，X_i 为原始变量指标值，m_i 为该项指标中最大值，n_i 为该项指标中最小值。

（三）湖南县域城镇化发展水平的因子分析

第一，因子提取。根据SPSS软件运行输出因子分析KMO和Bartlett检验结果。Bartlett球度检验的概率 P 值为0.000，即拒绝原假设，相关系数矩阵与单位矩阵有显著差异。KMO值为0.889，根据KMO度量标准可知原变量适合进行因子分析（表2—2）。

表2—2　KMO和Bartlett的检验

	取样足够度的 Kaiser-Meyer-Olkin 度量	0.889
Bartlett的球形度检验	近似卡方	2 919.963
	Df	153
	Sig.	0

第二，因子分析的总方差解释。通过 SPSS 软件运用方差极大法得出输出结果（表 2—3），可以分析初始特征值的方差解释、提取平方和载入特征值的方差解释及旋转平方和载入特征值的方差解释。初始特征值部分，第一个因子的特征根 11.756，解释了 18 个原始变量总方差的 65.31%，累计方差贡献率 65.31%；第二个因子的特征根 2.538，解释了 18 个原始变量总方差的 14.098%，累计方差贡献率 79.408%；第三个因子的特征根 1.347，解释了 18 个原始变量总方差的 7.483%，累计方差贡献率 86.892%，原始变量可被解释。提取平方和载入部分，用主成分分析法提取 3 个因子，3 个因子共同解释原始变量总方差的 86.892%，丢失 13%左右的信息，总体 3 个因子的解释效果较好，说明 3 个主成分足以涵盖 18 个原变量的绝大部分信息。旋转平方和载入部分，描述了旋转后的因子解，即因子分析最终解，因子旋转后累计解释总方差百分比没有变化，但重新分配了各个因子的解释变量的方差。因此，可提取县域发展经济总量、县域发展人均均量和县域发展运行质量 3 个因子用于分析湖南县域城镇化发展水平。

表 2—3　原有变量中总方差被解释的列表

解释的总方差									
因子	初始特征值			提取平方和载入			旋转平方和载入		
	特征根	方差贡献率/%	累积贡献率/%	特征根	方差贡献率/%	累积贡献率/%	特征根	方差贡献率/%	累积贡献率/%
1	11.756	65.31	65.31	11.756	65.31	65.31	7.93	44.054	44.054
2	2.538	14.098	79.408	2.538	14.098	79.408	5.869	32.605	76.659
3	1.347	7.483	86.892	1.347	7.483	86.892	1.842	10.233	86.892
4	0.522	2.899	89.79						
5	0.414	2.299	92.089						
6	0.379	2.105	94.194						
7	0.308	1.714	95.908						
8	0.187	1.037	96.945						
9	0.135	0.747	97.692						
10	0.129	0.716	98.408						
11	0.099	0.552	98.96						

续表

解释的总方差									
因子	初始特征值			提取平方和载入			旋转平方和载入		
	特征根	方差贡献率/%	累积贡献率/%	特征根	方差贡献率/%	累积贡献率/%	特征根	方差贡献率/%	累积贡献率/%
12	0.057	0.318	99.278						
13	0.053	0.294	99.572						
14	0.037	0.204	99.776						
15	0.019	0.105	99.882						
16	0.013	0.075	99.956						
17	0.006	0.034	99.991						
18	0.002	0.009	100						

提取方法：主成分分析法。

根据原有变量中总方差被解释的列表（表2—3）和方差极大法旋转后的因子载荷矩阵（表2—4）中各主成分所反映的变量特征，第1个主成分的贡献率44.054%，载荷较高的变量有公共财政支出（X_2）、居民储蓄存款余额（X_3）、年末金融机构各项贷款余额（X_4）、消费品零售总额（X_5）、地区GDP（X_1）、固定资产投资总额（X_6）、地区财政收入（X_8）、规模以上工业总产值（X_7）等8个变量，主要反映县域发展经济总量指标，可将其视为“经济总量”因子；第2个主成分的贡献率32.605%，载荷较高的变量有人均GDP（X_9）、居民人均可支配收入（X_{10}）、农民人均可支配收入（X_{11}）、人均财政收入（X_{12}）和人均生活消费支出（X_{13}）等5个变量，主要反映各经济指标的人均拥有量，可看作“人均均量”因子；第3个主成分的贡献率10.233%，载荷较高的变量有从业人口（X_{14}）、农业机械总动力（X_{15}）、工业增加值（X_{16}）、第一产业占GDP比重（X_{17}）和地区财政收入占GDP比重（X_{18}）等5个变量，主要反映县域发展的运行质量情况，可将其视作“运行质量”因子。

表 2—4　旋转因子载荷矩阵

变量	主成分		
	1	2	3
地区 GDP（X_1）	0.829	0.532	0.042
公共财政支出（X_2）	0.928	0.272	−0.004
居民储蓄存款余额（X_3）	0.889	0.195	0.134
年末金融机构各项贷款余额（X_4）	0.851	0.39	−0.121
消费品零售总额（X_5）	0.844	0.456	0.084
固定资产投资总额（X_6）	0.788	0.505	0.068
规模以上工业总产值（X_7）	0.638	0.613	0.131
地区财政收入（X_8）	0.774	0.534	−0.276
人均 GDP（X_9）	0.382	0.876	−0.119
居民人均可支配收入（X_{10}）	0.343	0.855	0.21
农民人均可支配收入（X_{11}）	0.445	0.8	0.197
人均财政收入（X_{12}）	0.283	0.759	−0.504
人均生活消费支出（X_{13}）	0.336	0.754	0.422
从业人口（X_{14}）	0.803	−0.09	0.429
农业机械总动力（X_{15}）	0.772	0.133	0.311
工业增加值（X_{16}）	0.781	0.566	−0.075
第一产业占 GDP 比重（X_{17}）	−0.001	−0.756	0.309
地区财政收入占 GDP 的比重（X_{18}）	−0.145	−0.007	0.89

第三，建立因子得分模型，计算因子得分。输主成分得分系数矩阵（表 2—5）中的元素，即为相应原始变量在因子得分函数中的系数，据此建立因子得分线性函数：

$$\mathrm{FAC1\_1}=0.102X_1-0.073X_2+\cdots+0.021X_{18} \tag{3}$$

$$\mathrm{FAC2\_1}=0.009X_1+0.208X_2+\cdots+0.089X_{18} \tag{4}$$

$$\mathrm{FAC3\_1}=-0.022X_1-0.022X_2+\cdots+0.066X_{18} \tag{5}$$

式（3）～（5）中，FACi_1（i=1，2，3）分别表示 3 个主成分，X_j（j=1，2，…，18）表示 18 个原始变量（标准化后的值）。根据式（3）～（5）可计算各主成分得分，并采用主成分加权总和计算湖南 87 个县及县级市城镇化发展水平的综合得分值（表 2—6），权数取自旋转后的方差贡献率，计算公

式为

$$S=0.44054FAC1\_1+0.32605FAC2\_1+0.10233FAC3\_1 \quad (6)$$

式中，S 为综合得分，$FACi\_1$（$i=1$，2，3）为主成分得分值。

表 2—5 主成分得分系数矩阵

变量	主成分		
	1	2	3
地区 GDP（X_1）	0.102	0.009	−0.022
人均 GDP（X_2）	−0.073	0.208	−0.022
地区财政收入（X_3）	0.128	−0.015	−0.207
人均财政收入（X_4）	−0.024	0.144	−0.256
地区财政收入占 DGP 比重（X_5）	0.078	−0.072	−0.521
公共财政支出（X_6）	0.19	−0.108	−0.089
固定资产投资（X_7）	0.093	0.012	−0.003
消费品零售总额（X_8）	0.117	−0.016	−0.007
居民人均可支配收入（X_9）	−0.121	0.245	0.18
农民人均可支配收入（X_{10}）	−0.08	0.203	0.152
人均生活消费支出（X_{11}）	−0.129	0.236	0.298
第一产业占 GDP 比重（X_{12}）	0.124	−0.227	0.102
农业机械总动力（X_{13}）	0.138	−0.087	0.103
从业人口（X_{14}）	0.18	−0.158	0.146
工业增加值（X_{15}）	0.096	0.018	−0.082
居民储蓄存款余额（X_{16}）	0.179	−0.111	−0.012
年末金融机构各项贷款余额（X_{17}）	0.159	−0.064	−0.139
规模以上工业总产值（X_{18}）	0.021	0.089	0.066

表 2—6 主成分综合得分及排名

县域	综合得分	排名	县域	综合得分	排名
长沙县	2.45	1	南县	0.13	30
浏阳市	2.21	2	平江县	0.12	31
宁乡县	2	3	石门县	0.11	32
醴陵市	0.94	4	永兴县	0.11	32
耒阳市	0.67	5	新化县	0.09	34
攸县	0.59	6	双峰县	0.06	35

续表

县域	综合得分	排名	县域	综合得分	排名
汨罗市	0.54	7	吉首市	−0.01	36
湘乡市	0.52	8	津市市	−0.04	37
湘潭县	0.5	9	韶山市	−0.04	37
邵东县	0.46	10	安化县	−0.05	39
湘阴县	0.43	11	临澧县	−0.06	40
冷水江市	0.4	12	东安县	−0.06	40
澧县	0.38	13	衡山县	−0.07	42
资兴市	0.38	13	安乡县	−0.08	43
华容县	0.37	15	宁远县	−0.09	44
衡阳县	0.34	16	宜章县	−0.11	45
常宁市	0.33	17	道县	−0.13	46
沅江市	0.29	18	溆浦县	−0.14	47
桂阳县	0.27	19	洞口县	−0.14	47
桃源县	0.27	19	沅陵县	−0.15	49
衡南县	0.26	21	慈利县	−0.17	50
祁阳县	0.24	22	隆回县	−0.18	51
衡东县	0.23	23	茶陵县	−0.18	51
祁东县	0.22	24	嘉禾县	−0.19	53
岳阳县	0.2	25	武冈市	−0.19	53
汉寿县	0.19	26	株洲县	−0.2	55
临湘市	0.18	27	邵阳县	−0.2	55
涟源市	0.16	28	新邵县	−0.23	57
桃江县	0.15	29	洪江市	−0.27	58
蓝山县	−0.28	58	炎陵县	−0.48	74
临武县	−0.32	60	花垣县	−0.48	74
辰溪县	−0.34	61	凤凰县	−0.48	74
江华县	−0.36	62	桑植县	−0.49	77
中方县	−0.36	63	双牌县	−0.5	78
新宁县	−0.37	64	江永县	−0.51	79
安仁县	−0.38	65	麻阳县	−0.52	80
绥宁县	−0.4	66	保靖县	−0.55	81
芷江县	−0.41	67	新晃县	−0.55	81
龙山县	−0.43	68	汝城县	−0.57	83
永顺县	−0.46	69	桂东县	−0.64	84

续表

县域	综合得分	排名	县域	综合得分	排名
靖州县	−0.46	69	通道县	−0.66	85
新田县	−0.46	69	城步县	−0.68	86
会同县	−0.47	72	古丈县	−0.75	87
泸溪县	−0.47	72			

二、湖南县域城镇化发展水平的空间差异

表2—6显示，湖南87个县域城镇化发展水平差异显著，综合得分最高的是长沙县（2.45），综合得分最低的是古丈县（−0.75），县域城镇化空间发展水平显著不平衡。[①] 根据SPSS软件计算综合得分，湖南县域城镇化发展水平基本呈现东北高、中部次之、西南最低的空间差异布局，这可将87个县域划分为三个梯度，第一梯度综合得分2分以上（3个县域），第二梯度综合得分区间为0～1分（32个县域），第三梯度综合得分小于0（52个县域）。[②]

（一）第一梯度：高水平发展区域

省会长沙市下辖的长沙县（2.45）、浏阳市（2.21）和宁乡县（2.0）三个县（市）的综合得分明显高于其他县域，分别排第1、2、3位，城镇化发展水平高，属于第一梯度（$S\geqslant 2$）。省会长沙市是湖南政治、经济、文化、交通枢纽中心，其所辖的三个县（市）具有得天独厚的区位优势。第一主成分（县域发展经济总量）得分，长沙县（4.901）、浏阳市（3.460 99）和宁乡县

① 可将单一人口城镇化指标体系的县域排序与综合指标体系城镇化的县域排序进行对比。87个县域，人口城镇化率排名前十为冷水江市、吉首市、津市市、资兴市、长沙县、醴陵市、浏阳市、攸县、汨罗市、茶陵县；末十为隆回县、绥宁县、株洲县、安化县、双峰县、城步县、通道县、芷江县、新化县、凤凰县。综合得分排名前十为长沙县、浏阳市、宁乡县、醴陵市、耒阳市、攸县、汨罗市、湘乡市、湘潭县、邵东县；末十为双牌县、江永县、麻阳县、保靖县、新晃县、汝城县、桂东县、通道县、城步县、古丈县。单一人口城镇化指标与综合指标排名出入较大，原因是人口城镇化率指标单一，仅以人口为指标不能精准衡量县域城镇化水平的高低，综合指标体系从多个指标、多个影响因素出发，能更精准衡量县域城镇化水平。

② 现有实证分析综合得分1～2分区间没有对应的县域，表明长沙县、浏阳市、宁乡县与其他县域综合得分差距巨大。

(3.196 03) 远高于其他县（市），说明这三个县域GDP、公共财政支出、地区财政收入和固定资产投资总额等对城镇化发展水平的贡献率高，从经济增长总量视角看城镇化发展水平高；第二主成分（县域发展人均均量）对长沙县（1.963 49)、浏阳市（2.038 76）和宁乡县（1.652 01）的贡献较大；第三主成分（县域发展运行质量）三个县（市）的得分相对偏低，表明这三个县域经济发展速度快、经济规模大，但经济发展质量未与经济发展总量和人均均量保持同步提升，导致城镇化发展水平质量有所下降。

（二）第二梯度：中水平发展区域

长株潭城市群以及环长株潭城市群的32个县（市）属第二梯度（$0<S<1$)。醴陵市、耒阳市、攸县、汨罗市、湘乡市、湘潭县和邵东县环抱长株潭城市群，地理位置较为优越，经济基础良好，综合得分相对较高（$S\geqslant0.46$，排第4～10位)；株洲市、湘潭市、衡阳市、岳阳市、常德市、益阳市以及娄底市分辖的其他大部分县（市）城镇化发展水平综合得分在0.06～0.43之间，从综合视角考察的城镇化发展水平不高。其中，第一主成分（县域发展经济总量）32个县（市）大部分得分为正，少数为负，表明经济增长对这些县域城镇化发展水平呈正向效应；第二主成分（县域发展人均均量）对第二梯度的县域城镇化发展水平贡献较大，如冷水江（2.799 01）和资兴（2.536 71）的县域经济人均均量大，对其城镇化发展水平贡献度高，表明地区常住人口对城镇化发展水平有较大影响；第三主成分（县域发展运行质量）得分在1.5分以上的有南县(1.924 13)、华容（1.688 47)、汉寿（1.590 24)、临湘（1.521 27）和湘阴(1.508 53）等，表明这些县（市）的县域经济发展运行质量相比其经济总量和人均均量的贡献率更大、更具发展优势。

（三）第三梯度：低水平发展区域

综合得分为负值的52个县域属第三梯度（$S<0$)。其中，地处偏远、欠发达地区的大湘南、大湘西所辖的43个县域［郴州（6个)、永州（8个)、张家界（2个)、怀化（11个)、湘西州（8个)、邵阳（8个)］城镇化发展水平较低，受制于自然环境、区位条件、基础设施等因素，县域发展经济总量、

人均均量、运行质量均较差，衡量其城镇化发展水平的各主成分得分多数较低。处于低水平发展区域的韶山、衡山、津市、临澧、安乡5个县域，虽地理位置或交通基础设施条件具有相对优势（韶山地处长株潭城市群的湘潭西部，分属衡阳的衡山县和常德的津市、临澧、安乡或傍京珠高速或环洞庭湖），但因其第一主成分（县域发展经济总量）得分偏低，导致其在第二主成分和第三主成分得分并不明显落后的情况下综合得分为负数；安化是国家扶贫工作重点县，县域面积大、人口多，县域发展人均均量得分为负数，致使其综合得分偏低、排名稍靠后。茶陵、炎陵均属革命老区，县域发展人均均量、县域发展运行质量得分均偏低；株洲县居长株潭城市群南缘，地理位置得天独厚、水陆交通发达，但县域内靠近市区的乡镇、一旦经济发展到相对较高水平即被划入株洲市区管辖（1997年群丰镇、马家河乡划入天元区，2011年雷打石镇、三门镇划归天元区），致使株洲县人口城镇化率以及衡量县域发展经济总量、县域发展运行质量的诸原始指标的统计数据偏低。

总之，湖南县域城镇化发展水平存在显著的空间差异。东北偏中的长沙县、浏阳市、宁乡县地处经济发达的长株潭地区，经济总量、人均均量遥遥领先于其他县域，城镇化发展动力强劲。环长株潭、环洞庭湖周边及京珠高速沿线县域，城镇化水平明显高于大湘南、大湘西地区，说明长株潭辐射扩散效应较强、与周边经济联系紧密。远离经济中心的大湘南、大湘西地区县域城镇化发展水平低，张家界、怀化、湘西三个市州所辖县域城镇化发展水平全处于第三梯度；邵阳和永州所辖县域均仅有1个县域（邵东县、祁阳县）的城镇化发展水平处于第二梯度，所辖其他县域均处于第三梯度，衡量其县域城镇化发展水平的经济总量、人均均量均较小，发展后劲严重不足。

三、湖南县域城镇化的空间发展战略

湖南县域城镇化发展水平空间差异显著，各县域发展特征和存在问题不尽相同，应结合各县域城镇化发展的实际情况，因地制宜地制定县域城镇化空间发展战略。湖南县域城镇化的空间发展战略，整体层面上可采用梯度开发战略和区域协调发展战略，分层层面上可采用圈层战略和多极战略结合。

（一）突先进、抓中间、托后进的梯度开发战略

梯度开发战略认为，地区经济发展水平存在差异，区域之间技术水平、产业水平存在势差，不同经济梯度水平下应采取不同的、适宜的区域空间发展战略，并结合反梯度开发战略共同作用于湖南县域城镇化空间布局。

湖南县域分为三个梯度：

长沙县、浏阳市、宁乡县为第一梯度，位于经济最发达、城镇化水平最高、区位优势最显著的长株潭地区，应依托其有利的地理区位和长株潭两型社会建设，加大现代交通、通信、物流建设，大力推动要素聚集，为承接市区产业转移和协同、加快战略性新兴产业园区建设创造有利条件。发挥产业链、产业园区的纽带和载体作用，打造专业特色鲜明、服务平台完备的现代产业集群，切实发展好县域园区经济、民营经济。应在进一步增加县域发展经济总量、人均均量的同时着力提高县域发展运行质量，鼓励、促进长沙县整体实现城镇化并全面融入长沙市区发展格局，鼓励浏阳、宁乡发展成为中等城市，一东一西拱卫长沙、辐射周边。

第二梯度株洲市、湘潭市、衡阳市、岳阳市、常德市、益阳市以及娄底市分辖的大部分县及县级市城镇化发展水平一般，经济基础较好，应充分利用其优势资源——劳动力资源、土地资源等，吸引外商直接投资，大力承接劳动密集型产业和资源密集型产业，切实发展好民营经济和劳务经济。尤其应当鼓励第二梯度中经济相对发达、城镇化水平相对较高的醴陵市、耒阳市、攸县、汨罗市、湘乡市、湘潭县和邵东县等县域，加快土地流转、农业转移人口市民化，优先发展成为中等城市和Ⅰ型小城市，发挥市州区域次中心的极化效应，带动周边县域经济社会发展和新型城镇化。

第三梯度为大湘南和大湘西地区，经济落后、基础设施薄弱、城镇化发展水平低，大力加强基础设施建设是其经济发展重点；大湘南和大湘西地区很多县域是少数民族聚居地以及旅游景点，应当借鉴反梯度开发理论，利用其旅游资源大力发展旅游业和服务业，切实发展好特色经济和民营经济，发挥其后发优势，实现赶超。通过基础设施建设和旅游经济发展，吸引县域内

农业转移人口向县城、商贸名镇和旅游名镇集聚，鼓励县域内农业转移人口的本地就业、置业，乐业安居，全面促进第三梯度县域城镇化水平提高。

（二）效率与公平并重的协调发展战略

区域协调发展战略既要注重效率更要注重公平，实现区域与区际经济的可持续发展，形成城乡统筹发展格局、有机结合城镇发展与“两型社会”建设，走资源节约型、环境友好型和科技创新型的新型城镇化道路是城镇化建设关键的指导思想；坚持把统筹城乡发展作为加快新型城镇化的新路径，逐步实现城乡基础设施、公共服务、劳动就业、社会保障协调发展。

高度重视交通基础设施的区域协调发展。按照适度超前原则统筹各种交通运输方式发展，应用PPP模式引进社会资本参与基础设施项目，基本完成国家高速铁路网和高速公路网建设。尤其重视大湘南、大湘西交通基础设施建设，初步形成网络设施配套衔接、技术装备先进适用、运输服务安全高效的综合交通运输体系，为各市县享有基本平等的经济开发权奠定良好基础。

特别重视市州、县域间的协调发展。在加强长株潭城市群建设的同时，加快长株潭3+5城市群城镇体系构建，努力拓展县域经济新活力，不断打造县域经济新增长点，促进产业新升级。以县城建设为抓手，加强县城市政基础设施和公共服务设施建设，创造宜居乐业的人文环境，促进人流、物流、资金流向县城集聚，带动县域经济社会发展，使一批县城逐步发展成为经济发达、功能齐全的中小城市。鼓励大湘南、大湘西各县域采取特色发展战略，创建“湖南速度”的精准扶贫，着力“培富业”“挪穷窝”“拔穷根”，促进县域经济发展、提升县域城镇化水平、缩小与东部和中部县域间的差距。

（三）定“一极”布“两圈”的圈层开发战略

圈层战略表现为产业结构、居民点空间分布等社会经济景观的逐步分化，城市及其外围腹地具有明显的空间布局层次性。省域层面积极贯彻《湖南省新型城镇化规划（2015～2020年）》优化城镇化布局指导思想，推进将长株潭国家级城市群建设作为经济增长极，岳阳、常德、益阳、娄底、衡阳为第一圈层及大湘南、大湘西为第二圈层的“一极、两圈”城镇化空间结构布局。

微观层面的县域城镇化发展必须紧紧依托县域经济发展，发展县域经济应把产业、企业和项目结合起来，实现县域经济由点到线、由线到面的坚实发展。市州主城区作为经济增长中心（内圈层），周围县域作为其外圈层，应依托良好的交通基础设施及自身有利的生产要素禀赋优势，紧紧抓住作为市区外围腹地的良好发展机遇，为中心城区提供住宅、商业、服务等城市功能；加快吸收城区优质企业进驻、产业园区构建，夯实县域产业基础、优化县域产业布局、促进县域产城融合、强化县域产业就业支撑，吸引更多劳动力资源从农村进入县城，加快农业转移人口市民化，提速县域城镇化进程。

（四）重中心强辐射的多极发展战略

多极发展战略即选择一些经济增长较快区域（核心增长区）并对其进行重点开发，让其带动周边地区经济增长，强化这些区域增长中心与所在大区域的经济联系和培育区际间的空间组织网络，逐步实现经济一体化。

打造长株潭顶级经济增长中心是实现多极发展战略的关键。打造长株潭顶级经济增长中心，构建涵盖交通、通讯、电网、智慧城市的现代化基础设施体系，以望城区、长沙县和株洲、湘潭周边县域改市辖区以及湘江新区建设等为主要内容的长株潭城市群扩容提质，长株潭科技研发、金融服务、信息服务、文化创意等高端服务功能培育，将为长株潭所辖县域及市州次级中心城市培养带来技术外溢、知识外溢、产业转移等诸多益处，提升市州次级中心城市承载功能、辐射功能及其对区域经济增长和城镇化进程的增长极作用。

推进长株潭“3＋5”城市群城镇化建设是实现多极发展战略的桥梁。岳阳、常德、益阳作为环长株潭次级中心城市，依托洞庭湖、融入长江经济带，通过洞庭湖生态经济区、临江临港口岸、津澧新城、益沅桃一体化建设和承接长三角产业转移等契机，成为湖南经济发展新的强大增长极。衡阳处于长株潭城市群向南辐射和珠三角、北部湾产业向北转移的交汇点，通过西南云大经济圈和大衡山特色城镇带的建设，发展成为大城市的基础和潜质是衡阳成为湖南经济发展新增长极的保障。娄底是连接长株潭与大湘西的桥梁，通过资源型工业城市的产业转型、特色装备与先进制造业基地建设成为湖南经济新增长极。岳阳、常德、益阳、衡阳、娄底多增长极的培育将带动中小城市城镇化建设，积极促进辐射大湘南、大湘西的多极发展战略的实现。

落实省直管县管理体制改革权限是实现多极发展战略的重要举措。2015年6月初，湖南确定第一梯度的浏阳和第二梯度的耒阳、湘乡、平江、石门、新化及第三梯度的茶陵、武冈、慈利、安化、宜章、蓝山、溆浦等13个县（市）作为省直管县经济体制改革试点单位，推进、落实省委省政府赋予试点县（市）政府机构改革、乡镇区划调整改革、行政审批制度改革及财政直接管理、国土资源管理等方面权限，结合区位优势、资源禀赋、产业特点、经济规模和发展水平培育经济新增长极，是促进新型城镇化建设持续健康发展的重要举措。

第二节　湖南基础设施建设PPP模式的区域选择[①]

作为城市发展血脉的基础设施，具有投资规模大、使用周期长等特点，必须以区域发展视角进行前期规划及决策。PPP模式应用于湖南基础设施建设，应以能促进省、市（州）、县（市）、乡镇的整体协调发展为前提，形成市场调节和政府导向合力，合理配置、整合区域PPP资源，并通过区域之间的传导机制形成PPP资源的联动互补，最大限度地发挥湖南基础设施建设PPP模式推进相关区域经济发展、平衡区域空间格局的目标。

一、湖南基础设施建设PPP模式应用的区域环境

（一）区域经济发展水平不平衡

如表2—7所示，从湖南各区域经济总量看，2013年长株潭地区、环长株

① 卿文洁、祝子丽：《湖南基础设施建设PPP模式应用的区域选择研究》，载于《湖南财政经济学院学报》2015年第4期。文中数据，除有特别说明外，均根据历年湖南省统计年鉴、各市州统计年鉴以及市县政府统计公报统计整理获得。表中环长株潭城市群包括长沙、株洲、湘潭、益阳、衡阳、岳阳、娄底、常德，湘南地区包括郴州、衡阳和永州。衡阳数据同时出现在环长株潭城市群和湘南地区的年鉴统计中，存在重复统计现象，但不影响分析结论的成立。

潭城市群、湘南地区和大湘西地区分别实现GDP 10 545.62亿元、19 656.81亿元（除长株潭外其余五个地级市9 106.20亿元）、5 030.41亿元和4 150.47亿元，分别比上年增长11.5%、11.0%、10.3%和9.3%。从人均水平看，2013年四大区域人均GDP分别为75 895.60元/人、48 387.77元/人、29 305.15元/人和20 849.97元/人，分别比上年增长10.7%、10.2%、9.5%和8.5%。可见，长株潭地区年GDP总量最大且增长速度最快，环长株潭城市群（除长株潭三市外）处于仅次于长株潭地区的高位水平，湘南地区和大湘西地区与其他两个区域存在较大差距，其中大湘西地区年GDP总量最低、增速最慢，仅占长株潭地区GDP总量的39.36%，且其差距呈现愈拉愈大的趋势。

表2—7　2013年湖南省四大区域主要经济指标情况

指标	长株潭地区		环长株潭城市群		湘南地区		大湘西地区	
	绝对值	增长率/%	绝对值	增长率/%	绝对值	增长率/%	绝对值	增长率/%
生产总值/亿元	10 545.62	11.50	19 656.81	11.00	5 030.41	10.30	4 150.47	9.30
第一产业增加值/亿元	571.62	2.90	1 883.46	2.80	769.24	2.80	685.18	2.80
第二产业增加值/亿元	5 969.10	12.00	10 559.67	11.60	2 454.60	11.10	1 774.50	9.30
第三产业增加值/亿元	4 004.90	12.00	7 213.68	12.30	1 806.57	12.50	1 690.79	11.70
人均地区生产总值/元	75 895.60	10.70	48 387.77	10.20	29 305.15	9.50	20 849.97	8.50
地方财政收入/亿元	783.17	10.17	1 283.35	12.65	373.75	18.78	203.74	18.00

续表

指标	长株潭地区		环长株潭城市群		湘南地区		大湘西地区	
	绝对值	增长率/%	绝对值	增长率/%	绝对值	增长率/%	绝对值	增长率/%
公共财政支出/亿元	1 144.99	12.97	2 496.45	16.38	924.50	19.61	1 015.35	17.10
城镇居民人均可支配收入/元	30 838.80		25 010.95		21 080.46		17 608.59	
农村居民人均可支配收入/元	15 788.36		11 437.68		10 281.57		6 390.39	

从县域经济看，由数据统计得知，湖南124个县（市）区中，年GDP总量位于1 000亿元以上的县（市）区1个，位于500亿元至1 000亿元之间的县（市）区9个，位于400亿元至500亿元之间的县（市）区4个，位于300亿元至400亿元之间的县（市）区5个，位于200亿元至300亿元之间的县（市）区24个，位于100亿元至200亿元之间的县（市）区39个，位于100亿元以下的县（市）区42个，其中，长沙（芙蓉区、岳麓区、开福区、天心区、雨花区、长沙县、浏阳市、宁乡县）、常德（武陵区）、岳阳（岳阳楼区）的年GDP总量均大于500亿元，长沙县、浏阳市、宁乡县和醴陵市四个县（市）更是进入了全国经济百强县；邵阳（城步县、北塔区）、怀化（新晃县、通道县、洪江区）、湘西州（泸溪县、保靖县、永顺县、古丈县）、永州（双牌县、江永县）、郴州（汝城县、桂东县）、益阳（大通湖区）、张家界（武陵源区）年GDP总量均小于50亿元。GDP总量最高的长沙市雨花区（1 300亿元）与最低的古丈县（17亿元）相差76.47倍，可见湖南县域经济发展极为不均衡，不利于全省新型城镇化的统筹布局。

（二）区域财政收支总量不平衡

从湖南各区域财政收支状况看（表2—7），2013年长株潭地区、环长株潭城市群、湘南地区和大湘西地区分别实现财政收入总量783.17亿元、1 283.35亿元、373.75亿元和203.74亿元，分别比上年增长10.17%、12.65%、18.78%和18.00%，除长株潭地区外，其他三大区域财政收入增速均快于GDP增速，湘南地区和大湘西地区更是远远超出其GDP增速。四大区域分别实现公共财政支出总量1 144.99亿元、2 496.45亿元、924.50亿元和1 015.35亿元，分别比上年增长12.97%、16.38%、19.61%和17.10%。可见，长株潭地区和环长株潭城市群（除长株潭三市）财政收入最多，湘南地区和大湘西地区财政收入偏低，长株潭地区和大湘西地区财政收入总量相差2.54倍。

从市州财政状况看，2013年长株潭地区的长沙市地方财政收入达到536.64亿元、株洲148.64亿元、湘潭97.89亿元，环长株潭城市群的岳阳106亿元、常德122.52亿元、益阳52.06亿元、衡阳157.2亿元、娄底62.4亿元，湘南地区的郴州146.54亿元、永州70.01亿元，大湘西地区的邵阳68.15亿元、怀化76.81亿元、张家界25.56亿元、湘西自治州33.22亿元。可见，一方面，不同地区的市（州）财政收入差距较大，长沙市财政收入是湘西自治州的17.6倍；另一方面，同一地区不同城市的财政收入相差甚远，同属长株潭地区的长沙市财政收入是湘潭的5.48倍，同属环长株潭城市群的衡阳市财政收入是益阳的3.02倍，同属大湘西地区的怀化市财政收入是张家界的3倍。

从县域财政状况看，2013年地方财政收入超过30亿元/年的县（市）区有8个，位于10亿元/年至30亿元/年之间的县（市）区有16个，位于3亿元/年至10亿元/年之间的县（市）区有74个，位于2亿元/年至3亿元/年之间的县（市）区有17个，有9个县（市）区的地方财政收入低于2亿元/年。其中，长沙市长沙县、雨花区、芙蓉区、浏阳市、望城区、开福区、宁乡县、天心区的地方财政收入均大于30亿元/年，邵阳（城步县、北塔区）、怀化（通道县、洪江区）、益阳（大通湖区）、湘西州（保靖县、古丈县）、永州（双牌县）、郴州（桂东县）的地方财政收入均小于2亿元/年。地方财政收入最高的长沙县（65亿元/年）与最低的北塔区（1.16亿元/年）相差56倍。财政收入低于3亿元/年的26个县（市）区在新型城镇化建设中几乎没有投入财政资金的能力。理论上，这些县（市）及乡镇新型城镇化建设可以运用PPP模式吸引社会资本，但县（市）、乡镇新型城镇化必须建造的基础设施项目盈利能力不强，追求利润最大化是社会资本的天性，PPP模式的引进面临极大困难。经济发展水平较低和财政收入不高是区域PPP模式运用的基础制约因素。

（三）县域的产业结构不尽合理

如表2—8所示，2011～2013年湖南省第一产业占GDP比重逐年减少，由2011年的13.9%降至2013年的12.7%，对经济增长的贡献率由2011年的4.8%降至2013年的3.5%；第二、三产业占比持续上升，第二产业逐步发展成为湖南经济增长的主要动力。但延伸至湖南县域产业结构，可以发现只有长株潭地区和部分靠近地州市比较近的县（市）产业结构良好，二、三产业在产业结构中占到较高的比例。湘南地区和大湘西地区的很多县（市）及其乡镇二、三产业在产业结构中所占的比重不足40%，农业和传统手工业在产业结构中占绝对支配地位。可见，一方面，湖南作为传统的农业大省，在第一产业对经济增长的贡献持续下降的同时，仍有大部分县（市）主要依赖于农业和农业加工业的发展，面临着农业结构调整和农业现代化的迫切需求，因此县域范围内引进PPP模式主要是运用于推进现代化农业发展的小城镇基础设施建设；另一方面，产业结构不优是这些县（市）及乡镇基础设施建设严重滞后的重要原因。农业和传统手工业因其附加值低，且难以开展规模化经营，对社会资本吸引力较低，造成经济发展速度滞后，导致这些县（市）及乡镇通过引进PPP模式进行基础设施建设困难重重。

表2－8　2011～2013年湖南省产业结构（单位：亿元,%）

产业	2011		2012		2013	
	增加值	占比	增加值	占比	增加值	占比
第一产业	2 733.66	13.9	3 004.2	13.6	3 099.2	12.7
第二产业	9 324.73	47.5	10 506.4	47.4	11 517.4	47.0
第三产业	7 576.80	34.1	8 643.6	39	9 885.1	40.3

（四）社会资本投资基建力度小

2014年上半年湖南基础设施建设完成投资1 907.62亿元，同比增长31.6%。总体看，全省基础设施投资总量不大，但增速较快。从投资主体结构看，政府投资占公用基础设施投资的绝大部分，社会资本在基础设施领域投资规模小、增长速度慢。长沙市作为全省民间资本最发达地区，从2014年1～11月全市基础设施投资情况看，全市亿元以上基础设施项目199个，计划总投资1 234.31亿元，其中民间投资项目35个，计划总投资118.17亿元，仅占全市亿元以上基础设施投资的9.6%。全市亿元以上民生建设投资项目54个，计划总投资167.03亿元，其中民间投资项目9个，计划总投资22.78亿元，仅占全市亿元以上民生建设投资比重的13.6%。75%左右的电力、热力、燃气及水的生产和供应业、交通运输、仓储和邮政业、水利、环境和公共设施管理业等基础设施投资靠政府投资。省内其他地区社会资本投资基础设施的情况更不理想，如2013年郴州市采用特许经营方式引进社会项目22个，计划总投资17.45亿元，已完成投资9.81亿元，仅占全市公用基础设施总投资的0.8%左右，郴州市社会资本投资基础设施建设在总量和份额上都偏低。

（五）城镇基础设施建设不平衡

2013年长株潭地区城镇化率64.54%，环长株潭城市群51.2%，湘南地区45.70%，大湘西地区39.59%，长株潭地区与大湘西地区相差24.95个百分点，可见四大区域城镇化水平差距十分明显。大力推进县（市）及乡镇基础设施建设是当前湖南新型城镇化发展重点，然而长期以来各区域都将资源投向大中城市，年度新增基础设施投资城乡分布严重失衡，造成各区域县（市）及乡镇基础设施建设严重滞后，导致湖南基础设施建设整体水平低、覆盖面窄、质量不高。第一，（除长株潭外的）环长株潭城市群基础设施建设水平明显偏低，存在建设资金严重不足、设施覆盖面不广、设施质量低等问题。以衡阳市为例，衡阳市有各类城镇520个，但全市每年用于城镇基础设施建设的资金平均只有10亿元。目前衡阳只有污水处理厂8个、自来水厂93个，无法满足城镇居民基本需求，且其城镇道路修建水平不高，污水处理能力、垃圾中转处理能力较低，城镇市容环境较差。第二，湘南地区受制于经济发展水平和地理条件，城镇化发展更为落后。湘南地区城镇化率为45.70%，基础设施质量低于环长株潭城市群。城镇基础设施投资更加不足，种类不齐全，数量不充足，面对较大的城镇化发展需求必须重点加强县（市）及乡镇基础设施建设。第三，大湘西地区位于湖南西部，多山地丘陵，是少数民族聚居地和集中连片贫困地区，2013年该地区城镇化率仅为39.59%，城镇数量少、规模小，建设水平低；城镇建设依赖于政府投资，而该地区政府财政资金十分有限，实际可用于县（市）及乡镇基础设施建设的资金更少；事关民生的基础设施建设严重滞后，城镇道路、住房建设、自来水供水、供气、供电、教育、医疗、养老等设施严重不足，与全国、全省相比均有较大差距。

二、湖南基础设施建设PPP模式应用的区域选择原则

湖南新型城镇化过程中，县（市）、乡镇基础设施建设运用PPP模式，必须选择一定区域、一定项目进行试点，不能短时间内全面铺开，应当在区域、项目试点取得成功经验后再逐步推广，试点区域的选择必须遵循一定的原则。

（一）符合新型城镇化规划要求原则

2014年，在国务院《国家新型城镇化规划（2014—2020年）》（以下简称《规划》）指导下，湖南出台《推进新型城镇化实施纲要（2014—2020年）》（以下简称《纲要》），详细规定了湖南城镇化的实质、目标和重点。第一，新型城镇化的实质是要提高城镇化发展水平和质量，坚持以人为本，大力推进农业人口向城镇转移，城镇基本公共服务覆盖城镇常住人口，实现人的全面

发展；要实现城镇化与信息化、工业化和农业现代化的同步推进，加强城乡统筹，使城镇发展有产业支撑、使转移人口有就业保障；要优化城镇化布局，加强规划，高效集约用地；要把生态文明理念融入城镇化过程，加强环境保护和生态修复，实现绿色、循环、低碳发展；要加强文化传承，突出不同地区差异，打造特色城镇。第二，新型城镇化的目标是到2020年湖南常住人口城镇化率达到58%左右，同时城镇格局更加合理、城市环境更加宜居，城镇化管理体制更加健全。第三，新型城镇化的重点是加快中小城市发展和有重点地发展小城镇，县城和小城镇要进行基础设施的扩容提质，改善中小城市和小城镇交通条件。PPP模式应用的区域、项目选择应体现新型城镇化的实质、有利于实现新型城镇化目标的实现、抓住新型城镇化的重点。

（二）突出重点与兼顾公平并重原则

《规划》中提出要增强中心城市辐射带动功能，加快发展中小城市，有重点地发展小城镇，促进各类城市协调发展。因此，大城市、中心城市仍然是我国城镇化的重要支撑，基础设施建设需求仍然巨大。同时重点发展中小城市和小城镇，这些地区的基础设施建设将成为新的投资重点。湖南新型城镇化过程中，运用PPP模式进行基础设施建设，选择试点区域时，既要关注长株潭等中心城市，也要选择有条件的县（市）和乡镇，特别是兼顾大湘西地区落后县（市）。选择PPP模式试点项目时，既要突出重点，选择盈利能力较强、投资回报较高的项目，也要兼顾公平，选择有较强公共属性、经营性较弱的项目，特别是小城镇的基础设施项目。

（三）分类管理与逐步推广并行原则

应当根据湖南各区域城镇化发展水平和基础设施建设的特点，分块、分期试点应用PPP模式。可以摈弃地理区位上将湖南划分为长株潭地区、环长株潭城市群、湘南地区、大湘西地区的传统做法，选择按照经济发展状况和城镇化水平等因素将湖南各市（县）进行分层分类，归纳其基础设施建设方面的共性和个性，分别探索并选择较为适合的PPP模式进行试点，实现分类管理、逐步推广。

（四）考虑区域PPP应用环境的原则

一个地方是否适合推广应用PPP项目，要考虑地方经济发展水平、财政收入总量、社会资本数量和投资基础设施情况以及地方城镇化现实水平等因素，特别是地方政府的基本财政能力，是剖析相关参与主体在动因选择上的侧重点、是全面分析PPP模式引入可行性和可操作性的基础。要对湖南新型城镇化重点建设的城镇进行基本环境因素的考量，以确定合适的试点区域。

（五）注重各区域整体和谐发展原则

不同区域之间配置PPP模式运作资源时，应当严格贯彻区域整体和谐发展的原则。单个项目的盈亏不再是引入PPP模式的最主要因素，应更多地考虑PPP项目的实施和运营对整个地区的经济带动和实现区域发展战略意义的提升。因此，即使缓解财政压力、吸引民间资本拓宽融资渠道是引入PPP模式的主要目标，但进行决策时，区域财政问题绝不能作为核心因素，不然会忽视区域的整体发展，影响可行性分析的结果。

三、湖南基础设施建设PPP模式应用的区域选择建议

《规划》中要求新型城镇化要优化布局，完善城市规模结构，提升中心城市辐射带动作用，加快发展中小城市，有重点地发展小城镇。中心城市、县（市）、乡镇是湖南新型城镇化不可或缺的部分。为加快各地区基础设施项目建设，PPP项目应兼顾这三类城市选择试点区域，基本覆盖长株潭城市群、环长株潭城市群、湘南地区和大湘西地区四大区域，以体现协调发展原则，同时突出重点，关注小城镇基础设施建设的PPP模式应用。

（一）构建“一核六轴”城市群PPP的应用示范线

优化城镇体系结构，构建“一核六轴”的新型城镇化发展格局，大力促进城市群发展，壮大区域中心城市，是下一阶段湖南新型城镇化发展的方向，PPP的区域选择必须以此为切入点。长株潭地区作为湖南新型城镇化的核心，是PPP试点的重点选择区域。六条城市轴从不同方向基本覆盖了湖南省的主要城镇，PPP项目应优先选择这些区域，并对其进行统筹规划，连成PPP项目应用的示范线，由此串联省内14个中心城市和一半以上的县级市和县城。这条线上应当按照突出

重点、兼顾公平的原则，合理选择不同城镇作为PPP项目应用的示范点，实现湖南整体范围内的整体和谐发展。其中，郴州大十字城镇群、邵阳东部城镇群、衡阳西南云大经济区等城镇群内的城镇应重点加以考虑。

（二）积极建设PPP项目应用的市（州）级示范点

湖南14个市州的中心城区，是湖南“一核六轴”新型城镇化发展线的经济社会发展中心，目前已经集聚了较大的人口规模、具有充足的发展资源和优先发展优势。原则上，14个市州中心城区的新建基础设施、既有基础设施提质改造以及新建城区的基础设施建设均可以应用PPP模式。实际上，2014年12月湖南省公布的首批30个PPP示范项目中，就包括了长沙市、衡阳市、株洲市、湘潭市、邵阳市、常德市、益阳市、郴州市、永州市、娄底市、湘西自治州或者其所属县（市）的基础设施建设项目。2015年7月公布的第二批PPP示范项目名单涵盖了14个市州的中心城市。因此，这14个中心城市都应当列为湖南PPP项目应用的试点区域，并应通过考评前两期PPP示范项目的进展情况，合理选择部分中心城市作为湖南PPP项目应用的示范点，引领湖南下一阶段PPP项目的推进和发展。

（三）明晰PPP模式应用县（市）示范点选择标准

《纲要》规定，湖南新型城镇化重点要加强县（市）基础设施提质增容，按照突出重点、兼顾公平原则，每个市州可选择一二个县（市）进行试点，因此根据“积极发展重点小城镇，培育工业强镇、商贸重镇、旅游名镇，加快发展边际口子镇”的要求，剔除城市主城区后，目前湖南可以选择的PPP项目示范县（市）标准包括：一是选择经济社会发展普遍处在所在市州前列，城镇化基础、财政收入、社会投融资状况相对较好的县（市），既有基础设施建设需求，又有运用PPP模式筹集基础设施建设资金的可靠基础。如长沙县、浏阳市、宁乡县、醴陵市是全国经济百强县，沅陵县是怀化市经济总量最大、城镇人口最多的县，以及其他位列湖南县域经济30强的县（市）等。二是选择《纲要》具体提出要大力发展、做好基础设施提质增容的县（市）。如《纲要》特别指出到2020年，耒阳市中心城区人口要达到50万～100万，浏阳市、长沙县等中心城区人口达30万～50万，湘乡市、常宁市等中心城区人口达20万～30万。三是选择具有特色产业和处于交通枢纽或者交通发达的县（市）。如凤凰县是湘西州旅游特色县；永州的蓝山县、道县是珠三角产业转移承接县，二广高速、厦蓉高速大大缩短了其与珠三角、长三角的空间距离。综合以上要求，湖南可以在第一批、第二批试点项目所涉及市、县基础上，重点选择长沙县、浏阳市、宁乡县、醴陵市、湘潭县、湘乡市、岳阳县、汨罗市、桃源县、石门县、南县、衡阳县、耒阳市、涟源市、双峰县、资兴市、永兴县、祁阳县、蓝山县、邵东县、慈利县、沅陵县、凤凰县等作为PPP项目的试点县（市）。

（四）合理引导特色城镇作为PPP项目乡镇示范点

《纲要》中提出要有重点地发展小城镇，重点支持国家重点镇和湖南省示范镇发展，加强市政公用基础设施建设。但是，小城镇人口规模小、密度低；基础设施规模较小、收益率低，难以吸引社会资本主动投资；经济规模小、水平低；政府财政收入少，能够用于基础设施建设的财力非常有限。课题组通过调研并结合国家重点镇、湖南示范镇、工业强镇、商贸重镇、旅游名镇的特点，认为湖南PPP项目示范乡镇选择标准如下：一是经济发展水平较高、区位交通便利、人口规模较大，供水、供电、交通等各项市政基础设施起步较早、质量高，基础设施修建、改造基础好，具有较大优势运用PPP模式进行基础设施建设试点的乡镇。如楠竹山镇工业经济发达，是湘潭市现有建制镇内人口规模、密度、基础设施和城镇功能都处于领先地位的镇；灰山港镇以建材工业为主，是益阳市第一经济强镇；金井镇区位优势明显、工业体系完善、经济发达。二是《规划》和《纲要》中均指出要重点发展具有文化特色的湖湘城镇。如湘西州芙蓉镇是湖南著名历史文化名镇。三是具有特色产业支撑的乡镇。如大瑶镇以花炮产业为主导，是世界上最大的花炮及材料集散中心，是全国著名的经济发达镇；松柏镇矿产资源丰富，是著名的有色金属之乡，经济总量处于湖南小城镇前列；以温泉著名的灰汤镇是湖南旅游名镇，以旅游业发展为契机引进域外资本加强基础设施建设；廉桥镇是湖南商贸重镇，是著名中药材专业市场和木材市场。这些乡镇可以依托当地商贸发展，大力吸引社会资本，运用 PPP 模式改善城镇基础设施条件。因此，湖南基础设施建设 PPP 模式应用的试点乡镇可以包括长沙市金井镇、长沙市灰汤镇、浏阳市大瑶镇、株洲市网岭镇、湘潭市楠竹山镇、益阳市灰山港镇、衡阳市松柏镇、邵阳市廉桥镇、永州市普利桥镇、湘西州芙蓉镇等。

根据前述区域选择原则和具体标准，湖南基础设施建设 PPP 项目应用的试点区域如表 2—9 所示。

表 2—9　湖南基础设施建设 PPP 项目应用的试点区域

中心城市	长沙市、株洲市、湘潭市、衡阳市、岳阳市、常德市、益阳市、郴州市、永州市、娄底市、邵阳市、怀化市、张家界市、湘西自治州
县（市）	长沙县、浏阳市、宁乡县、醴陵市、湘潭县、湘乡市、岳阳县、汨罗市、桃源县、石门县、南县、衡阳县、耒阳市、涟源市、双峰县、资兴市、永兴县、祁阳县、蓝山县、邵东县、慈利县、沅陵县、凤凰县
乡镇	长沙市金井镇、长沙市灰汤镇、浏阳市大瑶镇、株洲市网岭镇、湘潭市楠竹山镇、益阳市灰山港镇、衡阳市松柏镇、邵阳市廉桥镇、永州市普利桥镇、湘西州芙蓉镇

（五）加快建构 PPP 模式应用的区域绩效评价体系

区域绩效评价是针对区域内一个或多个基础设施 PPP 项目所产生的整体绩效的评价，主要通过项目绩效评价结果的计算和处理得到。应该从域内基础设施质量、各级财政支出额度、区域经济效益、区域社会测度、各方满意度五个方面构建绩效评价体系。

第一，域内基础设施质量。采用 PPP 模式运营基础设施项目的目标之一是提高基础设施质量，该指标主要测量 PPP 试点后，域内各 PPP 项目质量以及基础设施整体质量的提高程度。一是各 PPP 项目的工程质量、硬件设施的质量和可维修性以及运营质量。二是域内基础设施项目的整体质量，包括域内基础设施项目的整体工程质量，即整体的工程设计可建造性和适用性、工程建设的经济性和环保性；域内基础设施项目硬件设施的整体可靠性和可维修性，即域内项目硬件设施整体上质量是否可靠以及出现问题后是否容易维修。三是域内基础设施项目的整体运营质量，即域内项目运营后所生产产品和所提供服务的质量与可靠性。可通过专家打分和数据处理进行评价。

第二，各级财政支出额度。PPP 项目强调政府和社会资本的全程合作，政府在项目过程中要承担一定的出资责任。小城镇政府财力有限，必须要衡量各级政府是否谨慎考虑了运作项目的财政承受能力，是否全面计算了项目全生命周期的政府财政支出，是否将政府付费或财政补贴纳入了地方中长期财政计划。政府的财政支出主要包括入股成立特殊项目公司、担负部分融资成本、对项目进行财政补贴和购买公共服务，要分别测量域内 PPP 项目周期内小城镇政府在以上几个方面的支出，并与当地政府的财政情况进行动态比较，以评价其付费数额和补贴额度是否合理。

第三，区域经济效益。即衡量试点 PPP 项目后，区域内各项基础设施的总体经济效益。一是域内基础设施项目的总成本费用，包括工程基本费用，即区域内项目总的融资成本、工程设计费用和工程建设费用。区域内项目总的运营成本，即项目运营阶段的总运行成本和维护成本。对区域内基础设施项目总成本的计算应包括建设期利息、建设成本、运营费用、税收和风险成本等。二是区域内基础设施项目的总收入，即域内项目在投入运营后预计获得的总收入，主要是销售产品或提供服务的收益。所有项目的收入和成本之差，就是区域内项目的净收入。三是计算区域内采用 PPP 模式运行项目后产生的总收益与政府自行运行项目产生的总收益的差值，直观体现 PPP 模式的优势。四是测算试点 PPP 项目对区域经济发展的影响，主要计算 PPP 项目与区域内各主要经济指标的关联程度。

第四，区域社会测度。即衡量试点 PPP 模式后，域内基础设施项目对当地社会的影响。一是对区域生态环境的影响，测量各项目建设运营过程中所有污染物种类和污染物总排放量，计算所有项目的总环境质量指数；测量所有项目的环境保护总投入；测量基础设施项目对当地生态环境的改善程度。二是社会需求状况的改善程度，即各 PPP 项目运行后，能在多大程度上满足当地居民对各种基础设施的需求。三是对居民生活质量的影响，即 PPP 项目运营后对当地居民生活质量的改善程度。四是对当地主要社会指标的影响，即各 PPP 项目运营后，当地教学质量、医疗水平、公共产品和服务质量等的改善程度。

第五，各方满意度。即衡量试点 PPP 模式后，区域内各方对当地各项基础设施项目的总体满意程度。一是政府满意度，即政府对各 PPP 项目开工以来整体的环境效益、社会效益的满意度，对各项目建成后项目实用性的总的满意度，对各项目运营后硬件设施和软件服务的总的满意度，对各项目全过程中风险分配、公私合作伙伴关系的总的满意度。二是使用者满意度，即当地居民对各 PPP 项目开工以来经济效益和环境效益的整体满意度，对各项目运营后产品、价格的整体满意度，对各项目运营后硬件设施和软件服务的整体满意度，对试点 PPP 项目后区域内公用基础设施质量总体满意度的改善程度。三是投资方满意度，即测量试点 PPP 模式后，投资方对区域内基础设施项目投资意愿的增强程度，对区域投资环境满意度的提高程度，对当地政府合作意识和项目运作能力满意度的提高程度。

总之，目前湖南经济发展水平、财政收支总量、县域产业结构、城镇化水平等均呈现区域不均衡发展的状况。新型城镇化背景下，湖南基础设施建设应用 PPP 模式需要慎重考虑区域选择，应当坚持紧密围绕国家和湖南新型城镇化规划的要求、突出重点与兼顾公平并重、分类管理与逐步推广并行、充分考虑区域 PPP 应用的基本环境、注重区域整体和谐发展等原则，构建“一核六轴”的城市群 PPP 项目应用示范线，积极建设 PPP 项目应用示范市、县和乡镇，建构完善的 PPP 模式应用区域绩效评价体系，实现湖南新型城镇化建设的可持续协调发展。

第三节　湖南发展 PPP 模式的现状与问题

大力推广应用 PPP 模式是党的十八届三中全会作出的重大部署，对于推进供给侧结构性改革，实现政府职能转变，建设现代财政制度，畅通融资渠道，合理分担风险，提升公共服务水平具有重要的意义。本节通过系统梳理湖南发展PPP模式的发展现状，深入总结湖南发展PPP模式的主要经验，指出湖南发展PPP模式所面临的实际问题，具有较强的理论和现实意义。

一、湖南PPP模式的发展现状

湖南省域PPP模式发展起步稍晚但势头很猛。入列全国推广应用PPP模式首批8个试点省份和财政部PPP模式6个试点省份后，针对基础设施薄弱、历史欠账较多的实际，湖南省委、省政府及相关部门把PPP模式视作解决基础设施建设难题的"钥匙"，借助国家政策支持主动作为、培训引导、大力推广、打造公共服务新引擎，聚焦PPP模式顶层制度设计、平台机构建设、宣传推广对接和示范项目建设，PPP模式项目数量和投资金额逐年增加并领跑全国，成效显著。

2014～2017年，湖南遵循程序规范、专家评审、严控质量、示范引领原则，分四批遴选省级PPP模式示范项目316项、总投资额4 847.99亿元（表2－10），遍布市政工程、交通运输、旅游、城镇综合开发、生态建设和环境保护、医疗卫生、教育、水利建设、保障性安居工程、养老、能源、文化、农业、体育等诸多领域。①

表2－10　湖南省PPP模式示范项目汇总表

年份	批次	示范项目数	总投资额
2014	第一批	30项	628.00亿元
2015	第二批	52项	768.00亿元
2016	第三批	117项	1 713.00亿元
2017	第四批	117项	1 738.99亿元
合　计		316项	4 847.99亿元

全国PPP综合信息平台项目库2017年6月30日统计显示，湖南38个国家级示范项目，其中落地项目19个（图2－1）；湖南共有498个项目进入全国PPP综合信息平台项目库，入库项目金额7 780.31亿元，项目个数占全国的3.7%（图2－2），项目总金额占全国的4.7%（图2－3）。

---

① 中国财经报网．湖南发布第四批PPP省级示范项目．http：//www.cfen.com.cn /dzb/dzb/page _ 3/201704/t20170417 _ 2581091.html.2017-04-17.

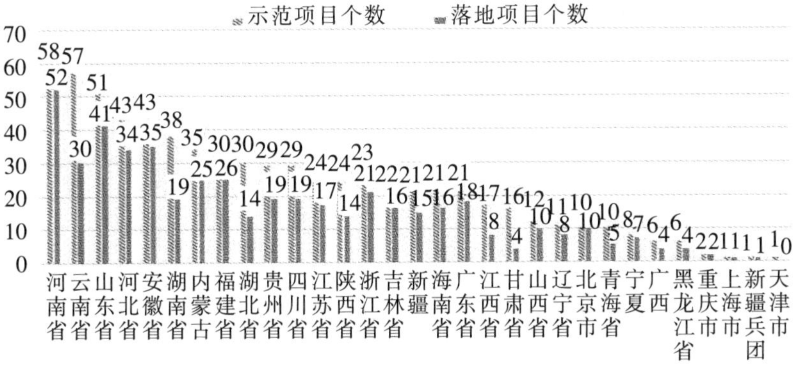

图 2－1　2017 年 6 月末各地示范项目数和落地数

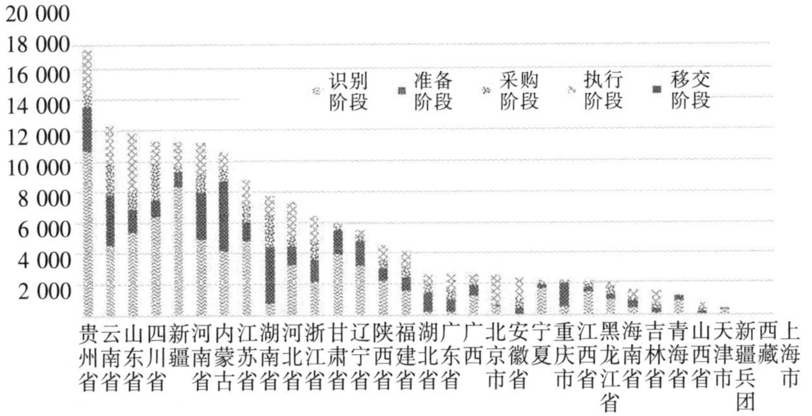

省	识别阶段	准备阶段	采购阶段	执行阶段	小计	占比	省	识别阶段	准备阶段	采购阶段	执行阶段	小计	占比
贵州省	1 485	227	69	84	1 865	13.8%	安徽省		47	37	140	224	1.7%
新疆	878	129	69	181	1 257	9.3%	广西	147	39	13	17	216	1.6%
内蒙古	607	395	83	88	1 173	8.7%	海南省	50	37	29	56	172	1.3%
山东省	518	170	158	293	1 139	8.4%	湖北省	29	76	28	39	172	1.3%
四川省	675	92	119	139	1 025	7.6%	广东省	22	37	24	72	155	1.1%
河南省	460	289	111	132	992	7.3%	黑龙江省	94	30	10	20	154	1.1%
河北省	329	81	52	88	550	4.1%	宁夏	85	19	9	15	128	0.9%
湖南省	59	203	153	83	498	3.7%	山西省	20	37	31	23	111	0.8%
甘肃省	412	59	12	13	496	3.7%	青海省	82	15	4	7	108	0.8%
云南省	204	143	65	67	479	3.5%	北京省	52	9	5	28	94	0.7%
江苏省	255	75	41	66	437	3.2%	吉林省	10	18	15	31	74	0.5%
陕西省	272	69	44	52	437	3.2%	重庆市	31	30		11	72	0.5%
辽宁省	293	59	25	43	420	3.1%	天津市	23	2			25	0.2%
江西省	271	45	35	29	380	2.8%	新疆兵团		6	3	3	12	0.1%
浙江省	141	62	52	120	375	2.8%	西藏	2				2	0.0%
福建省	132	50	49	80	311	2.3%	上海市				1	1	0.0%

图 2－2　2017 年 6 月末各地区入库项目数按阶段分布情况（个）

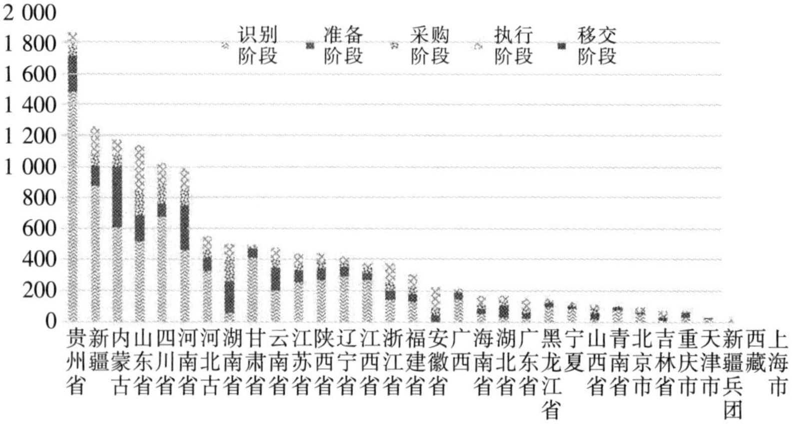

省	识别阶段	准备阶段	采购阶段	执行阶段	小计	占比	省	识别阶段	准备阶段	采购阶段	执行阶段	小计	占比
贵州省	10 706	2 856	603	2 779	17 244	10.5%	广东省	208	771	598	1 058	2 634	1.6%
云南省	4 546	3 244	2 147	2 368	12 305	7.5%	广西	1 264	604	242	524	2 634	1.6%
山东省	5 419	1 479	1 248	3 686	11 331	7.2%	北京市	548	79	81	1 859	2 567	1.6%
四川省	6 430	1 074	2 347	1 503	11 354	6.9%	安徽省		437	576	1 409	2 452	1.5%
新疆	8 297	1 038	316	1 620	11 271	6.9%	宁夏	1 704	197	198	172	2 270	1.4%
河南省	4 971	2 978	1 205	2 115	11 268	6.9%	重庆市	534	1 476		242	2 252	1.4%
内蒙古	4 171	4 562	713	1 119	10 565	6.5%	江西省	1 443	304	266	203	2 216	1.4%
江苏省	4 862	1 175	1 132	1 669	8 338	5.4%	黑龙江省	976	300	452	300	2 058	1.3%
湖南省	810	3 641	2 007	1 273	7 731	4.7%	海南省	452	434	129	547	1 563	1.0%
河北省	3 284	1 236	527	2 309	7 355	4.5%	吉林省	98	301	314	828	1 541	0.9%
浙江省	2 171	1 444	1 164	1 630	6 409	3.9%	青海省	909	265	7	43	1 223	0.7%
甘肃省	3 936	1 556	265	189	5 947	3.6%	山西省	70	168	266	218	720	0.4%
辽宁省	3 204	1 555	350	427	5 535	3.4%	天津市	355	25			381	0.2%
陕西省	2 246	775	552	999	4 573	2.8%	新疆兵团		12	10	40	62	0.0%
福建省	1 606	872	604	1 049	4 131	2.5%	西藏	22				22	0.0%
湖北省	233	1 179	545	717	2 674	1.6%	上海市				14	14	0.0%

图 2—3　2017 年 6 月末各地区入库项目投资额按阶段分布情况（亿元）

从项目总体规模看，2017 年 7 月末全国入库项目 13 599 个、项目金额 165 210.95亿元。其中，湖南入库项目总数 515 个、项目总金额 7 989.17 亿元，项目个数占全国的 3.8%、项目总金额占全国的 4.8%。2017 年 6 月末湖南 PPP 入库项目数处于全国第 8 位、入库项目投资额处于全国第 9 位，整体规模在全国处于靠前位置。

从示范项目看，2017 年 6 月末全国国家示范项目 700 个，总投资 1.7 万亿元，湖南省国家级示范项目 38 个，占全国的 5.4%，国家示范项目数处于全国第 6 位。湖南省级 PPP 示范项目 4 批共 316 个，涉及投资额 4 848.67 亿元。[①] 同期，东部沿海的江苏、上海、浙江、福建、广东国家示范项目分别为 24 个、11 个、23 个、21 个、30 个，省级示范项目分别为 47 个、0 个、50 个、3 个、7 个。无论是国家级示范项目还是省级示范项目，湖南 PPP 项目数量都远高于东部沿海地区，湖南城镇化水平与基础设施建设与东部沿海地区有较大差距，PPP 发展潜力巨大。

从项目所属行业看，湖南 PPP 项目分布与全国情况基本吻合。全国 PPP 综合信息平台项目库第 7 期季报显示，全国入库项目数前三位是市政工程、交通运输、旅游，合计占入库项目总数的 54.1%。湖南的市政工程、交通运输、旅游、城镇综合开发、生态建设和环境保护居前 5 位，合计 373 个项目，占入库项目总数的 72%。

从项目回报模式看，全国入库项目政府付费和政府市场混合付费项目数 8 625个、投资额 11.4 万亿元，分别占入库项目的 63.6%和 69.5%，占比稳定。根据“全国省市 PPP 情况分析系列报告（湖南篇）”披露，截至 2017 年 1 月底，湖南可行性缺口补助项目 187 个，投资需求 2 902.56 亿元；使用者付费项目 114 个，投资需求 1 298.08 亿元；政府付费项目 77 个，投资需求 1 549.18亿元。湖南 PPP 项目中可行性缺口补助类项目较为突出，与全国相比，占比不均衡。

从项目落地率看，截至 2017 年 6 月末，全国入库项目落地率 34.2%（不考虑识别阶段项目）。2017 年 6 月末各地区入库项目数按阶段分布情况数据，湖南 498 个入库项目，识别阶段项目数 59 个、准备阶段项目数 203 个、采购阶段项目数 153 个、执行阶段项目数 83 个，不考虑识别阶段项目落地率为 18.9%，考虑识别阶段项目落地率 16.7%。湖南 PPP 项目大部分处于准备阶段，落地率远低于全国水平。

从各地市项目分布看，东部沿海发达省份各地市 PPP 的总量差别较大，

---

① 新华网湖南频道．全省第四批 PPP 示范项目发布 总投资额 1 738.99 亿元．http://www.hn.xinhuanet.com/2017-03/10/c_1120601468.htm. 2017-03-10.

各地市的PPP项目数量和投资金额不均衡。2017年1月“全国省市PPP情况分析系列报告（湖南篇）”中指出，对照东部沿海发达省份各地市PPP项目情况，湖南PPP项目总量较大且各地市分布相对均衡，说明湖南各地市基础设施建设总体水平低于沿海发达省份，随着城镇化的加速发展，湖南各地市PPP发展潜力将不断增大。

从项目适用模式看，自20世纪80年代PPP模式在我国推广应用以来，最常见的形式是BOT模式。上海作为著名的金融城市，改革开放之初就开展了PPP模式探索，市政路桥延安路隧道、浦东自来水公司等项目都采用BOT模式①；2014年全国大规模推广PPP模式以来，全国各地大多数开发项目都采用BOT模式。湖南PPP模式的主要范式也是BOT模式。

从项目民资参与程度看，全国PPP综合信息平台项目库第7期季报显示，495个已落地国家示范项目的签约社会资本共785家，民企占37.1%；民企参与示范项目240个，占48.5%。湖南实施了拓展民营企业参与PPP范围、提高民营企业参与PPP深度的系列措施，但参与主体多为国有企业和金融机构，民营企业参与度还较低。

从项目营运收益分配方式看，湖南PPP模式基本采取成立专门的项目公司进行营运且项目收益来源比较单一。有的项目采用通过项目公司投资建设运营一体，根据《公司法》进行收益分配；有的项目采用BOT方式在特许经营期内收益归企业，特许经营期后归政府；大部分项目通过票务、场馆使用等公共服务收益。

二、湖南PPP模式的发展经验

（一）积极组织推广

一是不断深化对PPP模式的认识。认识到位是实践的前提，公共服务领域大力发展PPP模式既是投融资改革的重大突破，又是深化财税体制改革、

① 搜狐财经网．全国省市PPP情况分析系列报告（直辖市篇）．http：//www.sohu. com /a/143127436 _ 715755. 2017-05-24.

创新公共服务供给机制的重要内容，更是推进供给侧结构性改革、促进稳增长调结构惠民生防风险的重大举措。省委、省政府高度重视，反复强调要加快推进 PPP 模式，将其作为理顺政府与市场关系、优化政府职能、提升公共服务质量的重要抓手，通过 PPP 模式撬动社会资本投入，加快重要基础设施和重大民生工程建设。二是不断加强市县 PPP 模式推广。湖南将政府推动作为 PPP 模式发展的关键，市县政府 PPP 应用推广做得好的，如市县召开新闻发布会、组织专家对 PPP 项目进行评审、开展具有地方特色的 PPP 模式基础理论研究和业务培训交流等，由省级财政给予奖励；确立推广应用 PPP 模式的试点城市，鼓励市县政府积极推介具有地方特色和竞争力的 PPP 项目，如湘潭已有 4 个 PPP 项目入选国家示范项目；针对乡镇 PPP 项目投资少、规模小、管理困难、投资者不感兴趣等问题，积极探索县域 PPP 项目整体打包、交由社会资本建设管理的措施。

（二）完善政策机制

建章立制不断夯实实践基础是湖南发展 PPP 模式的又一重要做法。2014 年以来，湖南省明确“操作指引＋政策保障＋制度规范”三位一体的推进思路，出台系列政策文件，形成湖南省 PPP 政策汇编，逐步建立起覆盖 PPP 全生命周期的政策制度体系。一是深入学习、领会和转发中央部委的 PPP 政策文件，贯彻法治精神，严格合同审核，注重市场主导作用，推动风险与回报匹配，调动社会资本积极性，不断规范省域 PPP 项目识别、准备、采购、执行和移交等阶段的操作流程。二是立足湖南实际制定出台系列 PPP 政策文件，形成政策制度体系。基于 PPP 模式适用范围、PPP 项目流程、财政管理职能和政策支持力度等现实存在的具体问题和要求，省委、省政府及省直相关部门和市县结合自身情况，适时出台相关政策文件，为各级政府及相关部门提供参考。具有代表性的政策文件有：省财政厅出台《关于推广运用政府和社会资本合作模式的指导意见》（2014）、《湖南省 PPP 示范项目联点工作制度》（2015）；省发改委下发《关于进一步做好传统基础设施领域政府和社会资本合作有关工作的通知》（2017），要求从七个方面全面推动传统基础设施领域政府和社会资本合作工作，积极鼓励和引导民间投资；省发改委和省财政厅联合下发《关于建立政府和社会资本合作（PPP）项目联审机制的通知》(2017)，旨在不断提高工作效率，确保相关政府部门的行动协调。三是对参与PPP的民间资本实施奖补机制。对参与PPP的民间资本实施奖补；制定《湖南省“两供两治”设施建设财政贴息奖补资金管理办法》(2014)，对运用PPP模式的“两供两治”项目给予贴息和奖补，调动社会资本参与PPP的积极性。

（三）加强宣传推介

一是立体宣传。通过电视、纸媒、网络、微信等开展多形式、多层次的立体宣传，启动“PPP推广活动月”活动、《湖南日报》开设专版、《新理财》开设专刊、门户网站及红网开设专栏、湖南卫视及经视开展专访、湖南财政微信公众号持续推送，多渠道传播PPP政策、理论与实践知识。二是高效推介。通过“引进来，走出去”方式，向境内外广泛推介湖南PPP项目。湖南已组织开展“四座城市、五场会议、跨区联动”推介活动。2016年5月份举办了湖南省推进PPP新闻发布会、重点PPP示范项目推介会，香港洽谈会期间组织了湖南省PPP重点示范项目推介和路演活动，借助北京国际科博会平台联合举办湖南省PPP工作推进暨示范项目推介会；6月份在湖南长沙成功承办全球基础设施基金（简称GIF）第三次顾问委员会议和“PPP在中国”国际研讨会；8月份，湖南在上海举办2016第二届中国PPP融资论坛，对湖南省20个PPP重点项目进行专门推介，并通过路演方式现场展示项目、发布项目信息。[①] 2017年6月，湖南在北京举办PPP项目推介会，现场签约永州市地下综合管廊建设等3个项目，总投资70.76亿元。通过推介活动，让世界了解湖南，让资本进入湖南。三是积极对接。根据资本需求，湖南在生态建设、环境保护、交通运输、市政工程、医疗卫生、片区开发、文化旅游、职业教育等具有稳定现金流和收益的领域选择PPP项目，对接包括全国社保基金理事会、央企、地方国企、民营企业以及银行、保险、信托、基金等金融资本。同时，与世行共同开展PPP联合调研，积极对接世行DPL、PDF等

① 夏祖军、惠梦、刘平、贺倩．PPP潮涌三湘大地——湖南省推进PPP工作纪实．http://www.cfen.com.cn/cjxw/ppp/201611/t20161109_2454404.html.2016-11-09.

PPP项目贷款支持，加强与亚行及全球基础设施基金、中国PPP基金的合作，积极争取技术支援等，对接“一带一路”海外融资，不断拓宽融资渠道。

（四）强化培训引导

一是务实培训。为更深刻认识PPP，财政厅持续开展分层级、分部门的大规模宣传培训。自2014年开始，举办全国首个PPP国际论坛，建立PPP沙龙平台（已举办主题沙龙4次），组织PPP专业理论、政府采购、物有所值评价等各类专题培训10多期，累计参训人员超过10 000人次。[①] 同时，通过PPP国际论坛、沙龙活动和专题讲座，强化对市州、县市区分管财政的政府领导及财政局局长的集中培训；编印《新常态下的伙伴合作》《政府和社会资本合作（PPP）1000问》实操读本，突出讲解PPP政策、程序和实务操作。二是举办专题研讨会。2014年1月举办全国省级层面第一个PPP研讨与培训会——“政府和社会资本合作模式专题研讨会”。同年11月再次专题研讨政府、金融机构和企业三方如何发挥各自所长、共同参与PPP项目，邀请国内PPP模式专家集中介绍基础设施领域PPP项目运作实务，湖南省首批PPP试点项目单位做了案例讲解。研讨加深了对PPP模式的认识、初步了解了PPP运用过程的难点和关键环节，为更好地参与PPP项目建设提供了有益的指导。

（五）搭建平台机构

一是成立专职PPP管理机构。按照财政部和省委、省政府部署，2014年初湖南省财政厅成立PPP试点工作领导小组，相关业务处室共同参与，统筹推进PPP工作；2015年，湖南省财政厅设立PPP办公室，增加编制、配备专门工作人员，具体负责PPP日常工作和全省PPP推进工作，为推广PPP模式提供坚实的组织保障。湖南省PPP办公室出台系列政策，发布四批省级PPP示范项目；通过建立报刊网站专栏等加强对湖南PPP的立体宣传；通过与世行合作“湖南省政府和社会资本合作（PPP）机制研究与推广项目”，深入研讨政府在PPP项目中的角色定位、省级PPP中心的机构建设及PPP基

---

① 红网．湖南推出省级PPP示范项目199个总投资3 109亿．http：//hn. rednet. cn/c/ 2016/06/07/4002758. htm. 2016-06-07.

金的设立。二是建立“三库一平台”从源头管控项目。“三库”是指项目库、咨询服务机构库、专家库，“平台”是指连通省市县三级的综合信息平台，要求全省所有PPP项目均录入信息平台管理。通过搭建信息交流平台，将PPP项目进展情况全部上网，动态发布PPP政策法规、公布奖补资金申报情况，实现信息共享，并以公开促规范。

（六）注重规范管理

一是加强财力测算，防控债务风险。湖南省财政厅要求各地财政部门严格执行财政承受能力论证，做好地区和行业平衡，对项目涉及的政府支付责任进行识别、测算和评估，并纳入年度预算和中期财政规划管理，防范和控制中长期财政风险。同时，将PPP项目与政府债务进行联动管理，2015年省级开始在交通领域试编重大基础设施项目债务预算，2016年扩大到水利、能源和保障性住房等民生领域，全省市县全面推开。财政厅要求这些领域的PPP项目都要纳入债务预算管理“笼子”，既提高了项目可行性又有效防控债务风险。二是严格评审制度，保障项目质量。为保证省级示范项目能起到树标杆、可复制的作用，财政厅遵从公平、公正、公开的原则，邀请行业专家对申报项目按严格程序和标准进行评审，建立逐级、多轮筛选机制，宁缺毋滥。特别是评审湖南第三批PPP示范项目时，规定凡是合作期低于8年，采用保底承诺、回购安排、明股实债等方式进行变相融资，或以融资平台公司作为实施机构的项目，一律不能纳入示范项目范围。

三、湖南发展PPP面临的问题

湖南PPP模式发展，既面临思想认识不够到位、设计操作不够规范、项目机制不够完善、“三低”问题突出、专业人才机构不足等省域独有的特殊问题，又面临法律制度不健全、项目融资难度大、部门协调待加强等全国共有的普遍问题。

（一）思想认识不够到位

部分市县对发展PPP模式的思想认识仍不够到位。一是对PPP模式本质把握欠准确。从经济学角度看PPP是公私合营，但从湖南四批PPP项目的社会资本属性看，省属国企远多于民企，公私合营有“公公合作”之嫌；从资本角度看，PPP 是一种融资方式，从管理学角度看，PPP 是一种治理结构，但个别地方将 PPP 模式简单理解为融资手段，不考虑项目性质、类型，扩大或泛化 PPP 模式使用范围，或将纯商业项目硬套 PPP 模式，导致变相兜底、过度融资、“伪 PPP”、损害公共利益等问题突出，PPP 模式利用社会资本的治理功能被忽视。二是部分地方对发展 PPP 模式欠主动。PPP 项目流程复杂、合作期限长、操作与管理难度大，项目实施中充斥着部分地方的“怕、懒、散”和“拖、延、等”等心理、情绪和态度，导致部分地方 PPP 模式发展效果不尽如人意、各地进展不够均衡。个别县域不懂不熟又不愿了解，PPP 模式发展停滞，至今尚未申报实施 PPP 项目；有的地方缺乏信心，存在畏难情绪，采用 PPP 模式的主动性不强；有的地方准备不充分，一些 PPP 项目很难操作，最后甚至被叫停或取消。PPP 模式整体发展情况显示，一方面高层热、中基层冷，即各地党政一把手不遗余力地推广 PPP 模式，落实到具体部门具体地方则不温不火、外热内冷，甚至是面热心不热敷衍塞责等；另一方面体制内热体制外冷，即政府部门、高校科研单位、金融咨询机构等将 PPP 模式放到一个很高层面去推动，基层和项目一线技术人员、管理人员等却表现平静。

（二）设计操作不够规范

湖南省域 4 批省级 PPP 示范项目，每一批次在设计、评审、操作等方面，均较前一批次有明显进步、不断趋于成熟，但仍存在内容设计比较空、财务测算套用模板、绩效付费机制设计不合理、项目监管体系不健全等问题。一是物有所值评价和财政承受能力论证评价主体错位。物有所值评价和财政承受能力论证是项目按照 PPP 模式操作的可行性研究，其准确性直接影响政府决策。《湖南省第三批 PPP 示范项目评审分析报告》① 显示，第三批 PPP 示范项目物有所值评价和财政承受能力论证屡见某个行业管理部门甚至国资平台公司自行委托第三方咨询机构做出，违反财政部“应由财政部门（或 PPP 中心）会同行业主管部门共同开展，

① 搜狐网．关于湖南省第三批 PPP 示范项目评审分析报告．http：//www.sohu.com/ a/76854358_131990.2016-05-24.

必要时政府可借助第三方机构协助”的要求，物有所值评价和财政承受能力论证缺乏客观性、准确性，给项目后续实施留下隐患。二是部分PPP项目实施管理不够规范。部分PPP项目初步实施方案缺乏科学完善合理的绩效考核设计，不利于政府方维护公众利益、监督社会资本方切实履职，影响PPP模式的规范推广；部分地方认为PPP流程多、管理和操作复杂，千方百计规避PPP制度要求，借道政府购买服务路径变相上项目，把政府购买服务范围扩大到几乎所有公共服务。三是“重数量轻质量”“重建设轻运营”。PPP原是市场化经营方式，湖南省域PPP模式推广行政色彩浓、是政府强力推动下走在全国前列的，诱使部分地方出现“PPP是个筐，什么都往里装”现象，项目整体质量欠佳；社会资本的逐利性和地方政府急于“上项目”的短期目标，导致部分项目“重建设、轻运营”倾向严重。

（三）项目机制不够完善

从整体看，湖南省域PPP模式发展仍处探索阶段、项目运作机制不够完善。一是风险分担机制不完善。湖南PPP模式实践尚未形成成熟的操作模式，地方政府在项目实施中缺乏必要的测度数据和实际的调研资料，多数PPP项目风险分担机制还不完善。一种极端情况是政府为吸引社会资本、提升政绩，给予企业过多承诺，甚至是兜底项目的全部风险；另一种极端情况是政府履行合同时，利用自己的主导作用和强势地位，强行将项目风险全部转嫁给企业；还有一种情况是政府和企业相互推诿，都不愿意承担更多风险，致使项目陷入停滞状态。二是利益分配机制不健全。定价调价机制改革不到位、项目合同对收益条款的管理弱、项目收益测算存在问题等因素，导致PPP利益分配机制还不健全。一种极端情况是私人资本获得暴利，公共利益最优化无法实现。长沙县空港城PPP项目，因利润分配机制缺失，部分企业为在PPP项目中获取暴利，在天然气等能源领域倒卖特许经营权，导致天然气等价格上涨，损害公众利益。[①] 另一种情况是收益率较高、资金较充裕的项目，政府不愿意社会资本介入，或者社会资本认为介入后达不到盈利预期，致使社会

① 梁志峰．关于湖南省推进PPP模式的思考．http：//www.hnzk.gov.cn /jianyanxiance / 1502.html. 2015-12-07.

资本参与积极性下降。三是现行监督机制不健全。公共产品的市场化运作必须以健全的监管机制为保障，但湖南PPP模式现行监督机制还不健全。项目识别阶段，存在项目信息不充分不真实问题；项目采购阶段，政府对PPP项目推进中的政府采购、招标等缺乏必要监管，存在竞标过程不透明问题；项目执行阶段，缺乏独立的监管机构，更缺乏行业自律和社会大众层面的监管，对社会资本监管不到位不及时，项目建设质量和运营效率无法保障。

（四）“三低”问题突出

PPP模式民营资本参与率低、项目落地率低、项目收益率低。一是民营资本参与率低。因市场公平准入、政府信誉度、PPP法规机制、民营资本自身能力等方面存在问题，湖南4批省级示范项目呈现国企参与率高民企参与率低、国企热民资冷、政界热社会冷的“两极分化”态势。国企与民企参与PPP项目的不平等博弈，可能既没有化解地方政府的债务风险又造成新一轮的政府负债或国有负债，同时“公公合作”既不能提高PPP项目运营效率更有违PPP充分发挥市场配置资源决定性作用的初心。二是项目落地率偏低。官方披露湖南前三批199个PPP示范项目落地率为33.89%；“全国省市PPP情况分析系列报告（湖南篇）”披露湖南省PPP项目大部分处于准备阶段，总体落地率仅为17.7%，全国PPP项目落地率为34.2%①，湖南PPP项目落地率低于全国水平。三是项目收益率低。PPP项目集中于市政工程、交通基础设施等领域，项目收益率低、投资回收期长、潜在风险高，经营良好的大型企业不感兴趣，中小企业欠缺资金实力不敢主动参与，政府担心中小企业的项目执行力不强不愿与之合作，造成项目签约、推介效果不明显。

（五）专业人才机构不足

一是推进PPP模式的专业人才欠缺。政府部门、金融机构、社会资本方的PPP工作人员中真正熟悉和掌握PPP原理和操作的专业人才极少，社会资本方缺少真懂专业运营的企业，政府部门及工作人员PPP知识储备不足、不

① 财政部政府和社会资本合作中心网．全国PPP综合信息平台项目库第7期季报．http：//www.cpppc.org/zh/pppjb/5422.jhtml. 2017-07-28.

具备项目全生命周期的经营管理能力。PPP模式推广已4年多，省内高校的PPP人才培养还未启动，PPP人才供给主要方式仍是培训。二是缺少推进PPP模式的专业机构。湖南PPP领域专业咨询机构严重不足，当前仅北京大岳咨询有限公司长沙办事处等少数几家PPP专业咨询机构。已有咨询机构的专业水平参差不齐，在没有本土第三方咨询公司和专业人员全程参与情况下，项目论证往往与当地实际情况不符。三是推进PPP模式技术支持比较薄弱。虽然各地建立了PPP项目库，但尚未搭建省级PPP综合信息平台，极易造成主体间因信息不对称而缺失信任，容易因信息不透明不公开诱发腐败，表现为政府先于社会资本知道更多的项目信息、社会资本找不到项目或通过非正规渠道找到项目、优质社会资源或个人无法及时有效参与PPP项目。

（六）法律制度尚不健全

法律制度不健全是发展PPP模式的老问题。一是现有PPP模式政策法规效力层级低、冲突多、欠缺上位法。现有PPP制度多以部门规章、部委规范性文件呈现，制度规范效力层次低、制度规范内容滞后、制度规范冲突问题突出，社会资本惧怕参与PPP项目存在法律环境风险。2016年财政部和国家发改委分别主导的《政府与社会资本合作法（征求意见稿）》与《基础设施和公用事业特许经营法》，存在立法不统一、解决的问题很大一部分重叠、交叉关系难处理等问题。二是PPP立法进程缓慢且质量不高。国务院法制办2017年7月21日发布了《PPP条例（征求意见稿）》，但并不能改变PPP立法进程滞后的现实，而且当《PPP条例》与更高层级的法律发生冲突时还得以法律为准，PPP立法仍是长远目标。从现有立法进程看，还存在监管部门之间的制度政策冲突、缺乏对PPP项目的财政风险控制、缺乏对民资的风险分担和利益保障、立法质量不高等问题。财政部主导的《政府与社会资本合作法（征求意见稿）》，从某些方面看是一部内部仍然冲突的法律草案，存在内涵扩大但外延缩小、宏观清晰但微观模糊、表面利好但实质利空等问题。

（七）项目融资难度较大

社会资本特别是民营资本融资难度大、融资成本高是PPP模式发展的又一老问题。一是融资难度大。中国经济发展进入“三期叠加”阶段，经济增速和财政收入增速明显放缓，地方政府财政用于PPP项目的投入和补贴资金有限，加上财政部为规范地方政府融资行为对财政支出有一个10%的总控制量政策，公共基础设施建设投资需求量大的地方发展PPP项目受限；全球金融危机后银行监管新举措使得融资期限变短，私人机构多数很难达到银行授信要求，政府不允许为社会资本进行保底承诺，加之PPP项目资金需求量大、运营周期长，社会资本融资难度明显增加。二是融资成本高。多数PPP项目运营收益少，地方政府多希望国开行、农发行等政策性银行能够提供低息（基准利率）贷款，如果商业银行、信托、基金等资金参与PPP项目，融资成本会大大高于基准利率（8%左右）[①]。

（八）部门协调有待加强

部门协调形成合力共推PPP项目仍嫌不足。一是中央层面缺乏协同。PPP模式政策文件主要由财政部、发改委牵头，尚无中央层面的PPP专门管理机构，已成立的政府与社会资本合作中心处于起步阶段、作用发挥效果不明显、还需要其他部门配合。两大部门及其系统下属部门协调沟通成本大，政策文件经常不一致，致使PPP操作无所适从、效率低下。两部委统筹协调方面仍未找到解决之道，部门之间发生分歧时，很难从中央角度协调不同部门之间的利益与矛盾，某些方面还有愈演愈烈之势，如两部委经常存在政策文件制定权之争。二是地方部门参与积极性不高。社会对基础设施建设推广应用PPP模式期望值高，目前PPP模式工作主要由财政部、发改委、住建部等少数部门推动，其他部门较少参与。凝聚多部门共识，形成政府主导、部门整体联动之势，共同破解PPP工作瓶颈有待加速。

---

① 新浪财经．PPP低签约率三大难题：资金成本谈不拢．http：//finance. sina. com. cn/china/hgjj/20150509/104422142921. shtml. 2015-05-09.

第四节　湖南发展PPP模式的影响因素及优化路径

经过四年多的大力推广，湖南PPP模式的发展取得了巨大进展，但实践中面临着不少制约因素。本节通过系统梳理我国PPP模式的发展历程，深入总结湖南发展PPP模式的特征，从政府层面、市场层面、项目本身、环境层面深入分析湖南发展PPP模式的一系列影响因素，进一步提出湖南发展PPP模式的对策建议。

一、我国PPP模式的发展历程

深入探究湖南PPP模式发展方略，必须系统梳理我国PPP模式发展历程。20世纪80年代改革开放伊始，我国就开始探索公共基础设施建设的PPP模式应用。综合国内学者PPP模式发展历程研究成果，可从时间维度将PPP模式发展历程分为开创探索、试点发展、推进爆发、调整回落和推广普及五个阶段（表2－11）。

表2－11　PPP在中国的发展历程

阶段	时间跨度	时代背景	主导力量	主要资本
开创探索	1984～1992	改革开放、吸引外资	地方政府自发进行	外资企业
试点发展	1993～2002	社会主义市场经济体制建立	国家计委	外资企业
推进爆发	2003～2007	放宽非公有资本市场准入	建设部	民营企业
调整回落	2008～2012	国进民退、四万亿刺激计划	地方政府和国有企业	国有企业
推广普及	2013至今	资源配置中市场起决定作用	财政部、发改委	各类企业

（一）开创探索阶段（1984～1992）

PPP模式应用的开创探索阶段确立了以吸引外资为重点的改革开放政策。1986年国务院颁布《关于鼓励外商投资的规定》，外资和部分华侨投资成为重要的社会资本，为PPP模式的探索奠定了经济基础，期间建设了深圳沙角B电厂、广州北环高速公路、广深高速公路、顺德德胜电厂等具有代表性的能源和交通领域建设项目。该阶段PPP模式地域分布局限于改革开放的前沿阵地，PPP模式尚未得到中央政府重视，主要形式是单一外资参与的BOT模式，政策法规不完善、缺乏良好制度环境、理论研究少；具体PPP项目基本采用“一事一议”自下而上推动实现，即地方政府就具体项目向中央政府汇报，获批后“摸着石头过河”实施项目。

（二）试点发展阶段（1993～2002）

PPP模式应用试点发展阶段的重要时代背景，一是1992年党的十四大确立社会主义市场经济体制的改革目标、开始探索投融资体制改革和基础设施建设的市场机制，二是1994年实施分税制改革，中央政府对地方政府上收大量财权、下放大量事权、财权与事权不匹配促使地方政府通过PPP模式积极寻求社会资本帮助。这一阶段，国内学者开始研究PPP模式基础理论，中央出台了第一批PPP模式政策，推出了一批涵盖领域十分广泛的BOT试点项目，如第一个由中央政府批准的广西来宾B电厂、第一个引入民间社会资本进行基础设施建设的泉州刺桐大桥。但由于多种因素限制，试点项目并未全部顺利建成，且仍以外国资本为主，民间资本只是尝试性进入。1997年受东南亚经济危机影响，国内PPP模式发展经历第一次向下调整过程步入低谷；经过3年多调整，2000年PPP模式开始逐步复苏。

（三）推进爆发阶段（2003～2007）

在推进爆发阶段，PPP项目数量大幅增加，呈井喷式发展，市场化特征明显。原因有二，一是十六届三中全会推出完善社会主义市场经济体制的若干举措，放宽市场准入，为社会资本进入公共服务领域提供了政策支持；二是我国经济持续高速发展，社会公众对公共服务的需求日益多元化，基础设施供需矛盾突出和基础设施建设的资金缺口迫使地方政府想方设法吸引民间社会资本参与建设。前两个阶段的经验积累和惯性推动，使PPP模式很快进入发展高潮，最具代表性的是北京奥运部分场馆、北京地铁四号线、新奥燃气等项目建设。该阶段PPP模式发展因制度建设相对滞后、地方思想解放程度有限、法律法规不够健全、项目运作不够规范等仍然存在工程质量不高、官商勾结贪腐、部分项目失败等突出问题。

（四）调整回落阶段（2008～2012）

调整回落阶段我国PPP模式发展经历了第二次向下调整过程。一是前面阶段PPP项目实践出现了公共利益受损问题，再逢当时受“国进民退”思潮影响，民间社会资金继续参与PPP模式的空间受到挤压和重创；二是2008年全球金融危机后政府推行四万亿经济刺激计划，实施积极财政政策，民间社会资本参与PPP实践面临严重的“玻璃门”现象，国有资本通过地方政府的支出和宽松的信贷政策取代了民间社会资本。虽然这一阶段的后期政府通过各种政策弥补经济刺激计划带来的社会资本参与程度较低的弊端，但效果并不十分明显。全国总体情况看，这一阶段我国PPP模式发展呈现停滞趋势，PPP项目数量大幅回落。

（五）推广普及阶段（2013至今）

党的十八大以来，党中央顺应经济发展的新常态，做出全面深化改革的伟大战略部署，明确提出“使市场在资源配置中起决定性作用和更好发挥政府作用”，适时推出“特许经营”“政府购买服务”“公共资源配置市场化”等改革措施，PPP模式被提升到前所未有的战略高度。2014年以来，国务院及财政部、发改委等密集出台PPP政策，不断完善PPP模式顶层设计、加强PPP模式理论研究、推进PPP项目落地生根，PPP模式推广应用进入加速发展阶段。可以预见今后很长时间内，PPP模式仍将在推进新型城镇化建设、完善公共服务供给方面发挥重要作用。

二、湖南发展PPP模式的影响因素[①]

（一）政府层面

政府既是PPP模式的引导者和管理者，又是PPP模式的参与者和监督者，政府行为对PPP模式的成功具有重要影响。在调研的基础上，认为政府信誉状况、制度供给状况、实践认知状况、专业管理能力对省域PPP模式发展影响最直接、最巨大。

① 赵福军、汪海：《中国PPP理论与实践研究》，中国财政经济出版社2015年版。

（1）政府信誉状况。PPP 模式的政府信誉是指政府推进 PPP 模式的契约精神、诚信精神，对 PPP 模式的顺利开展具有决定性影响。就省域实际情况而言，部分地方政府推进 PPP 模式的契约精神和诚信精神有待加强。个别地方政府为吸引社会资本的参与弄虚作假，招标环节虚增消费需求量和隐藏项目潜在风险；个别地方政府对已达成的合约，利用政府的强势地位，刁难民资，频频违约；个别地方因为一把手换届、政策调整，“新官不理旧事”问题较严重。一方面是政府和社会资本的责权利边界关系没有分清楚，存在太多模糊地带；另一方面是各地方政府尚未建立政府投资信用约束机制，上级政府对下级政府的监督不到位。

（2）制度供给状况。PPP 模式的制度供给是指政府要为 PPP 模式的顺利推广提供覆盖项目全生命周期的制度体系。PPP 项目作为一种全新的治理模式和公共服务提供机制，涉及面非常广，土地、税收、金融、价格等方面的制度供给直接影响 PPP 模式推广效率。湖南 PPP 模式的推广应用虽然初步形成了系列制度体系，但仍不能满足 PPP 模式进一步发展的现实需要，还需不断完善配套政策制度。市县基层政府的 PPP 模式推广应用，侧重于转发和落实上级政府政策文件，很少能够结合区域地方实际加以实质创新；现有湖南省本级政策文件多从宏观层面提供政策依据和操作规范，中观和微观层面缺乏制度性指引；现设的 PPP 管理机构仍沿用“一事一议”的管理思维，缺乏统筹全局的长远考虑。

（3）实践认知状况。PPP 模式的政府实践认知是指政府及其相关部门和工作人员对 PPP 模式的认识导向问题。实践证明，政府及其相关部门和工作人员对于 PPP 模式内涵与本质的认识对 PPP 模式的推广质量具有明显影响。湖南省域 PPP 实践仍有一些明显且典型的认识偏差需要匡正。一些地方只认识到 PPP 模式能够缓解地方政府债务压力，没有认识到 PPP 模式对社会治理、政府职能转变、提高公共服务供给和管理效率方面的功能，重项目轻管理；政府部门之间缺乏协作意识，沟通交流不及时，协同配合不到位，政出多门等问题频频发生；一些地方 PPP 项目的行政分割迹象明显，综合跨区打包项目少，导致部分PPP项目陷入困境；一些地方政府对PPP模式了解不到位，不支持企业按新模式发展①。

（4）专业管理能力。PPP模式的政府专业管理能力是指政府及其相关部门和工作人员推广PPP模式所必需的专业技术能力和运营管理能力。湖南省域PPP模式发展主要通过大规模培训、邀请专家讲座、外出学习考察等方式，积极提升PPP相关能力，但与湖南PPP实践发展要求相比，其专业技术能力和运营管理能力仍嫌不足。政府部门工作人员对PPP项目涉及的工程技术、金融财务、合约管理、政策依据、法律纠纷等内容缺乏相应的专业技术知识和实务操作能力；对项目识别选择缺乏科学有效的判断能力，对市场变化反应不灵敏难以及时调整相关措施；对PPP项目日常监督管理不到位，使项目运作流程不够规范；项目实施方式以单一的BOT模式为主，融资方式缺乏创新性，项目资本金不足的情况普遍存在。

（二）市场层面

根据其对PPP模式影响程度可将市场层面影响因素归纳为基础市场发展状况、专业市场发展状况和服务市场发展状况。基础市场发展状况对PPP模式有基础性影响，专业市场发展状况和服务市场发展状况对PPP模式有促进或抑制性影响。

（1）基础市场发展状况。PPP模式的基础市场是指发展PPP项目的大市场环境，即当地的经济发展水平，其发展状况对PPP项目成败具有基础性影响作用。理论上，区域经济发展水平越高、市场发育越健全，PPP项目适用领域就越丰富，PPP项目落地率和成功率越高。政府发布的“湖南省2016年国民经济和社会发展统计公报”显示，经济发展总体状况方面，湖南省地区生产总值31 244.7亿元，比上年增长7.9%，高出全国平均数（6.7%）1.2个百分点，其中规模以上服务业和第三产业发展态势良好，比重明显上升；固定资产投资方面，湖南省固定资产投资（不含农户）27 688.5亿元，比上

① 搜狐科技网．关于湖南省第三批PPP示范项目评审分析报告．http：//www. sohu. com /a/76854358 _ 131990. 2016-05-24.

年增长13.8%，其中民间投资16 381.3亿元，增长3.8%，占全部投资的比重为59.2%；财政收支方面，湖南省一般公共预算收入4 252.1亿元，比上年增长6.0%，全省一般公共预算支出6 337.0亿元，增长10.6%；金融方面，湖南省非金融企业及机关团体贷款余额18 342.3亿元，增长12.3%。湖南经济和市场的良好发展态势为PPP模式推广应用提供了坚实基础，但实践中仍存在着国有企业和民营企业的不平等博弈，湖南2014、2015年推出的PPP示范项目，多数项目签约的社会资本方都是国企和金融机构，极少民营企业参与①。

（2）专业市场发展状况。PPP模式专业市场是指PPP项目市场的竞争机制、价格机制、融资方式等。专业市场是PPP项目的运营市场，其发展状况影响PPP项目的推广效果。首先，社会资本参与PPP项目市场竞争不充分影响PPP项目的应有效果。PPP的宗旨是充分利用市场竞争机制和效率优势，以较小的成本提供物美价廉的公共服务或公共产品，交易方式包括公开招标、竞争谈判、邀请招标、竞争磋商、单一来源采购等。湖南发展PPP模式的显著特点是政府强势推广行政色彩浓厚，实践中PPP项目邀请招标较普遍，市场配置资源的决定性作用减弱。其次，PPP项目价格机制不完善影响PPP项目的正常运营。PPP项目虽然通过市场作用和竞争方式引入社会资本，但公共服务和公共产品的特性决定了市场单方面难以形成合理的价格，需要政府引导，实践过程出现另一重要问题即湖南PPP项目运营缺乏完善的动态调价机制，有些项目自建成起收费标准未做过动态调整，不健全不完善的定价调价机制对PPP项目的可持续运营明显具有不良影响。再次，PPP项目融资方式单一严重影响社会资本参与积极性。PPP项目融资资源和融资方式包括信贷、资产证券化、股份融资、基金支持等多种渠道，但有些方式操作复杂或者社会资本和地方政府不了解，多数PPP项目的融资渠道仍以信贷为主，缺乏创新、方式单一、成本较高，PPP项目因资金供给不足而中断失败的风险加大。

① 凤凰资讯网．湖南PPP项目为何走在全国前列．http：//news.ifeng.com/a/20170118/50592257_0.shtml.2017-01-18.

（3）服务市场发展状况。PPP 模式的服务市场主要是指满足 PPP 项目实践需要的专业人才机构、中介机构、研究机构、咨询服务机构等企业性质的市场主体。PPP 模式的服务市场发展对 PPP 项目发展质量具有重要影响作用。PPP 模式服务市场的发展明显滞后于湖南 PPP 模式的实践。首先，湖南 PPP 的研究、咨询、服务机构发展难以适应 PPP 实践发展需要。湖南 PPP 研究、咨询、服务机构匮乏，远不能满足湖南现有 PPP 项目的需要；专业研究、咨询与服务人才匮乏，缺少既有一定理论基础又清楚市场、政策、法规等方面的复合型人才。其次，现有 PPP 服务机构、服务范围和领域有限影响 PPP 项目整体运营质量。湖南仅有的北京大岳咨询有限公司长沙办事处等少数专业 PPP 咨询机构的业务水平与国内和国际大型服务机构相比还有一定差距，PPP 项目的识别、论证、融资、管理等方面业务能力待提升；湖南 PPP 项目咨询服务服务市场发育还很不完善，客户群体不稳定，服务范围和领域集中在培训、研讨、基础性咨询、一般性策划等低端业务。再次，湖南现有 PPP 服务市场行业监管不到位影响 PPP 服务业的规范发展。湖南 PPP 服务市场发展不充分，缺乏对 PPP 服务机构收费标准、服务质量标准等方面的规范性引导管理，实践中存在着咨询机构垄断项目、抬高咨询价格等问题，需要随着 PPP 模式的发展不断提高湖南 PPP 服务市场的行业自律和监管水平。

（三）项目层面

项目本身的相关状况是影响 PPP 模式运营成效最为直接的因素。在调研的基础上，认为项目层面对湖南 PPP 模式发展质量最为重要的影响因素是项目识别选择状况、合约订立执行状况、风险处理防范状况和项目机制建设状况。

（1）项目识别选择状况。PPP 项目运行周期长、涉及的技术和管理方案复杂，如果项目识别选择上缺乏精细论证，可能导致后期项目运作风险等不可控因素增多甚至导致项目失败。从个别地方 PPP 项目实践情况看，发起项目时，项目的识别、测算、论证方面较粗糙，过度关注项目融资功能，无论项目是否适合都一律将其包装成 PPP，对项目运营的可行性、PPP 模式的适用性、财政承受能力、物有所值评估等影响 PPP 项目的关键因素缺少评估或评估流于形式。

（2）合约订立执行状况。PPP 项目参与主体多、投入资本多、融资方案复杂，要求必须要以严谨的法律合约作为规范和保障。然而，由于专业技术欠缺、专业人才匮乏等原因，湖南部分地方对 PPP 合约的重视度不够。实践中，项目合约的订立趋于程序化和模板化，合约的条款设计不够科学，内容不够详实，而且很少能够结合项目本身的特性和当地的实际情况。已订立的项目合约在实施中不理想，政府往往利用其强势地位和权力优势随意变更合同或拒绝履行合同，社会资本的逐利性导致其出现失约违约问题，甚至损害公共利益。

（3）风险处理防范状况。PPP 模式的风险处理防范状况是影响项目成功率的重要因素，贯穿于项目的整个生命周期。首先，社会环境的法律环境风险对 PPP 项目影响较大，一方面发展 PPP 的法律法规不健全，另一方面 PPP 项目的合同管理弱，同时经济环境、社会环境对其有一定影响。其次，项目参与主体的政府可能存在项目选择失误、招标不科学、工作人员腐败、监管缺位等风险，特别是一些地方政府通过 PPP 变相举债甚至超过警戒线，因此必须严防地方政府债务风险；社会资本方可能存在项目质量不达标、运营投机、管理经验不足、管理不到位等风险；另外，还存在政府与社会资本相互转嫁风险，最后诱发社会风险的问题。再次，项目具体操作和运营过程可能存在条件不具备、操作不可行、营运不达标导致失败的风险，已成立项目公司进入实施阶段的项目成效还有待时间检验①。

（4）项目机制建设状况。PPP 模式推广应用还需要完善的项目机制建设。首先，有效的协调机制欠缺影响 PPP 模式推广。PPP 项目涉及多个部门，实践中部门各自为政、步调不一，抬高社会资本的适应成本，影响 PPP 项目进程。其次，责任分担机制不完善影响 PPP 项目的公平性和效率性。《公司法》规定，股东对成立的项目公司承担有限责任，部分地方 PPP 项目要求项目投资人对项目承担完全责任。风险责任分担上，存在社会资本承担风险过重或者政府兜底全部风险等问题。再次，PPP 模式的监管评估机制缺失影响项目的质量无法保障公共利益。当前，湖南 PPP 项目监管中存在的主要问题是缺

① 中国民主建国会湖南省委员会网站．推广运用 PPP 模式是适应经济新常态的有效手段——谈 PPP 模式推进过程中存在的问题和建议．http：//www. hndca. org. cn /news. asp? id=8301. 2016-01-26.

少具体的、可操作实施的监管细则，且部门监管责任不明确，而评估环节比较简单甚至是流于形式。

（四）环境层面

环境因素对PPP项目实施的影响非常关键。省域PPP模式发展的环境层面影响因素主要包括政策法规状况、理论研究状况、信息资源状况、项目实践经验。

（1）法律法规状况。法律法规状况是PPP项目建设的社会法律环境，它能从根本上有效保障PPP项目的实践推广。受国家PPP立法缺乏顶层设计、部委分散立法缺乏协调、PPP法律适用困难等大环境影响，省域PPP推广的社会法律环境尚不成熟。首先，法规建设滞后，社会资本合法权益无法得到有效保护，影响社会资本、特别是民营资本的投资热情，更是一些地方PPP项目开工率低、落地率低的根源。其次，已出台的PPP法规带有鲜明的部门利益倾向，许多规定不一致甚至相互冲突，使得PPP项目实际操作无所适从。再次，目前PPP项目的法律规范多为国家部委和省级部门的规章和规范性文件，实践中法律效用低，且多数法规文件的制定是一事一文件，缺乏权威的、有效的、完整的法律法规体系。

（2）理论研究状况。理论研究状况主要是指PPP模式学科理论研究水平，为PPP项目顺利开展提供决策依据和智力支持。PPP模式涉及学科门类繁多，包括经济学、金融学、公共管理学、法学、项目管理和公司管理等，对理论研究的综合性要求高。湖南省域PPP模式理论研究相对滞后且碎片化问题突出。一是学界对湖南PPP模式发展的理论研究规模较小、学者不多、成果数量和被引次数很少，报纸性报道多，存在重复研究，制约省域PPP的实践推广。二是已有研究碎片化问题突出，缺乏系统性、综合性。湖南PPP模式发展研究主要集中于应用层面，如农村扶贫产业、养老产业、水库水利项目、体育场馆建设等，PPP项目机制建设、政策法规建设、项目治理等基础理论层面的学术研究匮乏。CNKI高级检索“主题”路径输入“湖南”词频并含“PPP模式”检索到36篇文献（2017年7月15日），其中2017年1篇、

2016 年 11 篇、2015 年 15 篇、2014 年 6 篇、2013 年 3 篇，2013 年以前为零，湖南 PPP 模式的理论研究严重滞后于实践需要。

（3）信息资源状况。信息是 PPP 项目成功运行的重要资源环境，信息源的占有、信息获取时间的差异都对 PPP 项目运行产生重要影响。首先，信息占有不平衡产生政府欺骗诱导社会资本投资的问题。有的地方政府利用自身对项目基本情况的充分掌握，诱导社会资本参与一些本可能不愿意参与的 PPP 项目，使得项目运营损害社会资本的收益。其次，信息获取时间不同步影响社会资本的参与。湖南 PPP 综合信息平台尚不完善，存在着一些项目无法找到合适的社会资本同时一些社会资本特别是民营资本或个人无法通过正规渠道找到合适项目的问题。

（4）项目实践经验。项目实践经验是 PPP 项目建设中具体做法、有益成果等的累积，湖南推广 PPP 模式的项目实践经验较为丰富，具有一定优势。首先，湖南推行 PPP 模式的力度大项目多，“两房两棚（公租房建设、农村危房和城市棚户区、工矿棚户区）、两供两治（城市供水和供气，城市污水和垃圾治理）”、农村水务、新型城镇化试点与建设等方面运用 PPP 模式比较成熟，经验丰富。其次，湖南推广 PPP 模式有一系列成功项目案例可供借鉴。湖南津市棚户区改造中运用 PPP 模式的具体做法和取得的成就得到《人民日报》的报道和肯定①；郴州莽山水库、永州生活垃圾焚烧发电分别作为重大水利工程建设运营和垃圾处理类 PPP 试点、示范项目，其实践经验被誉为“PPP 模式的探索范本”②。

三、湖南发展 PPP 模式的优化路径

立足 PPP 模式实践状况、影响因素、面临问题的分析总结，贯彻李克强总理“深化政府和社会资本合作”指示精神，参考兄弟省市 PPP 发展经验，建议从政府层面、市场层面、项目层面和环境层面四个维度优化省域 PPP 模式发展路径。

---

① 中国经济导报．看湖南津市如何在棚户区改造中运用 PPP 模式．http：// www.ceh. com.cn/cjpd/2015/07/864677.shtml. 2015-07-17.

② 中国政府采购网．湖南永州生活垃圾焚烧发电特许经营项目案例分析．http：// www. ccgp.gov.cn/ppp/jyal/201609/t20160913 _ 7307282.htm. 2016-09-13.

（一）政府服务供给路径优化

（1）完善政策制度供给。需要继续加大PPP项目政策制度支持力度，形成稳定的政策制度环境。首先，要继续完善土地等相关政策制度、健全支持体系。土地、价格、融资等方面，要积极会同有关部门量身打造适合PPP需要的配套政策。其次，要按照“完善相关价格、税费等优惠政策”要求，加大以奖代补和财政贴息等资金奖补的支持力度，对社会资本进入某些特定领域给予税收优惠。湖南对采用PPP模式的“两供两治”项目实行贴息奖补政策，可在其他基础设施项目建设中复制推广。江苏对规定时间内实施落地、验收合格的试点项目，省财政按引入社会资本总额的1%～5%给予奖补①，湖南可以借鉴、创新、推广。再次，要结合地方实际不断细化PPP政策制度的操作指引，使其规范、全面、可操作。具体实践操作中要做到责任到人，细化到项目识别、物有所值评价、财政承受能力论证等各个层面，让各领域的PPP项目都能找到切实可行的参照模式和行动指南。

（2）努力提高认知水平。认识是行动的先导。首先，要加强基层政府对PPP的认识和理解②。上级政府相关部门要系统调研梳理县、镇基层政府推广PPP模式中的困难和短板，采取必要措施帮助其克服畏难情绪；通过专家座谈、培训交流等形式，加深基层政府工作人员对PPP的认识。其次，要从战略高度认识PPP的重要功能。全省PPP工作人员应当从提升国家治理能力、推进供给侧结构性改革、加快转变政府职能、创新公共服务供给方式、深化投融资体制改革等角度理解PPP的作用；应当从湖南的省情和发展的实际状况出发，深刻领会PPP模式对湖南的重要意义。再次，要不断转变观念。要坚决摈弃只看重PPP融资功能，大规模举债的陈旧逻辑，全面认识PPP的功能作用；要明确政府和市场的边界，充分尊重社会资本，共同协商，平等合

① 中国江苏网．江苏千亿元PPP项目向社会资本招手．http：//jsnews2. jschina. com. cn/ system/2015/09/17/026322479. shtml. 2015-09-17.

② 刘会芳．基层政府在PPP模式上存在的认识误区研究．http：//blog. sina. com. cn/s/blog_7c26585f0102w0t8. html. 2016-01-04.

作，不断提高项目的公共服务效益；还要主动加强各部门在推进 PPP 模式中的协调，统一认识，协力推进。

（3）切实增强专业能力。针对部分政府部门及其工作人员推广 PPP 模式专业技术能力和运营管理能力不足的现状，需要切实增强专业能力。首先，要切实提升推广 PPP 模式的专业技术能力。政府部门应适时组织 PPP 模式的培训学习，形成常态并加以考核。重点提升与 PPP 项目息息相关的法律法规、政策制度、金融财务等领域的专业水平，特别是提升相关领导干部的专业能力素养。其次，要切实提升推广 PPP 模式的运营管理能力。各地应该结合自身 PPP 模式发展的实际，根据项目管理的需要，聘请专业的、权威的 PPP 咨询机构对政府工作人员进行系统的培训，以不断提高其对项目的运营管理能力。再次，由于条件限制、个人禀赋等因素制约，如果政府特别是基层政府及其工作人员难以在短时间内大幅提升其专业能力，可考虑委托第三方专业的 PPP 机构代为管理 PPP 项目。

（二）市场资源配置路径优化

（1）提升全省经济发展水平，积极鼓励社会资本参与。经济发展水平对 PPP 项目的成效具有明显影响，经济发展水平越高，市场发育就越完善，社会资本发展状况就越好，因此必须加快提升全省经济发展水平，积极鼓励社会资本特别是民营资本的参与，为发展 PPP 模式创造良好的经济基础和市场基础。首先，要在稳增长、转方式、调结构基础上，通过政策牵引，更加注重民营资本和外资企业的发展，更加注重县域经济的发展，更加注重资本市场的发展；通过简政放权，让位市场培育商业新形态，创造就业新空间，打造经济新动能，拓宽项目新领域，为湖南 PPP 模式发展夯实经济基础。还应不断提高新型城镇化的质量和水平，充分发挥 PPP 模式对解决基础设施建设存在的资金缺口、市场主体缺位、公共服务效率低下、质量不高等问题的功能作用。其次，要继续通过加强组织保障、强化宣传推介、提高政府信誉、健全政策体系、完善项目机制、拓宽融资渠道等措施，不断激发社会资本参与 PPP 项目的积极性。再次，要特别注重激发民间资本的投资活力。通过减少行政人为干预、落实减税降费奖补政策、加大财政金融法律支持、通畅进入退出机制通道等措施，营造便利民营资本参与PPP项目的宏观环境；合理确定招标的资格条件和评价标准，坚决摒弃对民营资本的差别条款和歧视条款，破除隐性壁垒和“玻璃门”，一视同仁并在采购时适当向民营资本倾斜，形成有利于民营资本参与PPP项目的政策支持体系；积极探索发展PPP项目混合所有制，鼓励民营企业与国企央企、金融机构等以联合体形式共同参与PPP项目。

（2）完善PPP市场价格机制，创新PPP项目融资方式。科学合理的PPP市场价格机制和PPP项目融资方式是省域PPP模式持续发展的关键。首先，应针对动态调价机制欠缺、融资需求与信贷服务不匹配的现状，完善兼顾公平与效率且能协调各方利益的PPP市场价格机制。要通过合理成本＋合理收益定价法、模拟市场定价法、招投标定价法等方式完善项目初始定价方法，充分发挥竞争机制形成PPP项目价格，力求初始定价既能反映市场真实情况又能协调各方利益保障投资主体的合理收益；要注重项目实施中根据项目运营成本实际不断完善动态调价机制，防止项目亏损或暴利，达到兼顾公平与效率目的。其次，要大力整合项目融资的资源平台，不断创新和优化项目融资方式。通过政府搭建平台，发挥世行、亚行等国际金融机构贷款期限长、利率低、征信能力强的优势，着力克服贷款难、成本高的问题；通过建立PPP项目融资信息平台，成立PPP项目专项资金，设立PPP发展基金和引导基金等措施，改善项目投融资环境；通过鼓励项目公司采取结构化融资、债权股权融资、资产证券化等多种方式，运用多元化的创新金融工具破解PPP项目融资难、融资贵的问题。最后，针对湖南PPP模式存量项目较少的现状，要积极将存量项目转化为PPP项目，争取中央财政支持，盘活存量资产。

（3）加快发展PPP服务市场，充分发挥专业机构作用。PPP项目本身的复杂性、涉及领域的广泛性和实践操作的专业性要求省域PPP模式发展中应当加快发展PPP服务市场，充分发挥专业机构在交易结构、产品定价、投资融资、财务分析、风险分配等方面积累的经验优势，促进项目的平稳可持续发展[①]。首先，应充分运用市场力量和市场机制，大力促进 PPP 人才培训机构发展，培养、储备和建设一支能够适应 PPP 模式发展需要的省域本地专业人才队伍；政府应主动积极引进 PPP 模式的复合型应用型高素质人才。其次，大力发展 PPP 智库，建立既包括民间 PPP 智库又包括政府背景 PPP 智库的全省 PPP 咨询智库，为省域 PPP 项目提供智力支持。鼓励地方政府通过购买服务的方式，聘请专业权威的 PPP 咨询机构和研究机构参与当地 PPP 项目的论证识别、融资管理。再次，要加强 PPP 服务市场的行业自律和监管，通过出台 PPP 咨询服务价格和执业行为规范等指导意见，避免咨询服务机构垄断业务、打价格战等问题的出现，形成有序竞争、健康发展，以专业优质的服务赢得客户的 PPP 服务市场。最后，应重点扶持一批具有辐射带动作用的湖南本地咨询服务机构，通过政策支持、平台搭建等措施，不断促进其在专业研究、项目执行、专业服务中提升实力、累积经验、树立品牌。

（三）项目设计实施路径优化

（1）不断规范项目的设计操作。PPP 模式的长远发展既要注重推广的力度又要注意推广的规范性。首先，要重视物有所值论证。湖南一些 PPP 项目物有所值论证流于形式，要认识到物有所值是 PPP 的核心，既是一种评估方法也是一种价值观，根本目的是提质增效[②]；要通过论证，选取确实适合 PPP 模式的项目。其次，财政承受能力论证要实。财政承受能力论证承担着防范财政金融风险的重任，应当“建立可信的财政承受能力论证体系”“设置合理的财政承受能力上限”“构建规范的财政承受能力论证机制”，严防变相融资、保底承诺、回购安排、明股实债等情况出现。再次，加强 PPP 项目全程跟踪监管。充分发挥法律制度、第三方机构、PPP 信息平台、社会公众、网络投诉平台等所有监督管理资源的监管作用。健全 PPP 项目建设造价、运营收支

① 中国民主建国会湖南省委员会网站．推广运用 PPP 模式是适应经济新常态的有效手段——谈 PPP 模式推进过程中存在的问题和建议．http：//www. hndca. org. cn/ news. asp? id=8301. 2016-01-26.

② 焦小平．规范创新严控风险深化改革——在上海 2017 中国 PPP 投资创新论坛上的讲话．http：//www. caigou2003. com/shouye/ shouye huandeng pian /3091406. html. 2017-07-24.

的全过程跟踪审计制度以及PPP项目建设质量标准、运营标准和安全评价制度，强化项目建设造价、运营成本监控，确保公共产品或服务的供给质量、供给效率；“探索制定明确细化的分行业项目验收绩效指标体系，覆盖PPP项目全生命周期，确保全程有监督、有考核、有验收”。[①]

（2）重视PPP合同的订立执行。PPP项目合同是明确政府方与社会资本方权利义务关系的基本法律文件，是加强PPP项目管理的前提，目前省域PPP模式合同不规范制约着项目的推广。首先，合同文本的制定要严谨全面。合同文本要立足于项目的实际情况，可操作性要强，不能套用抄袭模板，重点概念、重点内容的表达措辞要仔细斟酌、严谨准确；合同文本应覆盖项目的全生命周期，尽可能把项目建设运营当中可能出现的问题都涵盖其中，力求全面，对于项目的权责分配、投资融资、运营维护、风险分担、利益分配、移交范围、违约责任等基本要素都必须做出详细准确的描述。其次，要强化合同的执行效力。对于已签订合约的PPP项目，相关主体必须全面履行合同义务。要特别注意的是，政府不得单方面变更合同内容，或者因为换届、支付能力不足等原因拒不执行合同。

（3）加快完善PPP项目风险分担、投资回报机制。首先，要完善投资回报机制。长期、稳定、合理的投资回报是PPP模式的核心理念，是稳固政府、社会资本方、金融机构合作关系的基础，投资回报率过低或者过高均可能影响社会资本、金融机构及政府与社会公众对推广PPP模式的兴趣，应当寻求丰富的投资回报渠道，构建多元PPP项目政府补偿机制。交通、能源等重大基础设施项目，通过合理确定价格和收费标准、适当延长运营年限，提高投资收益，减少政府补贴；政府通过股权投资方式参与PPP项目，降低社会资本压力、提高社会资本收益；充分挖掘PPP项目本身商业价值，加强体育场馆等基础设施的二次开发利用，提高体育场馆PPP项目收益；积极鼓励社会

---

① 财政部副部长. 推动PPP工作再上新台阶. http://mt.sohu.com/d20161213/121396543_465527.shtml. 2016-12-09.

资本创新管理模式，提高运营效率，以降低项目成本①。其次，要健全风险分担机制。合理健全的风险分担机制是 PPP 项目成功的重要保障，针对湖南实践中存在的政府或企业风险承担过重的问题，要明确风险承担的上限，使得风险与回报相匹配，项目实施中应当使政府更多的承担政策法律变更、利率需求变化等带来的风险，社会资本更多的承担项目建设运营维护等商业性的风险，不可抗力等风险应由二者共同承担；要积极探索风险转移通道，可引进保险公司、担保机构等第三方机构分担风险。

（四）项目持续发展环境优化

（1）营造有利于 PPP 发展的法律环境。法律环境是 PPP 项目顺利实施的根本保障，既需要中央顶层设计还需要地方主动探索，既需要政府积极推进还需要公众主动参与，既需要法律法规强制保障更需要法治观念的贯彻教化。首先，国家层面要以《PPP 条例》出台为契机，加快 PPP 立法研究和顶层设计。系统梳理现有 PPP 相关法律内容，通过修改和完善克服存在的法律冲突和不协调问题；借鉴国外 PPP 立法经验，总结 PPP 实践现状，制定位阶较高、权威性强、全国统一的 PPP 法律；不断提高立法质量，广泛征求社会公众意见，既要规范项目利益主体行为，明确相关主体的权利责任、风险分配等，又要注重规范项目的全过程运作，特别注意保障社会资本权益。其次，立足湖南实践，既要积极完善政策法规，加强部门协同，构建一套完善的 PPP 政策法规，包括 PPP 模式的统筹规划、部门协调、合同管理、激励约束等；可以在土地、税收、审计等 PPP 法律的盲区，通过实地调研、公众参与、专家论证等途径，尝试性制定湖南地方性 PPP 法规。再次，要注重培育全社会的法治思维和契约精神。政府要带头树立榜样，在 PPP 项目中打造法治政府和信用政府，牢固树立契约意识和诚信意识；通过建立社会信用约束机制使社会资本在项目实践中自觉严格遵守法规制度和市场规则，维护 PPP 项目良性发展；通过在全社会弘扬诚信文化、开展诚信教育、加强公众参与和监督等措施，从法律法规、政策制度和思想观念等方面全方位营造 PPP 发展的法律

① 中国发展网．推动中国式 PPP 发展的十大重点问题．http：//www.china development.com.cn/news/zj/2016/12/1107880.shtml.2016-12-14.

环境。

（2）营造有利于PPP发展的政务环境。既需要加强政府政务能力建设也需要加强PPP项目信息共享。首先，鉴于PPP模式推广存在的行政审批环节多、程序复杂等问题，各部门要继续加大行政审批流程优化工作，精简审批环节，压缩审批时限，实现政务服务事项集中办理；创新审批服务模式，推进网上审批，方便企业和群众办事；推行联合审批，建立健全联合审批常态化机制，不断优化政务服务方式，营造亲商、爱商、安商、扶商的浓厚氛围。其次，加强PPP信息分享，促进PPP项目公开透明，降低项目交易成本，着力解决项目投资信息获取难、项目实施信息披露不及时、地方政府信用评级信息缺乏问题。制定PPP项目信息公开管理办法，确保招标环节信息真实、程序公正、过程透明，自觉接受全社会监督，逐步尽可能地在项目全生命周期内公开PPP信息；通过PPP项目数据库，并连入PPP综合服务平台，对PPP项目进展信息进行实时监控、录入和依法公开。

（3）营造有利于PPP发展的社会环境。需要省域内政府、社会、学界和高校共同努力。首先，要继续加强PPP的宣传推介并注意向纵深发力。充分利用报刊报纸、网络媒体、社交平台，通过人们喜闻乐见、通俗易懂的方式方法和活动形式持续宣传PPP的政策法规、功能作用、典型案例、成功经验，加深相关主体特别是社会大众对PPP的了解，营造PPP发展的良好社会氛围；搭建推介平台，进行专题推介，更加注重对市县一级PPP示范项目的推介宣传和签约落地。其次，学界要加快PPP理论研究步伐。要从系统论角度认识加快PPP理论研究的重要意义，开展以PPP为主题的系统性研究，避免财政、金融、经济学、法学等众多学科的碎片化研究。同时，既要注重对湖南发展PPP模式实践层面的研究也要注重对湖南发展PPP模式理论基础层面的研究。再次，各高校要加快培养PPP专业人才的步伐。湖南具有比较丰厚的高校资源，而高校对中长期PPP人才培养具有重要作用。各高校应当充分运用自身师资雄厚、学科齐全等优势，加强与政府、企业和专业咨询服务机构等PPP相关各方的联系，形成联合培养机制，开设PPP相关课程、加强PPP课题研究、培养PPP专业人才。

第三章　县域基础设施建设 PPP 模式应用

打造县域城市中心和特色小镇以不断推进新型城镇化是县域治理的重要路径。习近平总书记、李克强总理多次讲话及《国家新型城镇化发展规划（2014～2020 年）》均表明，县域城镇化是新型城镇化的关键。相对于大城市，县域城镇化具有更大发展空间和更低人口转移成本，发展县域城镇化能更好优化生产力布局、维护社会公平、缓解城市发展与资源环境的矛盾。在国家和地方各级政府大力推动下，近年来政府和社会资本合作（PPP）模式得到极大关注，地方政府对应用 PPP 模式进行县域基础设施建设兴趣日浓。PPP 模式应用于县域基础设施建设可有效缓解县域政府财力不足的难题、促进县域社会资本壮大、推动县域经济社会发展。本章主要对县域基础设施建设 PPP 模式的应用的研究现状及展望、县域基础设施建设公私合作的项目与模式选择、县域基础设施建设 PPP 模式的应用基础与机制创新、县域基础设施建设 PPP 模式应用的制度优化路径等问题予以探究。

第一节　县域基础设施建设 PPP 模式应用研究现状及展望①

——基于 CNKI2001～2016 年研究文献的分析

我国 PPP 模式发展仍处起步阶段，配套法律制度、运行机制尚不健全，县域基础设施建设 PPP 模式应用理论研究欠缺。结合现有研究文献，运用 CiteSpace. V 可视化分析软件绘制基础设施建设 PPP 模式应用的主要研究者图谱、研究机构图谱及演变趋势图谱，归纳该领域热点关键词列表，梳理县域基础设施建设 PPP 模式发展情况及研究现状，期以不断提升县域基础设施建设 PPP 模式应用理论研究水平和实践推广能力。

一、县域基础设施建设 PPP 模式应用研究的现状

在我国县域城镇化推进过程中，存在着县域中小城市基础设施无法满足县域城镇化快速膨胀人口需求的矛盾，严重制约着县域城镇化发展，县域城镇化的基本任务就是要加快县域基础设施建设。

在国家和地方各级政府大力推动下，近年来政府和社会资本合作（PPP）模式得到极大关注，地方政府对应用 PPP 模式进行县域基础设施建设兴趣日浓。笔者拟通过逻辑分析与文献分析，运用 CiteSpace. V 可视化分析法，对 2001～2016 年我国基础设施建设 PPP 模式应用研究现状进行整体描述，运用 CiteSpace. V 可视化分析软件绘制基础设施建设领域 PPP 模式应用的主要研究者图谱、研究机构图谱及演变趋势图谱，归纳该领域热点关键词列表。基于中国知网 2001～2016 年县域基础设施建设 PPP 模式应用研究文献，系统梳理县域基础设施建设 PPP 模式应用的主要研究内容，对 PPP 应用背景、应用基础、应用原则、应用领域、应用案例、应用优势、制约因素、应用对策等方面观点进行整理。通过县域基础设施建设 PPP 模式应用理论研究和实践现状的整体梳理，以期为后续研究提供理论帮助、促进新型城镇化和县域城镇

① 彭程甸、余华：《县域基础设施建设 PPP 模式应用研究现状及展望——基于 CNKI2001～2016 年研究文献的分析》，载于《湖南财政经济学院学报》2017 年第 6 期。

化的持续健康发展。

（一）研究方法与数据来源

第一，研究方法：CiteSpace.V 可视化分析。CiteSpace.V 是一款实用的可视化文献计量工具，运用计量学与数据可视化方法对科学文献蕴含的知识进行分析，以科学知识图谱形式直观展现相关科学知识或研究领域的运行规律、分布结构和发展动态。笔者试图运用 CiteSpace.V 软件分析基础设施建设 PPP 模式的研究机构、研究者、研究热点及发展趋势图谱，全面概括我国县域基础设施建设 PPP 模式应用研究整体现状。

第二，数据来源：CNKI 论文（2001～2016）。研究所用文献资料和数据取自中国知网。通过 CNKI 高级检索“主题”路径输入“基础设施建设”词频并含“PPP”，检索到 1 139 篇文献，去除 28 篇报纸文献、11 篇会议文献、1 篇辑刊文献，获取期刊论文 1 099 篇（检索时间 2016 年 12 月 1 日）。文献来源时间 2001～2016 年。

（二）研究机构与研究者图谱

基础设施建设是 PPP 模式应用的重要领域。2013 年 11 月党的十八届三中全会提出“完善城镇化健康发展体制机制，坚持走中国特色新型城镇化道路，推进以人为核心的城镇化，推动大中小城市和小城镇协调发展”① 要求以来，基础设施建设 PPP 模式应用得到大力推广，理论界、实践界对基础设施建设 PPP 模式应用进行深入探讨成果丰硕。通过选取研究者、研究机构、研究热点作为研究对象，运用 CiteSpace.V 绘制基础设施建设 PPP 模式的核心研究者图谱、重要研究机构图谱、研究热点图表，揭示基础设施建设 PPP 模式应用研究的演变趋势。

研究机构是基础设施建设 PPP 模式应用研究的重要平台依托，研究者是推动科学技术发展、拓展学科领域的重要动力系统。以基础设施建设 PPP 模式应用研究的产出成果作为重要参考依据，通过识别该领域的高级别权威研

① 新华网.《决定》指出：完善城镇化健康发展体制机制.http：//news.xinhuanet.com/politics/2013-11/15/c_118164410.htm.2013-11-15/2017-09-18.

究者和高平台重要研究机构，运用 CiteSpace. V 软件的可视化分析功能描绘基础设施建设 PPP 模式应用研究的核心作者图谱（图 3－1）和重要研究机构图谱（图 3－2），清晰展现相关研究者和研究机构在该领域的研究地位及影响力。

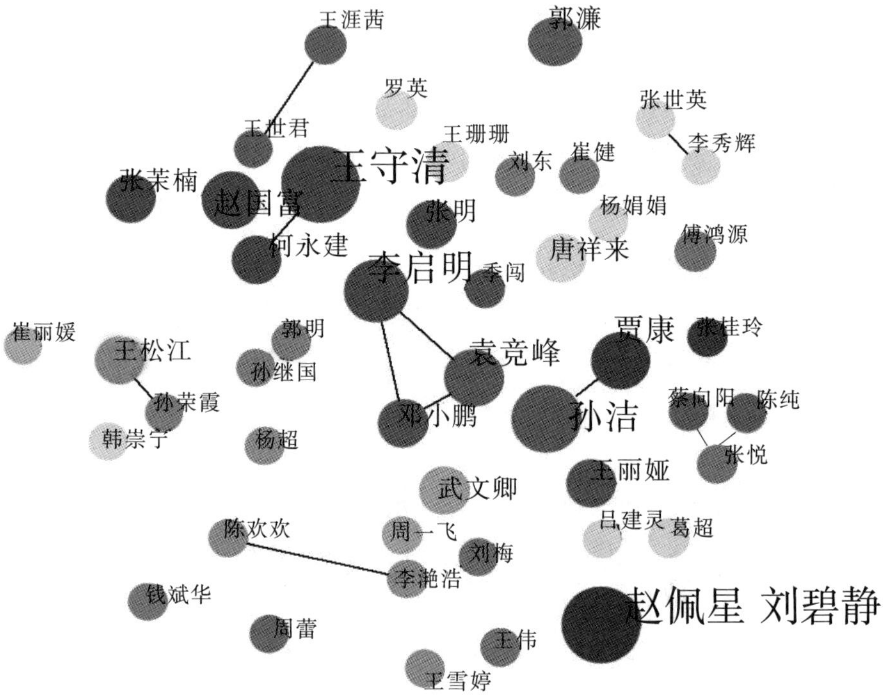

图 3－1　基础设施建设 PPP 模式研究的核心作者图谱

图 3－1 是基础设施建设 PPP 模式研究的核心作者图谱。观察图谱可知，王守清、赵佩星、刘碧静、孙洁、李启明、贾康、袁竞峰、赵国富、邓小鹏、柯永建、王松江、武文卿等研究者的节点相对较大，充分表明上述学者在该领域研究成果较多、研究内容较广、研究频次较高；CiteSpace. V 通过节点之间的连线表明学者之间的研究关联度，李启明与袁竞峰、邓小鹏、季闯，蔡向阳与陈纯、张悦，王守清与柯永建，王涯茜与王世君，王松江与孙荣霞，贾康与孙洁等在基础设施建设 PPP 模式研究中存在较为密切联系；其他研究

者如赵佩星、刘碧静、郭濂、武文卿等在研究过程中较为独立，没有与其他学者进行合作或者合作的关联度不高。因为 CNKI 高级检索主题路径输入选择的不同、CiteSpace. V 分析阈值设定的局限等数据获取渠道的差异性，部分独立的研究者和彼此有关联度的研究者在图谱上没有呈现。总体而言，基础设施建设 PPP 模式研究的学者越来越多，相互之间的关联度越来越强。

图 3—2 是基础设施建设 PPP 模式重要研究机构图谱。观察图谱可知，昆明理工大学管理与经济学院、重庆大学建设管理与房地产学院、天津大学管理学院、中南大学商学院、财政部财政科学研究所、东北财经大学、清华大学建设管理系、上海海事大学等机构在基础设施建设 PPP 模式研究领域成果较多；重庆大学建设管理与房地产学院和南京农业大学工学院存在研究合作关系，其他高校和科研院所相对独立。综合图 3—1 和图 3—2 的图谱分析，核心作者所在的研究机构其研究成果相对较为丰富，如王守清与清华大学建设管理系、李启明与东南大学建设与房地产系等。

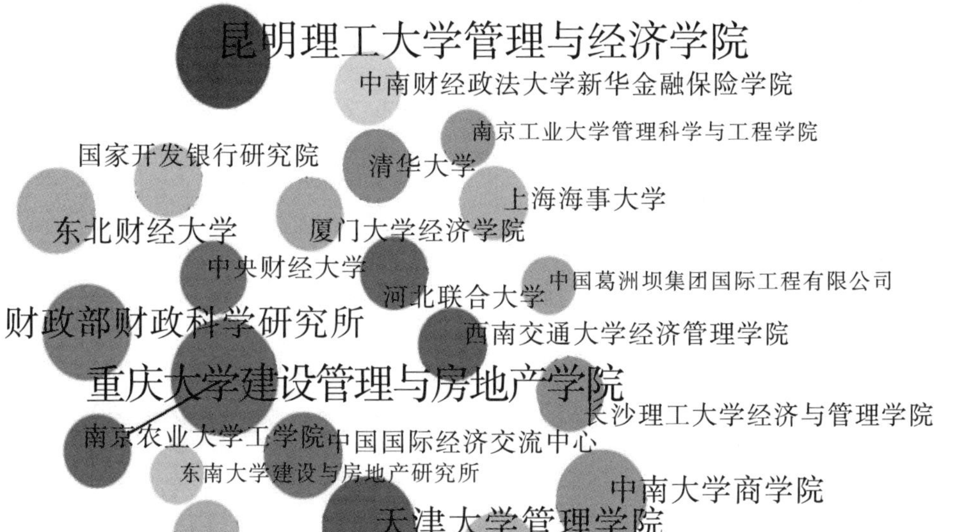

图 3—2 基础设施建设 PPP 模式重要研究机构图谱

（三）研究热点及演变趋势图谱

关键词是最能反映学术文稿中心内容的名词或词组，学术论文的关键词具有重要检索意义。一方面，关键词是获取信息的精炼词汇，可以作为数据库收录和检索文献的共同标识，使读者能够短时间迅速查阅到符合自己需要的文献；另一方面，如果要获取一整块信息，它的量是非常大的，读者没有办法通过一整段句子去找源头，要从所有信息当中挖掘出信息的核心意思，关键词就是大内容下的精炼体或核心意思，可以使读者立刻判断出所查阅的论文是否为自己所需。CiteSpace.V 具有关键词可视化分析功能，通过该功能可以识别和记录出基础设施建设 PPP 模式研究的热点关键词，以热点关键词出现的频次为依据进行排序可以发现（表 3—1），PPP 模式、基础设施、项目融资、资本合作、风险分担、新型城镇化等成为基础设施建设 PPP 模式研究的热点关键词，研究领域主要集中在 PPP 项目、基础设施建设、公私合作等方面。

表 3—1　CNKI 论文中基础设施建设 PPP 模式研究热点关键词

序号	关键词	频次	年份	序号	关键词	频次	年份
1	PPP 模式	377	2002	10	PPP 融资模式	38	2003
2	基础设施	291	2001	11	融资模式	38	2004
3	PPP	255	2003	12	特许经营	38	2005
4	项目融资	77	2002	13	风险管理	33	2009
5	城市基础设施	68	2004	14	新型城镇化	27	2014
6	基础设施建设	62	2003	15	BOT	26	2004
7	PPP 项目	54	2006	16	投融资模式	25	2007
8	资本合作	49	2014	17	公私合作	24	2004
9	风险分担	44	2004	18	资本参与	22	2014

CiteSpace.V 具有图谱的时间可视化功能，可以探究某一研究领域的研究演变趋势。在基础设施建设 PPP 模式研究过程中，通过 CiteSpace.V 的时间可视化功能可以得出横向时间维度热点关键词的演变趋势和纵向时间维度热点关键词的出现频次图谱（图 3—3）。

图 3—3 是 2001～2016 基础设施建设 PPP 模式研究趋势图谱。观察图谱可知，2001～2016 年我国学界对基础设施建设 PPP 模式研究给予了持续关注，2001～2005 年研究的核心热点是 PPP 模式、基础设施建设、特许经营等，2005～2010 年研究的核心热点是 PPP 项目本身，含投融资体制机制改革、项目管理、风险管理、案例分析、分包合同等，2010～2016 年特别是 2015、2016 年我国经济发展进入“新常态”后，适应供给侧结构性改革要求，研究核心热点变为社会资本、资本合作与经济发展；纵向时间维度热点关键词的演进趋势在 CiteSpace. V 绘制的图谱上以节点之间的连线表现出来，节点之间的连线越多说明其相互之间的传承关系越紧密，可以看出，基础设施与资本合作、PPP 模式与经济发展之间的传承关系十分紧密。综上可知，我国学界对基础设施建设 PPP 模式研究的演变趋势与改革发展的社会经济现状是同步吻合的，具有极强的时代特性。

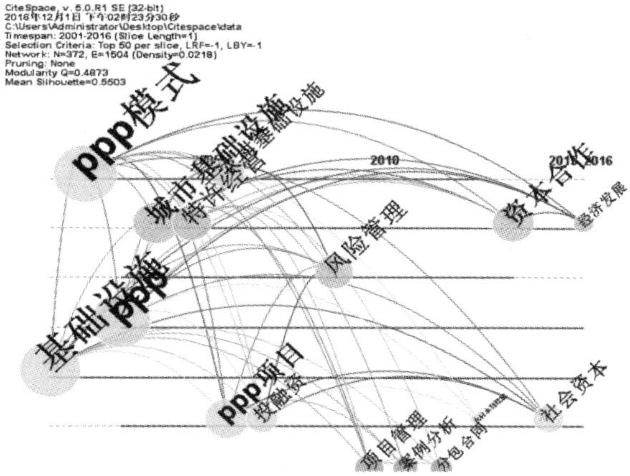

图 3—3　我国 2001～2016 基础设施建设 PPP 模式研究趋势图谱

二、县域基础设施建设 PPP 模式应用研究的内容

通过中国知网 2011～2016 年文献检索发现，PPP 模式、基础设施建设 PPP 模式研究者较多，研究内容丰富；县域基础设施建设 PPP 模式应用研究的成果相对较少，主要研究者有彭程甸、余华、黄拥政、祝子丽、卿文洁等

人。根据检索到的研究文献，国内学者的县域基础设施建设 PPP 模式应用研究主要集中于应用背景研究、应用基础研究、应用原则研究、应用领域研究、应用案例研究、应用优势研究、制约因素研究、应用对策研究八大方面。

（一）县域基础设施建设 PPP 模式应用背景研究

第一，各级政府积极推广 PPP 模式。党的十八届三中全会后，国家发改委、财政部等多个部委陆续出台鼓励推广社会资本参与基础设施建设 PPP 模式的系列政策措施；地方政府大力促推基础设施建设的 PPP 模式，通过完善政策积极促进政府职能转变，为民营资本参与基础设施建设畅通渠道，探索形成可复制、可推广的经验。支磊（2016）提出，目前国家和地方各级政府力推 PPP 模式在基础设施建设领域的应用，既是供给侧结构性改革的客观要求更是“十三五”时期战略调整的迫切需要；赵赟飞（2016）指出，新常态下国家政策的大力支持为 PPP 模式进入基础设施建设领域带来了机遇。

第二，国家大力推进新型城镇化发展。2012 年 11 月党的十八大明确提出“新型城镇化”概念，2014 年 3 月《国家新型城镇化规划（2014—2020 年）》发布，随后国家发改委等 11 个部委联合发文将江苏、安徽和浙江宁波共 62 个城市（镇）列为国家新型城镇化综合试点地区，2015 年李克强总理明确提出“加强资金和政策支持，扩大新型城镇化综合试点”[①]“应用与推广 PPP 模式是解决新型城镇化过程中基础设施建设融资困难的重要举措。”张莹（2015）提出在中国经济发展进入“新常态”、新型城镇化速度加快和传统基建项目“土地财政”难以为继的背景下，必须拓展投融资渠道，基础设施建设引入 PPP 模式。夏琼等（2015）以县域经济“排头兵”晋江为例，结合福建新型城镇化实际数据分析新型城镇化建设主要问题，提出新型城镇化过程引入 PPP 模式的重要意义及对策。

第三，县域基础设施建设融资困难。目前我国县域基础设施投融资体制不合理，融资渠道单一、中央政府对县域基础设施投入潜力有限、地方政府

---

① 李克强．政府工作报告．http：//cpc.people.com.cn/n/2015/0317/ c64094 -26702593.html.2015-03-17/2017-09-18.

财政困境导致无法满足县域基础设施建设的庞大资金需求，县域基础设施建设滞后。陈宸等（2016）以河南宝丰 PPP 项目实施现状为例，提出县域推广运用 PPP 模式是挖掘社会资本市场潜力、推进基本公共服务均等化、实现财税改革服务民生的现实需要；是吸引社会资本、弥补地方政府资金不足、促进新型城镇化持续健康发展的迫切需要；是扼制政府债务增长、防范政府债务风险、化解政府债务的必需之道。余华、彭程甸（2015）探讨县域基础设施建设 PPP 模式应用基础与机制创新时提出，湖南新型城镇化建设存在很多制约因素，“特别是县域基础设施建设的投融资问题，随着社会经济和国家宏观政策的发展变化，依靠政府财政资金、银行信贷和土地出让等方式筹集基础设施建设资金的传统投融资模式已难以为继”。

（二）县域基础设施建设 PPP 模式应用基础研究

县域基础设施建设 PPP 模式应用基础研究文献少。叶帅（2016）探析我国 PPP 模式助推县域经济发展时指出，当前县域发展 PPP 模式的基础主要有城镇基础设施逐步完善、固定资产投资逐年稳步增长、基础设施建设资金投入结构持续优化、社会资本充裕、PPP 应用环境日益成熟。

第一，县域城镇化及县域基础设施建设不断发展。2014 年以来我国不断加快推进新型城镇化建设，同时县域城镇化成为新型城镇化的重中之重。目前城镇常住人口数量快速增长，城镇化率显著提高，城镇化成为拉动国内消费和投资的主要动力。值得强调的是，我国县域城镇化过程中基础设施建设力度不断加大，基础设施建设投入不断上升，为 PPP 模式在县域基础设施建设中的应用提供了重要基础条件。张心怡（2016）认为新型城镇化和基础设施建设投资的巨额融资需求是大力推广 PPP 模式的现实基础。

第二，固定资产投资增加，投资结构持续优化。2016 年以来全国固定资产投资增速、第三产业的基础设施投资增速加快[①]。转型发展环境下投融资体制改革不断深化，投资主体日趋多元化，投资结构不断优化，社会资本特别

---

① 国家统计局.2016 年 1～8 月份全国固定资产投资（不含农户）增长 8.1%. http：// www.stats.gov.cn/tjsj/zxfb/201609/t20160913_1399503.html. 2016-09-13/2017-09-18.

是民间投资进入具有自然垄断性、政府资金和国企投资长期主导的行业领域，社会资本以合资、特许经营等多种方式参与基础设施建设运营，企业投资自主权扩大，市场“发动机”更强劲有力。

第三，适合我国国情的PPP制度环境不断成熟。PPP项目制度建设日益规范，国务院各部委出台了众多PPP政策文件；投融资体制机制不断改革，项目融资能力增强；人才培训和专业化机构建设跟进，专业咨询能力提高；风险共担机制和保险体系建设不断加强，增强社会资本的投资信心。

第四，PPP应用经验累积。全国范围看，2014～2016年伴随着PPP制度体系不断完善、PPP参与方数量和积极性显著增长、PPP项目数量和投资额狂飙突进，三批PPP示范项目呈现项目数量和规模快速增加、行业分类完备、公布信息丰富、管理制度健全的整体发展态势，PPP应用经验不断累积。

（三）县域基础设施建设PPP模式应用原则研究

笔者（2016）从项目选择角度提出了地方基础设施建设PPP模式应遵循的原则，包括贯彻《指导意见》和《操作指南》基本精神、稳定的现金流、低风险低收益、实质重于形式、成熟的盈利模式、见效快等。卿文洁（2015）等从区域选择角度出发，研究得出湖南基础设施建设PPP模式应用的区域选择原则，包括符合国家和湖南新型城镇化规划要求原则、突出重点与兼顾公平并重原则、分类管理与逐步推广并行原则、充分考虑区域PPP应用基本环境原则、注重各区域整体和谐发展原则。综合学者观点，我国县域基础设施建设PPP模式除应遵循PPP模式应用一般原则，如风险分配原则、产出导向原则、切实履约原则、平等合作原则、注重效率原则、合理回报原则、公开透明原则、合法合规原则和鼓励创新原则外，还应遵循如下应用原则：

第一，遵循PPP建设的目标导向原则。我国PPP模式的发展仍处起步阶段，理论与实践尚不丰富，对PPP模式还存在许多思想上和认识上的误区。最值得注意的就是PPP模式的目标导向错误，只把PPP模式看作是一种投资融资机制以解决地方政府财政资金不足的问题或化解债务风险，没有将PPP模式作为一种全新的社会治理模式或项目管理模式来认识。因此，很多学者提出特别是在地方县域层面要深化对 PPP 模式的认识，遵循 PPP 模式的目标导向原则，以发挥 PPP 模式对县域治理的有效作用。

第二，遵循 PPP 是县域发展的工具性原则。县域基础设施建设或县域治理引入 PPP 模式，是为了有效弥补县域层面经济基础薄弱、财政资金有限、建设人才匮乏和治理能力不足等短板，通过发挥 PPP 模式在县域发展中的工具性作用，利用市场化机制的优势，以有效整合县域内资源和力量，促进县域经济社会的发展。

第三，遵循 PPP 的创新发展理念原则。PPP 模式强调双方建立利益共享、风险共担的合作伙伴关系，注重以人为本、协调可持续发展。实践中要摒弃传统的 BOT 而践行 PPP 的创新发展理念。这就要求重视县域 PPP 模式的可行性研究，注重县域 PPP 项目实施方案的编制和审查，加强专业咨询机构选用的规范化管理，坚持以人为本和可持续发展宗旨，不断促进社会公众积极参与社会治理。遵循 PPP 的创新发展理念原则将对未来我国县域 PPP 发展理念创新具有重要促进作用。

（四）县域基础设施建设 PPP 模式应用领域研究

田晓娟等（2015）通过国内典型案例，阐述了 PPP 如何推动地方县域经济的快速发展，指出县域 PPP 模式的主要领域既要涵盖基础设施建设，如城市道路、机场、医院、铁路、学校等，还要包括创新创业产业园、农业产业化项目、农村土地流转等诸多领域。总体看，我国县域基础设施建设 PPP 模式的应用领域主要包括新建基础设施和公共服务基础设施两方面。

第一，新建基础设施领域。新建基础设施是一个地区生存和发展必须具备的工程性设施总称，主要体现在交通运输、环境保护方面，如道路、桥梁、车站、垃圾场、污处理设施等。但只将县域基础设施建设 PPP 模式的应用领域囿于新建基础设施领域不免相对片面，PPP 模式具有广泛的应用范围，除新建基础设施领域外，还包括存量基础设施领域。

第二，公共服务基础设施领域。公共服务类基础设施是指一个地区为社会群众参与政治、经济、文化、社会活动的保障性服务设施。按照具体项目特点可分为医院、通讯、市政道路、雨污水管网、公厕、垃圾站、路灯照明、公园游园、菜市场、停车场等。

（五）县域基础设施建设PPP模式应用案例研究

第一，以PPP项目的涉及领域为案例进行研究。县域基础设施建设PPP项目包括农业发展、水利工程、交通设施、市政建设、公共服务、生态环境等领域。2015年7月国家发改委公开发布北京地铁4号线、重庆涪陵至丰都高速公路、固安工业园区新型城镇化、陕西省延安市黄陵县南沟门水利枢纽工程等13个有一定代表性、示范性的PPP项目案例，这些项目案例几乎涉及PPP模式的全部领域，县域级PPP项目约占项目总数的1/3。宋超（2016）通过对县域生态治理PPP模式进行SWOT分析，认为PPP模式能有效解决当前县域生态治理存在问题，并提出可采用“PPP区域打包模式”将县域内低利润率和高利润率的生态环保项目打包捆绑、组合开发，最大限度提高生态治理效率和社会公共利益。

第二，以PPP项目的操作模式为案例进行研究。按照政府与社会资本的权责，财政部明确界定了三大类六种公私合作运营模式（OM、MC、BOT、BOO、TOT和ROT)。一是外包模式（OM和MC)。可视为传统BT（建设—移交）的改良版，我国县域基础设施领域该模式应用较少。二是特许经营模式（主要是BOT)。县域基础设施建设的各个行业、领域，均有特许经营模式的PPP项目，交通运输领域的河北承德滦平县客运枢纽项目、黑龙江省哈尔滨市依兰县依兰港区货运码头建设工程。三是衍生的DBFO（设计—建设—融资—经营)、DBFOT（设计—建设—融资—经营—移交)、TOT（移交—经营—移交)、ROT（重构—运营—移交)、BLOT（建设—租赁—运营—移交）模式。运城盐湖区大西高铁客站周边的片区开发属于DBFO模式、医疗卫生领域的荥阳人民医院整体建设PPP项目属于BLOT模式。王俊豪、金暄暄（2016）以中国城市基础设施PPP为例，运用轮流出价合作博弈模型，论证股权契约治理是政府和民营企业契约治理的核心内容，为“鼓励民营企业积极参与城市基础设施PPP项目，政府应给予其较大的股权比例”，同时需要形成政府和民营企业股权契约相互制衡机制，提高城市基础设施 PPP 项目契约治理效率。陈新平（2016）认为基础设施 PPP 项目主要组织形式有 BOT、BOOT、BOO、BTO 等，BTO 是最常见形式。

第三，以 PPP 项目的回报机制为案例进行研究。县域基础设施建设 PPP 模式的社会资本投资回报方式主要是三种。一是固定收益。以合同或协议为基础，事先确定社会资本的收益。二是股权。社会资本参与项目建设、运营，根据项目运营成效分红。三是固定收益与股权并行。政府为社会资本的投资回报设定最低利润率，最低利润率无法保证的情况下给予社会资本补贴，运作良好、超过最低利润率的 PPP 项目不予补贴。张汉飞（2013）解读民营企业大汉集团兴建湖南娄底娄星北路的 PPP 模式案例，"政府通过特许权协议授权项目发起人进行项目融资、设计、建造、经营和维护"、通过土地拨付解决县域基础设施资金不足的难题，是传统 PPP 模式与扩展 PPP 模式的有机结合。

（六）县域基础设施建设 PPP 模式应用优势研究

第一，推动融资渠道多样化，缓解县域政府财政压力。将 PPP 模式作为新兴融资模式推广，能够激发市场活力，盘活社会存量资本与存量资产，弥补县域政府财政资金缺口，解决经济转型期县域政府财政承受能力不足难题。研究显示，PPP 模式相比传统模式能为政府节约 17%左右的费用[①]。陈程（2016）认为 PPP 模式能给县域经济发展提供新手段，新常态下能最大限度发挥财政作用，提升公共项目融资水平和运管能力。杨亮（2016）认为资金不足窘境下发展 PPP 模式十分重要，应积极推广 PPP 模式进入县域发展。

第二，促进政府职能服务化，提高公共产品供给质量。PPP 项目合理界定政府与市场关系的同时，通过发挥市场配置资源的决定性作用，挖掘社会企业的巨大潜力，通过签订特许经营合同，将政府的发展规划、市场监管与社会资本的技术优势、管理经验统一协调，实现政府与社会资本的利益共享、

① 中国政府采购供应商网．PPP 模式的优点．http：//www.ccgp.gov.cn/ppp/jx/201506/t20150616_5427205.htm.2017-09-18.

风险共担、科学分工、优势互补，可提高公共物品的供给效率与质量。吴卓瑾等（2014）提出，PPP模式迅猛发展是市场失灵和政府失灵共同作用的结果，PPP模式的广泛应用有利于整合政府与社会资本的优势，推进政府职能转变和服务政府形成，疏解公共服务资金、管理方面的难题，不断提高公共产品供给质量。

第三，实现项目风险最小化，加速社会企业经济发展。PPP模式中不同的风险应由最有该类风险承担能力的一方承担，政府承担政策风险、社会企业承担资金风险、建设方承担承建风险，合理的风险共担方式能降低项目融资难度、提高项目成功率。宏观方面看，社会企业参与县域基础设施PPP项目有利于激发县域社会资本投资活力，促进县域经济进步和福利增长，激发消费需求，通过城乡间纽带形式吸纳更多农村人口、缓解大中型城市人口压力。张心怡等（2016）认为基础设施建设推广PPP模式能降低系统性风险。

（七）县域基础设施建设PPP模式制约因素研究

第一，法规制度不健全。首先是法律、法规不健全。我国尚缺乏规范PPP的完整法律体系，现有法律、法规效力不高，PPP法短期无法出台，成为PPP在县域经济发展中的瓶颈，使得很多项目实施过程中因政府信用缺失而夭折。其次是体制机制不健全。对县域基础设施建设PPP模式而言，最重要的就是投资回报机制和风险收益制衡机制不健全。投资回报不确定性高，加之付费项目缺乏稳定的资金来源和规范的支付机制，PPP项目风险共担、利益共享原则很难实现。再次是运行平台建设制约。因县域经济发展PPP模式的体制机制及配套制度尚未健全、金融保险平台尚未建立、PPP模式的专业化管理机构和管理人才缺失等系列原因，县域基础设施建设PPP模式缺乏良好的平台环境和运营基础。郑英（2016）通过分析县域经济发展的基本状况、政府引进合作伙伴的必要性、PPP模式在县域经济发展中的作用，提出县域基础设施建设PPP模式应用的制约因素主要是PPP并不能减轻财政支出责任、风险和收益制衡机制不健全、法规体系不健全。

第二，县域经济社会发展水平低。首先，县域经济发展不平衡。受地理区位、资源禀赋、经济基础及改革开放力度等诸多因素影响，无论从综合排位还是从发展速度、经济总量等角度看，县市差异较大，发展两极分化严重。其次，县域经济结构发展不合理。一些县市产业结构不优且转型升级步伐缓慢，发展特色不明显，生产经营的基本方式仍然是以传统农业、工业和服务业为主，新的特色产业和优势产业不多，产品单一、产业结构趋同、产业链条短、高附加值产品少。部分县市经济的发展，对资源能源的依赖性非常强，面临资源枯竭的问题。总体上看，县域经济二、三产业发展滞后，导致县域城镇化水平整体偏低。最后，县域财政支付能力有限。一方面，由于县域经济总体发展滞后，因此财力不足，投入主要依赖于国家政策性投资项目和招商引资，自身造血功能作用低。另一方面，县乡两级政府公共产品供给的压力较大，用于发展的投入不足，资金缺口大，保障程度不高，因此，难以支撑 PPP 项目的融资。余华等（2015）通过对湖南省县域基础设施建设 PPP 模式应用基础与机制创新的探究，提出湖南县域基础设施建设 PPP 模式应用的制约因素主要有经济社会发展环境欠佳、地方政府财力不足难以支撑 PPP 项目融资、县域基础设施建设应用 PPP 模式存在较大风险、PPP 运行平台建设受到制约等。

第三，县域政府诚信建设待加强。现阶段 PPP 模式应用中，存在着地方政府信誉缺乏契约精神，地方政府信誉不高；缺乏合作精神，民资参与程度低；缺乏服务精神、依靠权势刁难民资等问题。导致县域基础设施建设 PPP 模式的落地率和民间资本参与程度“双低”问题难以解决。朱寿鹏（2016）认为 PPP 项目实施过程中，地方政府常以换届选举、规划调整或财政紧张等为由，违反或不执行合同约定的法定义务所造成的政府诚信缺位是 PPP 模式运用的重要困境。

（八）县域基础设施建设 PPP 模式应用对策研究

吴美红（2007）在分析 PPP 模式理论和运作思路基础上，提出 PPP 模式应用到基础设施建设应完善相关法律法规制度、完善 PPP 模式准入机制、完善保障措施。万冬君等（2006）以 PPP 融资模式在小城镇的应用为基点，分析 PPP 模式的特点及其与其他融资模式的异同，总结小城镇建设的 PPP 运用模式，提出应建立健全法律法规体系、保证政府政策的稳定性及连续性、培养专业化机构和人才。县域基础设施建设 PPP 模式应用对策主要包括以下方面：

第一，建立健全法律制度。推动县域基础设施 PPP 模式法制建设，应采用自上而下与自下而上实施并重原则，从国家和基层层面双向进行。国家立法应具备全面性和可实施性，内容应包括 PPP 模式定义与应用范围、PPP 模式运作流程、政府部门与社会企业权力界限、公私合作的风险共担、退出机制及信息公开、公众参与制度等。但是，国家立法的涉及面广、内容繁杂、需要时间较长，无法短时间内满足人民对基础设施建设的需求。国家立法的同时，县域政府应依据当地社会发展情况，制定适合县域 PPP 模式发展的规章制度，对特许经营合同管理、行业规范、项目流程作出明文规定。

第二，促进县域经济发展。首先，促进县域经济发展要不断推进思想解放。树立市场对资源配置的主导作用意识，用市场经济观点思考出现的各种新情况、新问题，克服“等待观望”意识，始终把经济建设、县域城镇化作为县域发展第一要务。其次，以科学发展观为指导加快县域经济结构调整和转变县域经济发展方式。必须立足县域经济社会发展和县域资源优势的客观实际，做好县域特色产业发展规划，形成县域资源利用到县域产业发展、县域城乡开发到县域民生改善的完整规划体系，培育发展特色产业，走城乡统筹、产城融合、特色鲜明的县域经济发展道路。再次，加快发展绿色农业、推进农村工业化进程、大力发展农村第三产业、加快推进城乡一体化进程。

第三，完善诚信监督机制。首先，完善县域基础设施建设 PPP 模式准入审批机制。确定公私合作准入领域，制定负面清单，界定社会资本准入条件，避免准入门槛过高导致社会企业动力不足和公共物品提供的质量和效率低下的情况。其次，完善 PPP 模式监管机制。可根据县域发展实际情况，成立专门的 PPP 模式监督部门，加强对 PPP 模式的政策及资金监管，降低 PPP 项目因政策变动和资金不足产生的风险。再次是对 PPP 模式进行绩效评估，一方面要将项目建设效率、完成质量与企业利润挂钩，实现良好的公共效益的同时，对私人企业降低生产成品、提高经济效益起到激励作用。另一方面要将政府部门的社会资本引入情况与失信违约情况纳入个人政绩考核，提高政府信誉，促进社会资本的引入。再次，形成明确的责任追究制度，PPP 模式建设发生问题时，对相关机构及责任人进行责任追究，确保责任到人。最后，完善 PPP 模式风险调控机制，一方面要明文规定政府部门与私人企业权责界限，形成明确合理的工作分工；另一方面要在特许经营合同中充分贯彻落实“风险由最有承担能力的一方承担”的原则，列出可能发生风险，细化落实。允许风险发生时，酌情对原有合同条款进行调整，如延长工期、提高利润率等。

第四，构建良好融资环境。一是扩宽融资渠道。除公私合作新兴融资模式外，政府部门可通过土地出让进行融资，引导社会资本对废弃用地进行改造利用，实现公共利益和社会利益的双赢；债权融资与股权融资并行也是一种可行方案，县域政府在财力不足的情况下可授予社会资本部分 PPP 项目股权，鼓励社会企业参与管理。二是实行优惠政策。适当简化县域基础设施 PPP 项目融资流程、降低准入门槛，采取利息补贴、降低税收、设立 PPP 项目融资支持基金等提高社会资本参与积极性。

三、县域基础设施建设 PPP 模式应用研究的不足

通过对中国知网（CNKI）检索获得的文献资料进行梳理整合，总结我国学界县域基础设施建设 PPP 模式应用领域的研究现状，发现县域基础设施建设 PPP 模式研究存在的问题。

第一，研究领域具有局限性。中国知网检索获得的 1 099 篇文献，基础设施建设和 PPP 模式相关问题的研究文献较多。检索时加上县域、区域或地方等范围限制关键词后，获得文献非常少，只有 9 篇。这表明当前我国学者对基础设施建设 PPP 模式的研究视角主要集中在定性及具体基础设施领域应用的问题探讨上，对县域基础设施建设 PPP 模式应用研究尚处起步阶段，还未进入广大学者视野，很少从县域经济发展的视角对基础设施建设 PPP 模式加

以系统研究。通过研究热点关键词图表（表3—1）可以看出，该领域的研究关键词主要是PPP模式、基础设施、项目融资等；涉及该领域具体运行环节的关键词，如特许经营、风险管理、BOT模式等出现频率较低。因此，我国县域基础设施PPP模式研究仍处于宏观理论阶段，对微观个体的实践研究有待进一步加深。

第二，研究主体关联度低。观察重要研究者图谱（图3—1）及重要研究机构图谱（图3—2），大部分学者和研究机构的节点呈孤立分布，只有少数学者和研究机构的节点间存在连线，彼此间存在合作关系，表明当前我国基础设施建设领域PPP模式研究主体独立性较强，对该领域研究的整体发展牵引作用不强。

第三，研究内容持续性弱。2001～2016基础设施建设PPP模式研究趋势图谱（图3—3）显示，我国基础设施建设PPP模式应用领域的研究热点不断变化，特别是近几年经济新常态下政策调整，该领域研究侧重点亦从PPP模式自身转向社会资本与经济发展。适应政策导向的研究主题具有重要的时代意义，但这一现象同时降低了该领域的研究连续性与继承性，不利于研究的持久深入发展。

四、县域基础设施建设PPP模式应用研究的展望

第一，研究领域将会不断扩展。近年来国家大力倡导发展新型城镇化，对中小城镇及县域经济支持力度不断增强，学界对PPP模式应用的关注范围逐渐从大中型城市向中小城市转变，县域基础设施建设PPP模式应用领域的关注度日益上升。同时，随着研究不断深入，该领域中如特许经营、风险管理、制度建设、诚信监管等具体环节的相关研究将不断丰富，不断完善，微观化研究趋势将不断增强。

第二，研究合作关系将会更加紧密。研究主体关联度低、研究成果孤立分布，是导致县域基础设施建设PPP模式应用领域研究缺乏整体性的主要原因。笔者认为，未来的研究趋势将侧重于改变该领域当前碎片式的研究现状，促进各个研究机构团结协作，完善相关研究人员团队建设，形成协同一体化

的研究体系。

第三，研究内容的持续性将会不断增强。未来研究中，我国学者将更加注重国家政策的基本导向作用与该领域研究系统性的有机统一，在紧扣政策导向和时代主题基础上，不断加强该领域热点主题的研究力度，深化研究联系，使各个孤立的主体融入该领域研究的系统化体系中，实现研究系统性与整体性的兼容发展。

第二节　县域基础设施建设公私合作的项目与模式选择[①]

县域基础设施建设公私合作有助加快新型城镇化建设步伐。课题组根据区域经济协调发展理论、国家新型城镇化规划和湖南省新型城镇化规划要求及翔实的数据分析，指出“今后相当长时期内，湖南新型城镇化建设的重心都应定位于县（市）和乡镇。湖南推进新型城镇化建设，重点应是大力建设和改善县（市）域范围内的县城及乡镇的基础设施”；基于区域经济发展不平衡的现实环境，提出“新型城镇化过程中，县（市）、乡镇基础设施建设运用 PPP 模式，必须选择一定区域、一定项目进行试点，不能短时间内全面铺开，应当在区域、项目试点取得成功经验后再逐步推广”，在深入分析区域选择原则基础上提出“明晰 PPP 模式应用县（市）示范点的选择标准”“合理引导特色城镇作为 PPP 项目乡镇示范点”的对策建议；基于基础设施建设 PPP 模式应用现有制度的梳理及其缺陷的具体分析，提出了优化合同管理、行业管理、风险防范与风险分担制度等对策建议。拟以相关研究成果为基础，对县城、乡镇基础设施建设公私合作的项目选择、模式选择、项目与模式的耦合管理及风险分配、绩效评价进行深入探讨。

① 彭程甸、祝子丽、彭至乐：《县域基础设施建设公私合作的项目与模式选择》，载于《会计之友》2016 年第 21 期。

一、县域基础设施建设公私合作项目的选择

（一）县域基础设施建设公私合作项目的选择原则

第一，贯彻《指导意见》和《操作指南》基本精神。为了指导政府和社会资本合作、鼓励和引导社会资本投资公共建设领域，2014年12月国家发展改革委和财政部两个部委分别颁发《关于开展政府和社会资本合作的指导意见》《政府和社会资本合作模式操作指南（试行）》等重要文件。《指导意见》规定，PPP模式重点适用于适宜市场化运作的公共产品和公共服务，包括市政、交通、公共服务、资源环境和生态保护等项目①，明确经营性项目、准经营性项目和非经营性项目应当分别适用具体的PPP模式。《操作指南》规定，“投资规模较大、需求长期稳定、价格调整机制灵活、市场化程度较高的基础设施及公共服务类项目，适宜采用政府和社会资本合作模式。”② 根据《指导意见》和《操作指南》基本精神，有别于省域层面大力推广运用PPP模式主要集中在“公路、铁路、‘两供两治’、‘两房两棚’、城市综合管廊、海绵城市等重大基础设施建设”上，县城、乡镇引进社会资本参与基础设施建设，可供选择的项目主要是市政设施和旅游、健康养老等公共服务项目。

第二，稳定的现金流。基础设施建设项目的现金流是基础设施项目筹资、投资、建设、经营活动过程产生的现金流出、现金流入及其总量的总称。项目具有稳定的现金流说明其具有稳定的获取现金能力、稳定的偿债能力及可预期的收入能力，可以作为考量项目投资的标准。考虑应用PPP模式的行业与区域时，应当选择自身易于产生稳定现金流的项目以及经济发展水平较高、政府财政较充足和社会资本较发达的地区，具体到县城、乡镇基础设施建设应用PPP模式，主要应限于准经营性基础设施项目，项目具有有限经营性和盈利性且项目现金流一般不大，有赖政府支持和企业投资。

---

① 国家发展改革委．国家发展改革委关于开展政府和社会资本合作的指导意见．http：//www.ndrc.gov.cn/zcfb/zcfbtz/201412/t20141204_651012.html，2014-12-02/2015-12-28.

② 财政部．政府和社会资本合作模式操作指南（试行）．http：//jrs.mof.gov.cn/zhengwuxinxi/zhengcefabu/201412/t20141204_1162965.html，2014-12-04/2015-12-28.

第三，低风险低收益。基础设施项目多属准公共产品，具有前期投入大、投资周期长、投资回报率低等特点。为平衡项目投资者和社会公众利益，一方面，政府部门应建立 PPP 项目风险补偿机制。对于基础设施建设应用 PPP 模式的项目收益预期无法达到预算目标或出现亏损的情形，经查实非投资方因素造成后，财政部门应给予项目投资者一定比例的补偿，确保项目投资方的利益，确保“低风险”。另一方面，应建立超额收益分享机制。当项目收益超出预期目标时，应当下调公共产品或服务价格或减少财政补贴、提高财政分成比例，并将该部分收益用于提供社会公共服务，反馈社会公众，确保“低收益”。项目风险补偿机制与超额收益分享机制都应当在合同中明确规定。

第四，实质重于形式。县城、乡镇基础设施建设应用 PPP 模式应当实质重于形式。一要明确项目合作期限。PPP 项目的合作期限，原则上应当不低于 10 年。必须对 PPP 项目“去伪存真”，严禁以保底承诺、回购安排、明股实债等方式变相融资，将非 PPP 项目包装成 PPP 项目，坚决杜绝忽视项目全生命周期价值的“假 PPP 项目”存在。二要重视项目合规审查。项目合规包括主体合规、客体合规、程序合规，这是 PPP 项目评审的重要标准，国有企业和融资平台公司不能作为政府方签署 PPP 项目合同。三要构建“能进能出”的示范项目管理机制。制定示范项目的过程考核标准，对已列入示范项目名单的项目定期进行考核，对不符合示范条件或交易结构发生重大变化不能采用 PPP 模式的，应取消其示范资格，不能享受示范项目的各项政策优惠。四是严格项目的财政承受能力论证。确保 PPP 项目的财政支出责任能够得到落实。

第五，成熟的盈利模式。县城、乡镇基础设施建设应用 PPP 模式应重点考虑具有成熟盈利模式的项目。基础设施项目的盈利模式是指项目利益相关者创造价值、获取价值、分配成本及利益的结构和机制。具有成熟的盈利模式，说明项目能够按照一定的模式成熟、稳定运行，能够保证项目的成功和投资的回报。应用 PPP 模式，政府方主要是为了实现公共利益，社会资本主要是为了获取经济利益，具有成熟盈利模式和商业前景的项目更具投资吸引力。

第六，见效快。湖南新型城镇化的阶段目标是2020年全省常住人口城镇化率达到58%，实现农业人口向城镇人口转移850万人，相应要完成改造和新建能够承载大量新增城市人口的基础设施[①]。短短六年时间要保质保量完成该目标，时间紧、任务重。县城、乡镇基础设施建设PPP模式试点项目选择过程中，应尽量选择项目周期短、见效快的项目，争取较短时间内发挥PPP模式的优势，尽快积累县城、乡镇基础设施建设运用PPP模式的经验。

（二）县域基础设施建设公私合作项目的选择条件

县域基础设施建设公私合作项目的选择条件是选择原则的具体化。立足国家新型城镇化规划的指导精神以及国家发展改革委和财政部等部委关于PPP项目行业选择的建议，结合湖南省新型城镇化规划的现实需求，省域内县城、乡镇基础设施建设应用PPP模式的项目应当符合以下具体条件：

第一，价格调整机制灵活。公共设施的使用价格可根据地方发展和项目运营实际情况灵活调整，既保证投资方收回成本并获取一定利润，又确保产品价格不会过高，保证社会效益。

第二，市场化程度较高。即项目可以通过市场化的方式进行操作，行政干预少，项目运行高效透明。

第三，需求长期稳定。即投资的项目应该具有长期的需求，能有足够的时间收回成本并盈利。

第四，有规模效应。投资规模相对较大，能够形成规模效应。

第五，有稳定的现金流和成熟的盈利模式。项目建设、运营有足够的资金支持，能够稳定的获取利润和分配利润。

第六，项目周期相对较短、成本相对较低。城镇化发展定位高，对基础设施的需求迫切，项目周期短能较快见到成效。成本相对较低，能够控制投资风险，降低地方政府负担，更好吸引社会资本投资。

① 湖南省人民政府．湖南省推进新型城镇化实施纲要（2014～2020年）．http：//hn.rednet.cn/c/2014/11/06/3514390_1.htm，2014-11-06/2015-12-28.

（三）县域基础设施建设公私合作项目的性质甄别

考察国内外已有 PPP 项目，主要集中在基础设施建设、公共服务项目建设和生态环保项目建设等领域。遵循县域基础设施建设公私合作项目选择原则和具体选择条件，湖南省域内县城、乡镇基础设施建设的 PPP 模式试点行业项目，可以选择自来水厂、污水处理厂、垃圾转运站或处理场、客运站、休闲广场、集贸市场、学校、幼儿园、卫生院、敬老院、样板街、标准居住小区等 12 个行业项目。这些项目是国家新型城镇化规划和湖南新型城镇化规划明确要求建设的基础设施，既符合国家项目选择指导意见，又符合县城、乡镇基础设施建设特点，最能满足县城、乡镇居民基本需求。

根据经营性质判断，休闲广场是为县城或者乡镇居民提供休闲娱乐服务，具有非排他性和非竞争性，是非经营性项目。污水处理厂、中小学校等项目具有一定的可销售性和经营性，但其盈利能力不足以抵偿投资，社会效益大于经济效益，仅靠市场化机制无法完成建设经营目标，而且县城、乡镇的污水处理厂、中小学校等设施，规模小、使用率低，需要充分发挥政府和市场的合作力量；汽车客运站有较强的经营性，但县城、乡镇客运站建设出发点是提供公共交通服务，受县城、乡镇客运站规模限制，应视为准经营性项目。集贸市场、样板街、居住小区不具有非排他性和非竞争性，是经营性项目。

二、县域基础设施建设公私合作模式的选择

基础设施建设 PPP 项目运作模式数十种。仔细辨析，很多 PPP 具体模式仅仅是项目全生命周期某一阶段的操作形式不同，实质内容基本相同。笔者根据 PPP 项目在建设期、特许经营期内和特许经营期后三个阶段所有权的归属不同，划分为政府主导型、政府一私人投资者主导型、私人投资者主导型三类基本模式，重点比较 BTO、BOT、ROT、TOT、BOO 等主要 PPP 模式。

（一）政府主导型模式

政府主导型模式的主要特征是政府在 PPP 项目的全寿命周期内拥有所有权，包括 BTO（Build－Transfer－Operate 建设—转移—运营）和 BT（Build－

Transfer建设—转移）等具体模式，BTO是政府主导型模式的典型代表。BTO模式的特点是私人部门进行融资和建设；公共设施建成后，私人部门把公共设施的所有权转移给政府；政府再与私人部门签订租赁合同，由私人部门租赁经营；租赁期间，私人部门获取一定的投资回报。BTO模式适用于多数公共产品和公共服务项目，如停车设施、医院、图书馆、机场、剧场和游泳池等项目的建造及运营。BTO模式的优点是政府能直接获取私人部门专业技术的外部效益，享受私人经营的高效率，强化公共服务的质量控制，达到节约建设、设计和运营成本和提高效率的目标；对未能达到公共服务标准和绩效考核要求的BTO项目，政府可以单方面终止契约。BTO模式的缺点体现在私人资本具有较强的自利性，政府的购买成本相对较高，对财政的支持力度较小；私人部门破产或者违约时，政府继续经营或终止协议都将面临困境。

（二）政府一私人投资者主导型模式

政府一私人投资者主导型模式的主要特征是特许经营期内私人投资者拥有PPP项目的所有权，其他阶段PPP项目的所有权属于政府，包括BOT（Build－Own－Operate－Transfer）、BOOT（Build－Own－Operate－Transfer）、ROT（Renovate－Operate－Transfer）、POT（Purchase－Operate－Transfer）、BOOST（Build－Own－Operate－Subsidy－Transfer）、BLT（Build－Lease－Transfer）、TOT（Transfer－Operate－Transfer）等多种模式。

第一，建设—运营—转移（BOT）、建设—运营—拥有—转移（BOOT）。BOT、BOOT两种模式的共同特点是政府给予私人部门一定的特许经营权，私人部门负责项目的融资、建设、运营、维护和管理，并在运营期间向使用者收取合理费用以回收投资成本和获取投资收益，特许期满后再将项目所有权交给政府。BOT、BOOT模式适用于大部分基础设施和公共设施，包括自来水厂与污水处理厂、娱乐设施、机场、文化教育、停车设施及固体废物处理设施的建造与运营。BOT、BOOT模式的共同优点是盈利状况稳定，对私人部门吸引力强，较易获取社会资本参与并进行债务融资；能最大限度利用私人部门的各项资源，特别是先进管理模式，有效降低项目风险，加快项目建设进程；同时，项目成本控制较严，为降低自身风险，私人部门更愿意采用全项目生命周期的成本计算方法。BOT 和 BOOT 模式的共同缺点是项目合同的设计更为复杂，合同的签订耗时更长，需要构建合同管理和项目运营监管体系，一旦出现私人部门违约或运营不善的情形，政府部门需要重新介入，增加项目成本和风险；同时，私人部门在较长经营期内拥有特许权，政府可能丧失项目建设和运营的控制权，出现项目与公共规划或环境要求相冲突的情形。

第二，重整—运营—移交（ROT）。ROT 模式的特点是政府部门授权给私人投资者，对已建但过时、陈旧项目，未建完或未达标项目等进行改造更新，投资者经营若干年后再转让给政府。多数已建基础设施项目均可采用 ROT 模式。ROT 模式的优点是能提高已建公共设施的利用率，为政府部门节约现有公共设施改造、更新和扩建的资金投入；稀释项目融资风险，能利用私人部门的成功经验实现过时、陈旧项目的市场化管理，提高建设速度和运营效率。ROT 模式的缺点是已建项目设施的后续更新不包括在合同中，难以保证后续设施建设的顺利开展，合同的变更可能增加成本和风险，政府部门需要构建较为复杂的合同监管程序。

第三，移交—经营—移交（TOT）。TOT 模式的特点是政府将已建项目一定期限的所有权或经营权有偿转让给私人投资者进行运作管理，合同期内投资者通过使用者付费获取合理回报，合同到期后再将项目交还政府部门。TOT 模式适用于水利、污水处理、桥梁、公路、电厂、水厂等基础设施项目。TOT 模式的优点是只涉及已建基础设施经营权的转让，不存在产权、股权的让渡，能有效保证政府对公共基础设施的控制权；有利盘活国有存量资产，实现国有资产保值增值，同时为新建基础设施筹集资金。TOT 模式的缺点是对政府筹集新建项目资金、减轻政府财政压力作用不大；需要加强国有资产评估，防范国有资产流失。

（三）私人投资者主导型模式

私人投资者主导型模式的主要特征是特许经营期内和期后的项目所有权

均属私人部门，典型代表是BOO（Build－Own－Operate建设—拥有—运营）模式。BOO模式的特点是私人部门全面负责项目融资和建设并拥有设施的所有权，协议规定范围内进行永久性经营，对外提供公共产品和公共服务，承受所有运营风险。BOO模式适用于多数基础设施和公共设施，如自来水厂与污水处理厂、停车设施、老人福利院、通信、娱乐设施及机场。BOO模式的优点是政府部门不干涉项目的建设与经营，只对项目运作流程进行监管，给私人部门经营管理提供极大的自由度，使之能以最有效的方式提供服务；政府部门无须投入资金进行项目建设，能有效减轻财政压力。BOO模式的缺点是对于纯公共性质或准公共性质的产品或服务，私人部门缺少建设或经营动力；需要政府部门制定必要的法规制度规范私人部门行为，管制服务价格。

三、县域基础设施建设公私合作的项目与模式耦合管理

（一）县域基础设施建设公私合作的项目与模式耦合

第一，非经营性、准经营性、经营性项目的PPP模式耦合。首先，县城、乡镇非经营性基础设施项目与PPP模式的耦合。休闲广场属非经营性项目，对私人资本没有吸引力，政府要承担投资责任。县城、乡镇政府多数财政拮据，可采用BT模式，由私人资本负责建设，验收合格后转移给政府，政府采用分期付款形式支付费用，一方面缓解县级和乡镇政府财政压力，另一方面提高休闲广场建设水平。县城、乡镇休闲广场还可以采用BOT模式，政府特许投资者在广场上开发配套经营项目，广场所有权属于政府，由投资者建设并经营一定年限后将经营权转让给政府。其次，县城、乡镇准经营性基础设施项目与PPP模式的耦合。县城、乡镇准经营性基础设施项目，通过使用者付费无法完全覆盖成本，社会资本投资风险大，应采取县城、乡镇政府和社会资本利益共享、风险共担的PPP模式。一是财力较好的县城、乡镇可由政府和民营企业共同投资成立项目公司，社会资本经营项目年限应较短。二是财力不足的县城、乡镇可以由政府采取减免税费、财政补贴、提供土地资源补偿等优惠政策，承诺提供贷款、融资、保险支持，适当延长私人经营项目的年限。通过政府与私人资本全程合作，共同建设经营项目。三是敬老院、

学校等国家大力提倡引入社会资本举办的项目，可以采取BOO模式，由社会资本建设、拥有所有权和经营权，即民办敬老院和民办学校，各级政府提供税收、贴息、减免水电费用等各种扶持。再次，县城、乡镇经营性基础设施项目与PPP模式的耦合。县城、乡镇的经营性基础设施项目，投资方一般能够盈利，应采取BOT、ROT、DBFO、DBTO、BOO等模式，由社会资本负责建设、经营，项目所有权属政府，确定合理的经营年限和灵活的价格调整机制，同时必要时进行补贴和支持，既保证社会资本的合理收益，又要符合县城、乡镇居民消费能力，满足居民基本需求。

第二，存量项目和增量项目的PPP模式耦合。国家关于基础设施存量项目和增量项目应用PPP模式的政策有区别。融资平台公司利用“转让—运营—移交”（TOT）、“改建—运营—移交”（ROT）方式将存量项目转为PPP项目，化解政府债务风险、降低债务成本、盘活国有存量资产、提高资源使用效率是国家鼓励的；新增项目应用PPP模式，主要考虑的是政府财力不足以负荷新型城镇化建设进程。县城、乡镇应当结合存量项目与增量项目的权重，谨慎选择基础设施建设的具体PPP模式。

对现处于运营阶段的县城、乡镇基础设施项目，可通过POT、TOT、LOT（Lease－Operate－Transfer）、运营与维护协议（Operation & Maintenance Contract）等方式转移给私人投资者。已经处于运营阶段的基础设施项目不存在“建设”环节，大大降低了PPP模式的风险，具有足够吸引力引进社会投资。对县城、乡镇需要整改、扩建的已有基础设施项目，可以通过ROT、LBO（Lease－Build－Operate）、BBO（Buy－Build－Operate）、扩建后经营整体工程并转移等方式引进基础设施的更新投资。改建、扩建县城、乡镇已有基础设施的风险大大低于新建基础设施的风险，对社会投资者仍具有较大的吸引力。对县城、乡镇新建基础设施项目，可以通过BOT、BOOT、BTO、BLT、BOOST等方式，最大限度引进私人部门的资金资源，降低财政风险。

（二）县域基础设施建设公私合作项目的风险分担

县城、乡镇基础设施建设项目所有权的拥有者应当承担相应的风险，项目不同阶段的所有权归属不同，风险承担者及其承担的风险性质、风险大小不同，因此不同项目、不同PPP模式的风险分配方案应当有所差异。

县城、乡镇基础设施建设PPP模式的风险主要有三类。一是自然灾害及不可抗力事件产生的风险。台风和地震等自然灾害造成的损失、运营阶段物价变动造成的损失、国家法律制度变动造成的损失，属系统性风险，风险的产生与地方政府行为、私人投资者行为无关，更不是直接针对PPP项目或者单独针对PPP项目的风险。二是地方政府诚信不足的风险。地方政府官员换届引起城市规划调整、地方政府PPP政策变化、地方政府对项目运营权限的调整，均属于地方政府诚信建设问题。PPP项目建设、运营周期较长，此类风险难免，私人投资者做项目投资筹划过程中应予充分考虑。三是PPP项目运作过程中，政府部门和项目投资者以外的第三人行为造成的损失。

按照PPP模式不同，PPP项目的风险分配方案有政府承担、政府和私人投资者分担、私人投资者承担三种。风险承担应与项目所有权保持一致，私人部门获得项目所有权、经营自主权和增加收益的同时，风险随之增加。地方政府与私人投资者选择县城、乡镇基础设施建设PPP项目具体模式时，应当充分考虑政府与私人投资者合作伙伴关系的可持续性，全面考察项目风险发生概率及其需要承受的风险程度，防范因风险过高导致PPP项目运营失败。

（三）县域基础设施建设公私合作项目的绩效评价

基础设施建设PPP模式合作伙伴选择的指标体系构建、区域绩效评价体系构建，课题组已有探讨。县城、乡镇基础设施项目应用PPP模式的绩效评价，是对PPP项目自身效果实现程度及其对所在区域社会改善程度的评价，可有效检测项目选择是否正确，以便及时中止或修正不合适的选择。应当建立政府、使用者共同参与的，包括项目时间、项目质量、项目经济效益、项目社会测度、项目运营效率和各方满意度等内容的项目绩效评价体系。

第一，项目时间。县城、乡镇居民对基础设施需求迫切，政府与投资者应明确项目建设期限，投资方应尽量减少建设时间、增加运营时间，让居民尽早享受公共服务、享受更多的公共服务。

第二，项目质量。应当聘请专业评估机构评测工程质量（项目设计的适用性、可建造性，项目建设的经济性、环保性）、硬件设施的质量和可维修性（项目硬件设施是否质量可靠、出现问题后是否容易维修）、运营质量（项目运营后所生产产品和所提供服务的质量与可靠性）等。

第三，项目经济效益。从项目成本和收益两方面评价，设计合理的财务指标体系计算项目成本费用和收入，得出 PPP 项目的内部收益率。

第四，项目社会测度。通过测度 PPP 项目对当地生态环境和居民生活质量的影响及对社会需求状况改善程度，反映其达成的社会效益。

第五，项目运营效率。通过净资产收益率、总资产报酬率、总资产周转率、资产负债率、资本积累率等财务指标反映。

第六，各方满意度。要衡量政府、投资者、使用者三方对项目的满意程度，考察各方关心的问题是否得到满意解决、各方需求是否得到满足。

综上，县域基础设施有非经营性、准经营性、经营性之分，PPP 模式有政府主导型、政府一私人投资者主导型、私人投资者主导型之别，应秉持稳定的现金流、低风险低收益、实质重于形式、成熟盈利模式、见效快等原则，综合考虑县城、乡镇基础设施项目与 PPP 具体模式的耦合。县城、乡镇基础设施建设的 PPP 模式应用应当选择合适的风险分配方式、加强 PPP 模式应用项目的绩效评价和建立 PPP 示范项目的“能进能出”管理机制。

第三节　县域基础设施建设 PPP 模式的应用基础与机制创新[①]

近年来湖南新型城镇化建设取得显著成效，道路交通、供水、供电、燃气、园林绿化、污水和垃圾处理等基础设施大大改善；但是，2020 年实现常住人口城镇化率 58%的目标存在很多制约因素，特别是县域基础设施建设的

① 余华、彭程甸：《县城基础设施建设 PPP 模式的应用基础与机制创新》，载于《湖南财政经济学院学报》2015 年第 4 期。文中数据，除有特别说明外，均根据历年湖南省统计年鉴、各市州统计年鉴以及市县政府统计公报统计整理获得。

投融资问题，随着社会经济和国家宏观政策的发展变化，依靠政府财政资金、银行信贷和土地出让等方式筹集基础设施建设资金的传统投融资模式已难以为继。2014年11月至2015年2月，课题组采用文献研究、个别访谈、个案分析、实地考察等方法，对浏阳、沅江、衡南、资兴、永兴等县（市）进行重点调研，基本摸清湖南城市基础设施建设现状，在目前投融资面临的制约因素基础上，探索新型城镇化背景下社会资本通过PPP模式参与县和县级市（简称县（市））以及乡镇基础设施建设的有效路径。

一、湖南新型城镇化与县域基础设施建设的环境

（一）湖南城镇化水平不断提高但总体水平较低

随着经济社会不断发展，湖南新型城镇化建设稳步推进。2013年年末湖南常住人口达6 690.6万人，其中城镇人口3 208.81，乡村人口3 481.79，城镇化率47.96%，相比2004年的35.5%增长12.46%；2004～2013年湖南省城镇化率呈逐年上升势态，但增速较缓，年增长率为3.05%。与全国平均城镇化水平比，2004～2013年湖南城镇化率低于全国平均水平，2013年湖南城镇化率（47.96%）比全国平均城镇化率（53.75%）低了5.79个百分点（图3—4）。可见，在全国城镇化水平持续提高的趋势下，湖南城镇化总体水平仍有大幅提升空间。

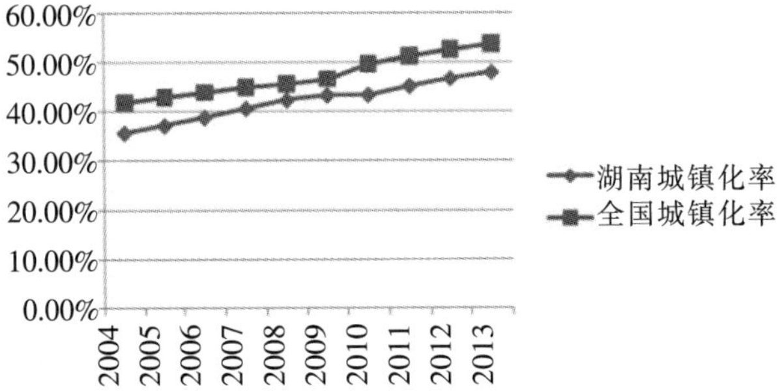

图3—4　2004～2013年湖南省城镇化率

（二）湖南各市州城镇化水平差距凸显

图 3—5 显示 2013 年湖南省 14 个市州的城镇化率，可以发现各市州城镇化率差距显著。2013 年，长沙、株洲、湘潭、岳阳的城镇化率达到 50％以上，衡阳、郴州的城镇化率位于 45％～50％之间，常德、益阳、张家界、永州、娄底、怀化的城镇化率位于 40％～45％之间，湘西自治州和邵阳市的城镇化率均低于 40％。城镇化率最高的长沙（70.3％）与最低的邵阳（38.4％）相差 31.9 个百分点，9 个市州的城镇化率低于湖南平均水平（47.96％）。可见，湖南各市州城镇化水平极不均衡，绝大部分资源被投入长株潭及周边城市的城镇化建设，大湘西地区的城镇化基础设施建设亟待政府的政策扶持和积极引导。

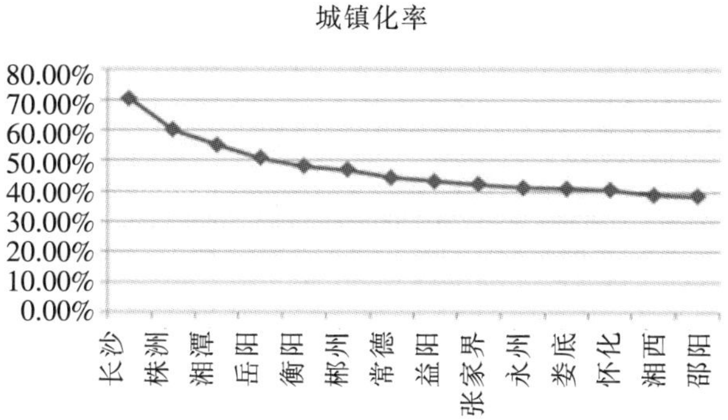

图 3—5　2013 年湖南 14 个市州城镇化率（单位:％）

（三）湖南县（市）一级的城镇化水平分化显著

表 3—2 显示 2013 年湖南省县（市）区的城镇化分布。数据统计得知，湖南 124 个县（市）区中，城镇化率大于 95％以上的市区 7 个，位于 90％～95％的市区 5 个，位于 85％～90％的市区 5 个，位于 80％～85％的市区 4 个，位于 75％～80％的县（市）区 3 个，位于 70％～75％的县（市）区 2 个，位于 65％～70％的县（市）区 2 个，位于 60％～65％的县（市）区 6 个，位于 55％～60％的县（市）0 个，位于 50％～55％的县（市）8 个，位于 45％～50％的县（市）7 个，位于 40％～45％的县（市）15 个，位于 35％～40％的

县（市）25个，位于30%～35%的县（市）23个，位于30%以下的县（市）12个。其中，城镇化率大于75%以上的24个县（市）全为主城区，城镇化率位于60%～75%之间的10个县（市）只有吉首市、津市市和资兴市3个县（市），其他7个都是主城区，就是说湖南城镇化率大于60%以上的34个县级行政区域只有3个县（市）。

表3－2　2013年湖南省县（市）的城镇化率（单位:%）

县（市）区	城镇化率	县（市）区	城镇化率	县（市）区	城镇化率
芙蓉区	100.00	洞口县	35.20	桂东县	37.31
天心区	99.42	绥宁县	26.81	安仁县	38.44
岳麓区	85.17	新宁县	34.02	资兴市	60.28
开福区	97.82	城步县	27.93	零陵区	52.56
雨花区	99.04	武冈市	35.23	冷水滩区	64.38
望城区	52.24	岳阳楼区	89.99	祁阳县	40.72
长沙县	54.42	云溪区	63.5	东安县	34.79
宁乡县	46.95	君山区	52.84	双牌县	37.08
浏阳市	52.22	岳阳县	42.28	道　县	38.46
荷塘区	95.02	华容县	40.97	江永县	32.06
芦淞区	83.78	湘阴县	43.00	宁远县	36.61
石峰区	93.72	平江县	37.30	蓝山县	41.48
天元区	76.05	汨罗市	50.29	新田县	33.64
株洲县	27.29	临湘市	44.59	江华县	33.55
攸　县	52.00	武陵区	87.93	鹤城区	92.38
茶陵县	47.88	鼎城区	44.51	中方县	30.04
炎陵县	44.51	安乡县	36.49	沅陵县	33.51
醴陵市	52.40	汉寿县	33.23	辰溪县	31.98
雨湖区	84.70	澧　县	38.10	溆浦县	31.63
岳塘区	95.66	临澧县	41.73	会同县	29.90
湘潭县	33.73	桃源县	31.50	麻阳县	29.87
湘乡市	34.02	石门县	35.49	新晃县	30.36
韶山市	40.25	津市市	65.27	芷江县	28.12
珠晖区	91.00	永定区	49.84	靖州县	43.03
雁峰区	96.00	武陵源区	62.5	通道县	28.01
石鼓区	93.12	慈利县	39.41	洪江市	37.41
蒸湘区	90.68	桑植县	34.61	洪江区	88.94

续表

县（市）区	城镇化率	县（市）区	城镇化率	县（市）区	城镇化率
南岳区	67.89	资阳区	49.68	娄星区	87.50
衡阳县	35.95	赫山区	64.44	双峰县	27.80
衡南县	36.55	南　县	38.43	新化县	28.73
衡山县	35.65	大通湖区	39.70	冷水江市	76.65
衡东县	34.72	桃江县	37.79	涟源市	30.69
祁东县	38.28	安化县	27.46	吉首市	72.27
耒阳市	47.73	沅江市	46.24	泸溪县	38.94
常宁市	47.00	北湖区	80.61	凤凰县	29.21
双清区	82.89	苏仙区	62.76	花垣县	36.40
大祥区	76.18	桂阳县	42.87	保靖县	35.81
北塔区	70.65	宜章县	39.56	古丈县	34.93
邵东县	44.43	永兴县	43.56	永顺县	33.64
新邵县	31.00	嘉禾县	42.78	龙山县	33.41
邵阳县	32.49	临武县	36.12	汝城县	31.20
隆回县	26.56				

第一，仅从县（市）数量分布看，大部分县（市）城镇化水平均处于低水平状态，城镇化率低于40%的县（市）60个，占县（市）区总数的48.39%；低于湖南城镇化平均水平（47.96%）的县（市）80个，占县（市）区总数的64.52%。第二，从县（市）区域分布看，长（芙蓉区、岳麓区、开福区、天心区、雨花区）株（荷塘区、芦淞区、石峰区、天元区）潭（雨湖区、岳塘区）及衡阳（珠晖区、雁峰区、石鼓区、蒸湘区、南岳区）的主城区城镇化率已经很高，个别城区已实现城镇化，城市基础设施完善。今后，这些区域新型城镇化建设的主要任务是基础设施的提质改造。大湘西地区的县（市）城镇化水平相对较低，邵（隆回县、绥宁县、城步县、新邵县、邵阳县、洞口县、武冈市）、怀（会同县、新晃县、中方县、芷江县、麻阳县、通道县、溆浦县、辰溪县、沅陵县）、湘西州（凤凰县、龙山县、永顺县、古丈县）、永（江华、江永）、娄（双峰县、新化县、涟源市）的城镇化率都处

于35%以下，多以农业发展为主，基础设施建设程度低，属于湖南新型城镇化建设的短板县（市），是湖南省、市（州）及县（市）级政府重点关注和大力推进城镇化建设的县（市）。第三，从县（市）的分化程度看，不考虑城市主城区的城镇化水平，城镇化率最高的冷水江市（76.65%）与最低的隆回县（26.56%）相差50.09个百分点，城镇化率低于30%的县（市）有12个，湖南各县（市）间的城镇化水平差距较大。因此，大力推进低城镇化县（市）的基础设施建设，努力提升湖南新型城镇化的整体水平应是未来一段时期的工作重点。

总之，目前湖南新型城镇化建设已取得较大进展，城镇化水平持续提高。但各市州和各县（市）城镇化水平差距较大，特别是除长株潭衡主城区外的其他多数县（市）城镇化建设仍处于低水平状态。这在一定程度上说明，要实现《湖南省推进新型城镇化实施纲要（2014～2020年）》所规定的发展目标，在今后相当长时期内，湖南新型城镇化建设的重心都应定位于县（市）和乡镇。湖南推进新型城镇化建设，重点应是大力建设和改善县（市）域范围内的县城及乡镇的基础设施，为农业人口向非农业人口转移提供保障。

二、县域基础设施建设PPP模式的应用推广基础

县（市）以及乡镇基础设施建设对于提高地区经济发展水平、改变城乡二元经济结构、改善人民生活质量具有重要意义。过去很长一段时期，我国并不很重视县（市）和乡镇基础设施建设，导致县（市）及乡镇基础设施建设大大落后于城市地区。要在县（市）以及乡镇地区改善落后的基础设施，仅仅依靠传统的政府财政和银行信贷等投融资模式是不够的，还需要充分发挥市场经济的作用，将雄厚的社会资本引入县（市）和乡镇基础设施建设。但与经济总量、人口规模、城区面积等条件较好的城市主城区不同，从规模上看，县（市）和乡镇基础设施建设规模较小、人口密度低，这决定县（市）和乡镇基础设施建设单位成本高；从项目性质看，县（市）和乡镇基础设施主要是农田水利、道路、电网等公共产品，县（市）及乡镇的道路和桥梁等设施不适宜收费运营；从经济效益看，县（市）和乡镇经济落后，居民收入

水平不高，流出人口较大，直接导致基础设施使用率低，私营企业进入后难以收回项目的全部成本。这些因素大大限制了 PPP 模式在县（市）和乡镇基础设施领域的适用范围。但是，随着经济的不断发展，将 PPP 模式引入县（市）及乡镇基础设施建设是可行的，具有十分广阔的运用前景。

（一）城镇基础设施逐步完善

近年来，湖南不断加大城镇基础设施投入力度，城镇生活条件得到很大改善。如表 3—3 所示，除城镇居民人均道路面积和每万人拥有公交车数等指标外，2011～2013 年湖南城市基础设施主要指标均呈上升趋势。2013 年末全省城市道路长度 10 910.55 公里，城镇居民人均道路面积 15.04 平方米，相比 2011 年增长 4.2%；每万人拥有厕所数 2.59 个，相比 2011 年增长 2.7%；每万人拥有公交车 9 辆，同 2012 年数量相同；用水普及率 96.9%，相比 2011 年增长 1.2 个百分点；用气普及率 92%，相比 2011 年增长 4 个百分点；城镇人均公园绿地面积 9.99 平方米，相比 2011 年增长 4.3%，新增公园 19 个；城镇建成区绿化覆盖率 37.63%，相比 2011 年增长了 0.83 个百分点。湖南城镇基础设施建设取得较大成效，有效提高了公共服务质量，改善了湖南城市发展面貌。

表 3—3　2011～2013 年湖南城市基础设施主要指标

指标	单位	2011	2012	2013
城镇居民人均道路面积	平方米	14.85	13.49	15.04
每万人拥有厕所数	个	2.39	2.34	2.59
每万人拥有公交车数	标台	10	9	9
城镇用水普及率	%	95.7	96.4	96.9
城镇用气普及率	%	88	91	92
城镇人均公园绿地面积	平方米	8.8	8.83	9.99
城镇建成区绿化覆盖率	%	36.8	37	37.63

（二）固定资产投资逐年稳步增长

表 3—4　2011～2013 年湖南固定资产投资（单位：亿元）

投资类型		2011		2012		2013	
		金额	占比	金额	占比	金额	占比
城乡	城镇投资	10 565.74	92.43%	13 202.3	90.57%	16 211.1	88.19%
	农村投资	865.73	7.57%	1 374.3	9.43%	2 170.3	11.81%
合计		11 431.5		14 576.6		18 381.4	
民间投资		7 096.2	62.08%	8 834.8	60.61%	11 477.5	62.44%
区域	长株潭地区	4 932.55	43.15%	6 000.4	41.16%	7 313.6	39.79%
	环长株潭城市群	8 150.2	71.30%	10 385.9	71.25%	13 150.4	71.54%
	湘南地区	2 185.28	19.12%	2 965	20.34%	3 985.7	21.68%
	大湘西地区	1 301.15	11.38%	1 809	12.41%	2 406	13.09%

数据来源：湖南省统计年鉴。

2011～2013 年湖南社会固定资产投资额逐年增长，年均增长率达 17.15%（表 3—4）。分析统计数据，发现湖南固定资产投资呈现三大特点：一是城镇投资占比持续下降，农村投资增幅较大。城镇投资由 2011 年的 92.43%下降至 2013 年的 88.19%，农村投资年均增长率达 57.9%，可见湖南正逐步加大县（市）一级基础设施建设投资力度，研究 PPP 模式在湖南县（市）基础设施建设中的应用具有扎实的现实基础。二是民间投资额持续增长。2013 年民间投资已占全省固定资产投资总额的 62.44%，私有资本投资已成为湖南基础设施建设投资重要来源，湖南基础设施建设实行 PPP 模式具有雄厚的资本保障。三是固定资产投资呈现区域非均衡现象。湖南固定资产投资主要集中于长株潭地区和环长株潭城市群，湘南地区和大湘西地区投资额度较少，如何加大湘南地区和大湘西地区的基础设施建设力度，实现湖南省各区域之间的统筹、均衡发展，成为湖南各级政府关注的现实问题。

（三）基建资金投入结构优化

表 3—5 显示 2011～2013 年湖南固定资产投资的资金来源占比，湖南基础设施建设投资资金主要来源于自筹（自筹是指省本级及省级以下的财政预算支出），国家预算内投资、贷款、债券、外资所占比例均较小，其他投资（包括民间资本投

资）占比相对较大，占 13%以上。可见，湖南基础设施建设的资金投入结构正持续优化，虽然政府财政在城市基础设施建设中的投资主体地位依然重要，但随着经济体制改革不断深化，投资主体多元化趋势渐渐加强。

表 3—5　2011～2013 年湖南固定资产投资的资金来源占比（单位：%）

资金来源	2011	2012	2013
国家预算内投资	5.8	6.0	5.3
国内贷款	11.5	10.8	9.3
债券融资	0.7	0.1	
利用外资	1.5	1.1	0.6
自筹投资	67.5	68.5	71.7
其他投资	13.0	13.4	13.1

数据来源：湖南省统计年鉴。

（四）社会资本总体比较充裕

随着经济发展水平提高，湖南社会资本充裕。排除 2008 年经济危机的影响，2004～2013 年湖南金融机构存贷款余额均呈上升势态。2013 年全省各项存款余额 26 756.64 亿元，其中单位存款 10 960.39 亿元、个人存款 15 796.25 亿元，比 2004 年增加 21 256.17 亿元，年均增长率 17.14%（图 3—6）。社会资本投资城市基础设施建设有着巨大潜力，政府加快投融资体制改革，县（市）和乡镇基础设施建设推广应用 PPP 模式可拓宽社会资本投资渠道。政府恰当引导、充分激励，社会资本可在在城镇基础设施建设中发挥更大作用。

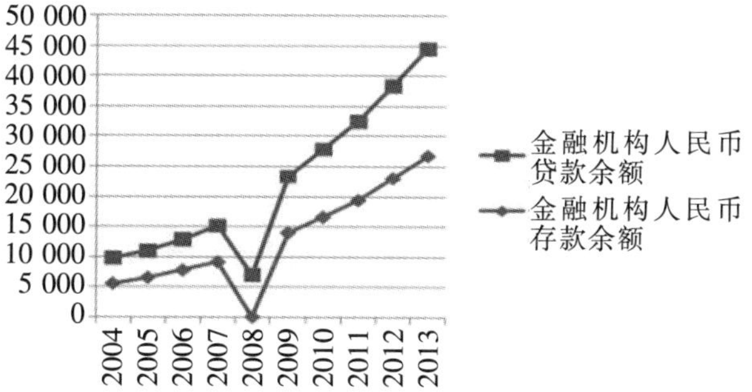

图 3—6　2004～2013 年湖南省金融机构存款余额（单位：亿元）

（五）PPP政策环境日益成熟

国家层面看，2014～2015年PPP模式应用受到国务院、国家发改委和财政部前所未有的重视。发改委牵头的PPP立法（特许经营法）工作正在积极推进；为规范PPP项目操作流程，财政部印发了《政府和社会资本合作模式操作指南（试行）》。省域层面看，湖南省财政厅发布了《关于推广运用政府和社会资本合作模式的指导意见》，并联合多家金融机构，优先支持PPP试点项目融资，对PPP试点工作卓有成效的市县以及规范运作且具有示范效应的PPP试点项目，省财政采取以奖代补形式给予资金支持；成立专门的PPP工作机构，加强对各地PPP工作的指导。这些政策和措施，是县（市）以及乡镇地区推广应用PPP模式必不可少的条件，将会极大调动社会资本参与县（市）和乡镇基础设施建设的积极性。

（六）PPP成功经验不断积累

湖南部分县（市）和乡镇已有成功运用PPP模式的初步经验。课题调研了解到，沅江市天然气管道、热电管网和衡阳市污水处理厂、垃圾发电厂等项目运用BOT方式融资建设，运营状况良好。2014年12月22日，湖南省财政厅、湖南省住房和城乡建设厅联合公布了总投资额达583亿元的30项全省政府和社会资本合作（PPP）示范项目，长沙县公交一体化项目、长沙县浔龙河生态示范点项目、湘乡市城市污水处理厂及配套管网工程项目、资兴市创新创业基地项目、永兴县的城乡安全引水工程项目和城南新区综合开发建设项目、嘉禾县城乡供水一体化及垃圾和污水处理打包项目、泸溪县沅江风光带景区开发项目均属县（市）基础设施建设运用PPP模式的试点。2015年1月20日，永兴县公布一批政府和社会资本合作（PPP）项目，成功签署多个项目合作合同。2015年7月3日，湖南省财政厅又公布了第二批52项PPP示范项目，预计总投资额达768亿元；其中，属于县（市）基础设施（含交通、社会事业中的自来水厂和配套网管、特色乡镇）建设项目有24项，属于县（市）生态环保建设项目有7项，合计投资额近338亿元，占该批示范项目总投资额的44%。城市基础设施建设PPP模式应用的这些案例，为在县

（市）及乡镇基础设施建设中吸引社会资本积累了宝贵经验。

三、县域基础设施建设 PPP 模式应用的制约因素

湖南新型城镇化过程中，PPP 模式虽已在省会城市、市州和部分县（市）得到一定程度运用，一些示范项目取得了较好社会经济效益。但在县（市）及乡镇新型城镇化过程中，PPP 模式应用尚未进入良性运作阶段，还存在较多制约因素。基于相关政府文件和课题组调研数据，制约因素主要存在于经济社会发展环境、法律法规及制度、传统投融资模式和融资平台建设等方面。

（一）县域经济社会发展环境欠佳

经济社会发展环境是湖南新型城镇化过程中基础设施建设引入 PPP 模式的基础制约因素，对县（市）以及乡镇新型城镇化建设的制约作用尤为明显。

第一，经济发展总体水平不高。湖南地处中部丘陵地带，经济发展总体水平不高。2008～2013 年湖南省地区生产总值呈持续上升趋势，增长速度自 2010 年起逐年下降，由 2010 年的 14.6％降至 2013 年的 10.1％（图 3－7）。

图 3－7　2008～2013 年湖南生产总值及增长速度

第二，城镇化水平低。湖南部分县（市）和乡镇基础设施建设 PPP 模式运用受到城镇化水平较低的制约。一是城镇人口比例较低。从湖南各市县城镇化水平看，2013 年怀化、娄底、永州和湘西自治州的大部分县（市）城镇化水平低于 30％，甚至株潭的部分县（市）也处于城镇化水平的低端，这些市州的县（市）或者乡镇的城镇人口比重更低，大部分人口在家务农或者外

出务工，无法给PPP模式运用提供足够的劳动力。从全国各省城镇化水平看（表3—6），2013年全国各省城镇化水平排名中，湖南居第22位，处于中等偏下水平，湖南城镇化水平同全国其他省份相比存在较大差距，处于相对落后状态。二是城镇化水平发展较慢。湖南省2008年城镇化率42.15%，2013年相比2008年增加5.81个百分点，平均每年增加1.16个百分点。全国城镇化率2008年和2013分别为46.99%和53.73%，平均每年增加1.35个百分点，湖南城镇化水平的年均增长率低于全国平均水平，未来还有很大增长空间。三是城镇人口受文化教育程度较低。湖南部分县（市）和乡镇新型城镇化中，从农业所转移出来的剩余劳动力没有真正的市民化，其文化素质和劳动技能无法满足PPP模式项目建设所需劳动力的质量要求。

表3—6　2013年中国31个省级行政区城镇化率排名

排名	省级行政区	总人口/万人	城镇人口/万人	城镇化率/%
1	上　海	2 415.15	2 163.97	89.60
2	北　京	2 114.80	1 825.07	86.30
3	天　津	1 472.21	1 207.36	82.01
4	广　东	10 644.00	7 212.37	67.76
5	辽　宁	4 390.00	2 917.16	66.45
6	江　苏	7 939.49	5 090.01	64.11
7	浙　江	5 498.00	3 518.72	64.00
8	福　建	3 774.00	2 293.46	60.77
9	内蒙古	2 497.61	1 466.35	58.71
10	重　庆	2 970.00	1 732.70	58.34
11	黑龙江	3 835.02	2 201.30	57.40
12	湖　北	5 799.00	3 161.03	54.51
13	吉　林	2 751.28	1 491.19	54.20
14	山　东	9 733.39	5 231.70	53.75
15	海　南	895.28	472.17	52.74
16	山　西	3 629.80	1 907.82	52.56
17	宁　夏	654.19	340.24	52.01
18	陕　西	3 764.00	1 931.33	51.31
19	江　西	4 522.15	2 209.97	48.87
20	青　海	577.79	280.29	48.51

续表

排名	省级行政区	总人口/万人	城镇人口/万人	城镇化率/%
21	河　北	7 332.61	3 528.45	48.12
22	湖　南	6 690.60	3 208.81	47.96
23	安　徽	6 029.80	2 885.86	47.86
24	四　川	8 107.00	3 640.04	44.90
25	广　西	4 719.00	2 114.58	44.81
26	新　疆	2 264.30	1 006.93	44.47
27	河　南	9 413.35	4 123.05	43.80
28	云　南	4 686.60	1 897.14	40.48
29	甘　肃	2 582.18	1 036.23	40.13
30	贵　州	3 502.22	1 324.89	37.83
31	西　藏	312.04	73.98	23.71

数据来源：中国统计年鉴。

第三，基础设施建设薄弱。引进 PPP 模式虽是进行基础设施建设，但基础设施建设需要一定既有基础设施为基础。湖南部分县（市）及乡镇基础设施建设薄弱，一是交通基础设施薄弱。湘中、湘南和大湘西大部分县（市）及乡镇交通状况较差，大部分乡村还没有实现公交车常态化运营。二是水利基础设施薄弱。湖南大部分乡镇没有自来水公司，很多乡镇没有稳定的活性水源。三是基础配套设施不完善。如表 3—7 所示，湖南城镇居民人均道路面积、每万人拥有厕所数、每万人拥有公交车数、城镇用水用气普及率、城镇人均公园绿地面积、城镇建成区绿化覆盖率等指标均低于全国平均水平，中部六省中也处于中下位，湖南城镇基础设施建设同全国其他省份相比仍有不小差距。

表 3—7　2013 年湖南城市基础设施主要指标与全国、中部省份比较

指标	单位	湖南	山西	湖北	安徽	江西	河南	全国
城镇居民人均道路面积	平方米	13.8	12.88	15.85	19.61	15.26	11.57	14.9
每万人拥有厕所数	个	2.59	3.19	2.59	2.26	1.98	3.05	2.8

续表

指标	单位	湖南	山西	湖北	安徽	江西	河南	全国
每万人拥有公交车数	标台	9	9.9	11.56	10.99	9.15	9.07	12.8
城镇用水普及率	%	96.9	98.4	98.19	98.4	97.73	92.16	97.6
城镇用气普及率	%	92	96.1	95.02	96.14	95.1	81.98	94.3
城镇人均公园绿地面积	平方米	8.99	11.18	10.83	12.47	14.12	9.58	12.6
城镇建成区绿化覆盖率	%	37.63	40	38.1	39.9	45.1	37.6	39.7

数据来源：中国统计年鉴。

第四，资源环境承载能力弱。湖南大部分县域资源环境承受能力较薄弱。一是水土资源非常紧张。大部分乡镇水资源、土地资源紧张，分布和规划很不合理，不利于引进 PPP 模式进行基础设施建设。二是环境承载能力较弱。大部分乡镇生态环境状况较差，部分资源开采后造成的环境污染很难恢复。三是群众环境卫生意识不强。居民点和农家屋前屋后卫生状况堪忧，新农村建设居民集中居住后环境卫生没有得到根本改观。目前只有长沙县、浏阳市、攸县等少数县的乡镇环境状况良好，其他县域大部分乡镇环境脏乱差较明显。

（二）地方财力难以支撑 PPP 项目融资

湖南部分县（市）及乡镇新型城镇化进程中，基础设施建设大都采用传统的投融资模式，传统投融资方式在部分县（市）及乡镇新型城镇化过程中发挥了重要促进作用，尤其是在资金保障、风险控制和项目进展等方面起到了重要作用。但是，随着新型城镇化建设的深入推进，传统投融资模式已经无法在新型城镇化的升级发展中和经济社会条件较差的县（市）及乡镇发挥作用。调研发现大部分县（市）尤其是乡镇都有引进 PPP 模式进行基础设施建设的迫切愿望，但是引入 PPP 模式又受到传统投融资模式的制约。

第一，财政投入不足，引入 PPP 项目缺乏政府引导资金。从湖南新型城镇化基础设施建设实际情况看，大部分 PPP 项目的前期资金都需要全部或部分的政府财政资金投入，但目前地方政府特别是乡镇一级政府的财政收入少，基础设施建设财政缺口大。一是市县及乡镇政府无权发行债券，无法通过债券形式进行融资。二是乡镇政府的财政收入统归县（市）政府管理，乡镇政府财政支出只能依靠上级财政部门拨款。三是转移支付资金下达乡镇部分较少，大多由市县政府主导分配，且份额较少。

第二，土地流转受阻。湖南前些年县（市）及乡镇基础设施建设过程中，大多依靠转让或出租土地进行项目融资，这种融资方式能够确保资金足额到位。但是，随着经济社会发展的转型，土地流转筹资受到了较多阻碍。一是现有可供转让或者出租的土地资源有限，优质土地资源少之又少，靠土地资源获取财政收益的方法已经基本失效。二是投资商对流转土地的使用随意性较大，违背合同进行经营的现象较普遍，导致政府或者农户不愿意将土地续约。三是受农民工返乡潮的影响，部分农民不愿意将土地再转让或者出租给投资商进行经营，违约现象在一定程度上存在，挫伤了投资商的投资积极性。

（三）县域基建的 PPP 模式存在较大风险

第一，县域基础设施建设项目对社会资本的吸引力弱。参与 PPP 模式的社会投资通常都是追求利润最大化的。但是，新型城镇化建设过程中的县域基础设施建设多数属社会公共产品，社会效益明显，经济利润较低，乡镇一级基础设施项目的经济效益回报更低，而且大部分项目短期内根本无法实现经济效益。因此，社会资本大多不愿意参与乡镇层级的基础设施项目建设，导致乡镇基础设施项目难以引入 PPP 模式进行融资。

第二，PPP 模式融资对行业项目选择存在局限性。根据以往实践经验，PPP 模式是采取公私合营的方式，参与 PPP 模式的社会投资对经济回报的要求较高，因此，PPP 模式一般只适用于具有准公共产品性质的行业项目。因为准公共产品性质的行业项目可以通过收取费用，或者转租场地进行商业化运作。所以，新型城镇化建设进程中，乡镇政府要将基础设施项目进行分类，将准公共产品按照 PPP 模式进行运作。

第三，PPP 模式运作项目的投资运营商选择存在风险。湖南部分县（市）

及乡镇新型城镇化的基础设施建设项目，大多属于民生项目，项目经济效益不明显且在短期内难以得到经济效益回报。因此，一旦参与 PPP 模式的社会投资商社会信誉和诚信度不高，项目建设过程中就会出现偷工减料、投资资金断裂等不良现象，而目前缺乏 PPP 模式的进入门槛的制度及政策。因此，县（市）及乡镇一级基础设施项目建设引入 PPP 模式进行融资，必须制定相关的政策门槛，对参与 PPP 模式的社会投资商进行测评和考核。

（四）PPP 运行平台建设受到制约

建设一个便捷有效的 PPP 运行平台，是湖南省各级政府尤其是乡镇一级政府在新型城镇化过程中基础设施建设项目引入 PPP 模式顺利融资的关键所在。课题组通过对湖南部分县（市）和乡镇已有融资平台建设的调研，发现其对 PPP 模式引入的制约因素主要表现在：

第一，PPP 模式运作机制未建立健全。当前，湖南新型城镇化基础设施建设引入 PPP 模式进行融资，大部分乡镇一级政府运作机制没有建立，少数经济条件较好的乡镇 PPP 模式运作机制很不健全。PPP 模式涉及担保、税收、合同、特许权等诸多方面，需要非常规范化、标准化的交易流程，但目前大部分乡镇能够实现的 PPP 模式交易流程规范化程度不高，标准化运作较难。

第二，金融保险平台未建立健全。PPP 模式运行需要多方参与，存在较大法律风险和利益风险，需要相关金融保险平台保障运行。调研发现，沅江市成立了土地信托投资公司，从法律、利益等方面规定土地的增值收益分配方式，保证土地的正常流转。但从湖南大部分县（市）及乡镇实际情况看，几乎没有与之配套的金融保险平台，既有金融保险平台很少有专门针对 PPP 模式运作的金融保险方面的业务内容，部分与之相关的金融保险业务效果不明显。

第三，PPP 专业化机构和专业人才缺失。PPP 模式对湖南大部分县（市）及乡镇基础设施建设项目融资，都是一种较新颖的模式，必须依靠专业化较强的 PPP 模式运作机构和专门的 PPP 模式运作人才进行经营管理。目前湖南大部分县（市）及乡镇这两方面都较欠缺。政府机构方面，只有财政部成立 PPP 工作领导小组及其所属的办公室，湖南省财政厅成立 PPP 模式专门工作机构，从机制构建、机构设置、政策扶持、项目示范等方面开展系列工作，但是市（州）、县（市）、乡镇政府都没有成立相关专业运作机构。已经成立的 PPP 专门工作机构，大多依靠既有的政府工作人员进行经营管理，缺乏专业视野和专业技能，而市（州）、县（市）、乡镇级几乎没有专业的运作机构，专门人才无从谈起。社会中介组织方面，湖南新型城镇化过程中县（市）、乡镇基础设施项目建设 PPP 模式融资，几乎没有社会中介组织参与，相关社会中介组织缺乏 PPP 模式运营的专业人才。

四、县域基础设施建设 PPP 模式应用的机制创新

推进县（市）及乡镇基础设施建设，需要用制度创新激发民间投资活力，不应局限于某一特定方式或固有模式。湖南应立足本省实际，构建具有湖南特色的基础设施建设 PPP 模式运行机制。

（一）创新基础设施建设 PPP 模式应用的政府监管机制

制度经济学认为，由于存在信息不对称、不完全及外部性等原因，市场不能自行实现完全竞争均衡，也无法达成资源配置的“帕雷托最优”，因此，政府干预成为弥补“市场失灵”所造成的社会福利损失的必要手段。湖南县（市）及乡镇新型城镇化基础设施建设应用 PPP 模式，需要各层级政府部门加强监管，特别是财政部门充分履行其行政监管和资金管控职责，形成科学有效的政府监管机制，确保 PPP 模式能够顺利融资，确保项目建设及维护资金来源充足，保障基础设施项目的顺利建成、运行和维护，保证参与 PPP 模式的相关投资主体都能够获得相应的经济利益。

第一，应当建立政府部门联席会议制度。省、市、县、乡各级政府部门应当摸清 PPP 模式引入新型城镇化基础设施项目建设融资的相关情况，跟踪县（市）、乡镇基础设施建设项目融资过程，应当建立政府部门联席会议制度，各参与政府部门要定期举行相关会议，一旦发现 PPP 模式融资过程资金流出现异常以及项目建成盈利状况较差等现象，共同协商、通力合作，运用

财税政策和日常工作协助等方法，及时有效监管 PPP 模式融资过程中的交易流程、平台建设和收费定价等问题。县级财政部门可建立专门协调机制，主要负责项目评审、组织协调和检查督导等工作，达到简化审批流程、提高工作效率的目的。政府或其指定的有关职能部门或事业单位可作为项目实施机构，负责项目准备、采购、监管和移交等工作。

第二，完善政府责任追究制度，确保基础设施建设 PPP 模式应用过程中政府责任的落实。目前在县（市）及乡镇基础设施建设过程中，政府部门对相关项目建设的投融资问题监管敷衍塞责的情况比较严重，造成因资金问题阻碍项目建设的进度。因此，湖南省内县（市）及乡镇政府应用 PPP 模式融资过程中，要明确自身的责任，对自身的责任形成制度性文件，对照文本进行清晰的内部监督。同时，要邀请社会中介组织、群众等参与对政府责任的监督。

第三，县（市）及乡镇政府要切实履行对 PPP 模式投资主体的管理职责。一方面，目前参与县（市）、乡镇基础设施建设 PPP 模式的投资主体素质不是很高、经济实力不是很强，相当部分投资主体资质不健全、社会诚信度低，甚至有些是依靠不正当手段参与到基础设施建设的投融资中。另一方面，在县（市）、乡镇基础设施建设的 PPP 模式应用中，很少看到上市公司投资主体参与。县（市）、乡镇政府职能部门要从市场准入、服务质量、社会公平、诚信度等方面对 PPP 模式的投资主体加强管理。

（二）创新基础设施建设 PPP 模式应用的权力监督机制

设计基础设施建设 PPP 模式运作的“权力清单”“负面清单”“责任清单”，创新县（市）及乡镇基础设施建设 PPP 模式应用的权力监督机制。

第一，制定 PPP 模式准入行业、准入主体的负面清单。针对湖南基础设施建设非收费项目或不能采用 PPP 模式的领域，列示 PPP 准入行业的负面清单，明确社会资本不能进入的领域，对清单项目外的行业或领域，市场主体均可不受限制的依法平等进入，真正实现湖南基础设施建设投融资的市场化运作。针对 PPP 模式社会资本投资者良莠不齐现象，列示 PPP 准入主体的负面清单，设立投资者进入基础设施项目领域的规模、企业性质、财务指标、技术条件、信用评级等门槛，对清单内容外的社会投资者，各类市场主体均可依法平等进入，以确保 PPP 模式运作的公平有序。表 3—8 简略列示了基础设施建设 PPP 模式应用准入行业、准入主体负面清单，实际制定 PPP 模式负面清单管理制度时，应全面细化到具体行业和相关企业。

表 3—8　湖南省基础设施 PPP 准入的负面清单

类型	清单项目
准入行业负面清单	城市道路、城市环境卫生设施、生活垃圾处理、环境保护、园林绿化、城市抗震、防汛、消防、人防、军工及能源开发等
准入主体负面清单	银行对其信用评级为 BB、B、F 级的企业；没有行业权威信用评级机构资质证书的企业；涉嫌财务造假而被停牌的企业等

第二，制定 PPP 模式应用的政府权力清单。根据 PPP 模式应用中政府部门的角色定位，构建省、市、县及乡镇各级政府部门的权力清单，即在 PPP 模式运用于基础设施建设过程中，将不同层级的地方政府以及不同政府部门之间的权力和责任限制在法律框架范围内，以清单形式公开列示其审批权限和责任。政府官员在 PPP 模式运用过程行使行政审批权时必须要有明文规定的授权，所有未经授权却在行使的行政审批权力，概属违法。

第三，制定 PPP 模式应用的法定责任清单。针对基础设施建设 PPP 模式应用出现的违法行为，列示法定责任清单，以清单形式明确政府权力清单和负面清单中的违法责任，细化政府在 PPP 模式运用中的监管责任。PPP 模式应用推广尚处试点摸索阶段，若无有效的事中、事后监管，难以对放开准入的市场主体趋利行为进行严格监管，容易导致 PPP 模式应用失败。加强事后监管，PPP 模式才能可持续应用于公共事业领域，“监管”和“放权”是辩证关系。

（三）创新基础设施建设 PPP 模式应用的资金筹集机制

第一，广泛采用项目收益债、ABN、资产证券化融资方式。可以广泛采用项目收益债、ABN、资产证券化等市场化方式，募集闲散的社会资金，用于 PPP 项目的建设与运营，偿债责任应当由政府与社会投资者共同承担。具体运用层面，可分别针对有现金流的存量项目（公租房、保障性住房、棚改房和水利项目为主）和有专项现金流的存量项目（主要为铁路项目），采用发行资产支持票据（ABN）、券商专项资产证券化、搭建 PPP 项目交易专板、融资租赁、上市运作、AMC 处置等市场方式进行盘活，以评估后形成的既有资产为支持在金融市场上发行证券、售后租回、债务重组并完成融资。目前，深圳证券交易所已推出收费路桥、污水处理、供水、供电等公用事业存量项目的资产证券化产品。其交易过程如图 3—8 所示（省略中介机构与增级手段）。

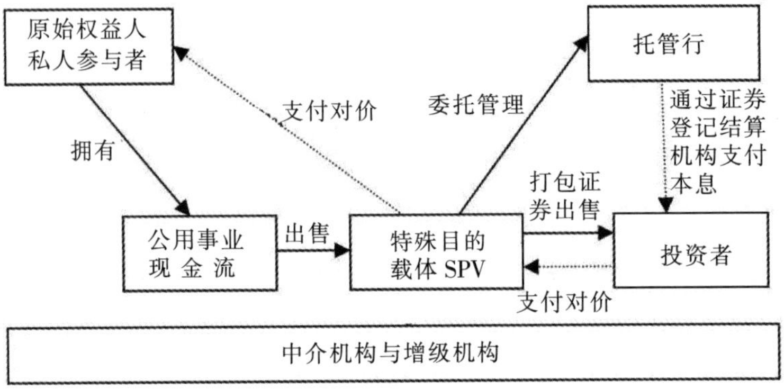

图 3—8　PPP 存量项目资产证券化运作机制

第二，设立 PPP 产业基金。PPP 产业基金追求的是长期稳定的收益，正与新型城镇化建设中基础设施项目资金规模大、投资回收期长的特点相吻合。PPP 产业基金门槛低、效率高，可以充分利用社会闲置资金，资金募集的时间和资金募集的规模具有较大灵活性，有助于实现资金募集与项目建设运营需求的无缝衔接。目前产业基金的组织形式主要有公司制和有限合伙制。公司制产业基金有稳定性大、管理成本高等特点，有限合伙制则灵活性大、稳定性高且基金产品的风险和收益更为对称，有效弱化了道德风险。因此，PPP 产业基金可以采用有限合伙制模式，由省、市（州）、县（市）财政通过财政预算安排发起出资，负责项目审核和监管；参与项目的社会资本作为普通合伙人负责具体的基金管理；追求长期稳定收益的金融投资者，如银行、信托、保险等可作为有限合伙人享受优先分红权利，但不参与基金的具体运作。

第三，推行社会资本知识产权入股方式，多元化 PPP 股权融资机制。PPP 融资机制可分为债权融资和股权融资两种。债权融资中，我国商业银行往往要求项目母公司提供担保和抵押，很难以项目的预期收益现金流作为抵押取得贷款，故一般项目很难实现真正意义上的表外融资。因此，可以推行 PPP 股权融资，优化 PPP 项目融资结构。目前我国基础设施项目建设股权融资对所投资公司和行业存在准入门槛，其转让退出机制又具有较大的复杂性，一定程度上限制了一般社会投资者的参与。为解决这一难题，应积极鼓励和引导社会资本以知识产权入股 PPP 项目，提高 PPP 项目建设和运作质量，并以法律文件形式对其进行规范，以达成 PPP 模式吸收社会资本的目标。同时，应明确规范政府采取土地等实物投入或无形资产投资 PPP 项目的方式，以确保社会资本投资者的利益。

（四）创新基础设施建设 PPP 模式应用的机构人才培养机制

PPP 模式涉及经济、法律、财务、合同管理和专业技术等领域，需要专业化的机构和人才参与。专业化的 PPP 模式融资服务机构和业务娴熟的 PPP 模式专门人才，是 PPP 模式在湖南县（市）、乡镇新型城镇化基础设施项目建设中成功引入并顺利融资的硬件和软件。目前湖南县（市）、乡镇专业化的 PPP 模式融资服务机构很少、PPP 模式专门人才缺乏，必须加强专业化的 PPP 模式融资服务机构建设及 PPP 模式融资服务专门人才培养。

第一，构建 PPP 专业咨询服务机制。2015 年 4 月，财政部政府和社会资本合作中心出台《关于征集政府和社会资本合作（PPP）专业咨询服务机构的公告》，面向社会征集符合相关标准的 PPP 专业咨询服务机构，以期服务于 PPP 模式运用实践。首先，湖南应当认真贯彻《公告》精神，通过政策倾斜引导省、市（州）、县（市）及乡镇的 PPP 专业咨询服务平台建设。其次，湖南应当尽快建立 PPP 专业咨询服务标准体系，对相关从业资格和服务标准进行充分界定，设置 PPP 专业咨询服务行业门槛和监管机制。再次，构建湖南 PPP 专业咨询服务从业人员考试和培训机制，实行湖南省PPP专业咨询服务从业考试制度，考试通过者发行从业资格证书，凭证上岗，全面提高服务人员的专业胜任能力，并建立PPP专业咨询服务从业人员继续教育和培训制度。

第二，加强县（市）一级PPP模式融资服务机构建设。越往基层PPP模式运用推广越艰难，湖南省政府应更为关注县（市）一级PPP融资服务机制的构建。首先，要在县（市）、乡镇政府部门整合相关资源，集中财政、国土、环卫等力量搭建专业化较强的PPP模式融资服务平台，各级财政部门应具体针对服务平台建设开展专项预算编制、执行和监督工作；要鼓励和支持社会中介机构成立专业化的PPP模式项目融资服务平台，为其顺利发展制订好相关政策文件和制度措施。其次，PPP模式融资服务机构平台内部要制定标准化的、规范化的PPP模式融资服务流程，并就服务流程的过程加强内部监督和引入外部监督。再次，要从项目设计、融资、验收等过程加强PPP模式相关法律、法规的宣传，制定符合PPP模式运转要求的规章制度。另外，要协同相关乡镇政府部门PPP模式项目融资提供相关的政策支持，委托第三方技术指导服务平台提供PPP模式融资服务的技术支持。

第三，加强县（市）PPP模式融资服务专门人才的培养。一是要对现有参与PPP模式融资服务的县（市）、乡镇政府工作人员加强专业知识培训，县（市）、乡镇政府相关职能部门公务员考试招录过程中要注意招录有经济学、金融学等相关知识背景的考生。二是要加强PPP模式融资服务机构专业人才的监督管理，确保其工作在职责规定范围内进行。三是要监督隶属乡镇政府部门的专业工作人员要履行自身的公务员职责，社会中介组织的专业工作人员要对其职业素养进行管理，避免相关犯罪违法行为发生。

综上，目前湖南新型城镇化建设重点应当是大力建设和改善县域范围内的县城及乡镇基础设施。政策环境日益成熟、成功经验不断积累、社会资本充裕为县域基础设施建设应用PPP模式提供了良好基础，经济发展总体水平不高、城镇化水平低、基础设施建设薄弱、资源环境承载能力弱、地方政府财力不足制约着县域基础设施建设PPP模式应用的深度与广度。推进县域基础设施建设的PPP模式应用，应当厘清“权力清单”“负面清单”“责任清单”，创新政府监管、权力监督、资金筹集以及中介机构和专门人才培养机制。

第四节　县域基础设施建设 PPP 模式应用的制度优化路径[①]

2014 年 9 月至今，国务院和国家发展改革委、财政部及各地方政府相继出台 PPP 模式相关文件，基础设施建设 PPP 模式应用的制度体系初步成形。梳理相关文件发现，PPP 模式应用专门法律、行政法规缺乏，现有通用法律、行政法规、规章及规范性文件适用性不强，制度供给主体多元导致推进 PPP 模式应用的制度合力不足。应当围绕县（市）及乡镇基础设施建设的 PPP 模式应用，优化合作伙伴关系和合同管理、行业管理、程序管理制度，落实财政承受能力论证与评估制度，建构和完善风险防范与风险分担制度。

一、县域基础设施建设 PPP 模式应用的现有制度

应用与推广 PPP 模式是解决新型城镇化过程中基础设施建设融资困难的重要举措。PPP 模式广泛应用于基础设施建设领域，特别是县（市）和乡镇基础设施建设领域，实属创新，需要不断试点、摸索前进。2014 年 9 月至今，国务院和国家发展改革委、财政部、交通运输部等部委以及多数省市政府及其部门出台系列文件，旨在有效规范、细化基础设施建设 PPP 模式应用的实务操作。梳理现行法律、行政法规、部门规章、地方政府规章及地方政府部门规范性文件，归纳总结其存在的缺陷，提出优化、构建科学、可操作的基础设施建设 PPP 模式应用制度体系政策建议，具有重要实践指导价值。

（一）国家层面基础设施建设 PPP 模式应用的现有制度

基础设施建设是新型城镇化的重要支撑，新型城镇化进程的加快要求基础设施建设的快速跟进，因而新型城镇化过程中基础设施建设的资金需求巨

---

① 黄拥政：《县域基础设施建设 PPP 模式应用的制度优化路径研究》，载于《湖南财政经济学院学报》2015 年第 4 期。

大。受多种因素影响，全国各地普遍面临着基础设施建设融资困难的瓶颈制约。为了在基础设施建设领域大力推行、顺利推行 PPP 模式，国务院和国家发展改革委、财政部等部委出台了 PPP 模式相关指导文件（表 3—9）。

表 3—9 国家层面 PPP 模式应用相关文件

时间	发文单位	文件名称
2014.09.21	国务院	关于加强地方政府性债务管理的意见
2014.09.24	财政部	关于推广运用政府和社会资本合作模式有关问题的通知
2014.11.16	国务院	关于创新重点领域投融资机制鼓励社会投资的指导意见
2014.12.04	财政部	关于政府和社会资本合作示范项目实施有关问题的通知政府和社会资本合作模式操作指南（试行）
2014.12.04	发展改革委	关于开展政府和社会资本合作的指导意见政府和社会资本合作项目通用合同指南（2014 版）
2015.01.19	财政部	关于规范政府和社会资本合作合同管理工作的通知 PPP 项目合同指南（试行）
2015.03.17	发展改革委	项目收益债业务指引（草案）
2015.03.17	发展改革委 财政部水利部	关于鼓励和引导社会资本参与重大水利工程建设运营的实施意见
2015.03.17	发展改革委国开行	关于推进开发性金融支持政府和社会资本合作有关工作的通知
2015.04.14	财政部	关于印发〈政府和社会资本合作项目财政承受能力论证指引〉的通知
2015.04.20	财政部 交通运输部	关于在收费公路领域推广运用政府和社会资本合作模式的实施意见
2015.04.21	国务院	基础设施和公用事业特许经营管理办法
2015.04.30	财政部 发展改革委	关于运用政府投资支持社会投资项目的通知
2015.05.22	国务院	转发财政部、发展改革委、人民银行〈关于在公共服务领域推广政府和社会资本合作模式的指导意见〉
2015.06.24	财政部	城市管网专项资金管理暂行办法
2015.06.25	财政部	关于进一步做好政府和社会资本合作项目示范工作的通知

随着全面深化改革的推进，PPP 模式逐渐从理论探讨层面延伸至实践应用层面。国务院和国家发展改革委、财政部、交通运输部等部门，先后发布多部文件以全面推进、规范 PPP 模式的应用。相关文件主要内容是四个方面：一是政府和社会资本合作的具体要求。2014 年 12 月 4 日，财政部发布《政府和社会资本合作模式操作指南（试行）》《关于政府和社会资本合作示范项目实施有关问题的通知》两个文件，对 PPP 项目识别、准备、采购、执行、移交的程序和 PPP 项目的全生命周期管理、定期组织绩效评价等进行了明确规定，列示了首批 30 项 PPP 示范项目清单；发展改革委发布《关于开展政府和社会资本合作的指导意见》《政府和社会资本合作项目通用合同指南（2014 版）》两个文件，对 PPP 项目适用范围、操作模式选择、部门联审机制、合作伙伴选择、项目操作流程、规范价格管理、开展绩效评价、政策保障机制构建、做好示范推进以及通用合同规范等方面，对开展政府和社会资本合作提出了具体要求。财政部、发展改革委的文件对 PPP 模式推广具有里程碑作用，为解决基础设施建设 PPP 模式应用所固有的收益少、投资回报周期长等问题提供了规范指导。二是地方政府财政承受能力论证。2015 年 4 月 14 日，财政部发布《关于印发〈政府和社会资本合作项目财政承受能力论证指引〉的通知》，对 PPP 项目运作后地方政府财政承受能力论证原则、责任识别、支出测算方法、能力评估、信息披露做了详细规范。三是特许经营协议的规范。2015 年 4 月 21 日，国务院常务会议通过《基础设施和公用事业特许经营管理办法》，对特许经营适用领域和特许经营协议订立、履行、变更、终止、监督管理、公共利益保障、争议解决、法律责任加以明确规定，是规范 PPP 模式具体运作管理、推进 PPP 模式应用的重要制度设计。四是继续推进 PPP 模式应用政策保障机制建设。2015 年 6 月 25 日，财政部印发《关于进一步做好政府和社会资本合作项目示范工作的通知》，要求加快推进首批示范项目实施、组织上报第二批备选示范项目，优先支持融资平台公司存量项目转型为 PPP 项目，建立“能进能出”的项目示范机制、加强业务指导和技术支持、完善示范项目扶持政策体系，大大提高PPP模式应用的可操作性。相继出台的PPP模式其他文件，主要细化了不同领域PPP模式应用的操作流程。

可见，国家宏观层面相关文件正力求逐一解决PPP模式应用的实践操作问题，政府对PPP模式项目选择、运作监管及政策保障的制度规范正日趋完善。但是，多部委文件齐发，特别是财政部和发展改革委2014年12月4日文件的争相出台，市场担忧“如果缺乏协调，不同部委发出的声音难免有乱调、重音现象，形不成和弦，可能导致地方政府无所适从”[①]。合理界定政府部门对PPP项目的管理职能，成为PPP项目运作下一阶段亟待解决的问题。

（二）兄弟省市基础设施建设PPP模式应用的现有制度

目前多数兄弟省市出台了政府和社会资本合作模式（PPP）实施方案（表3－10）。这些方案存在如下特点：一是部分省市文件出现了负面清单和正面清单两种方式。甘肃规定除法律、行政法规明确规定或必须保密的项目外，社会资本参与列入示范范围的PPP项目，与国有、集体投资项目享有同等待遇，比国务院出台的文件范围更宽。正面清单是规定社会资本准入范围的，如江西出台的文件列出了详细清单，分重大基础产业工程、基础设施和社会公共服务三个大类。二是各省市对社会投资者的要求基本相同。要求社会投资者诚实守信、安全可靠，具体包括专业资质、技术能力、管理经验、财务实力、信誉状况等考核因素。三是各省市根据实际情况推出自己的PPP合同范本或成趋势。甘肃发展改革委已推出合同范本，内容与国家发改委的版本基本一致；北京要求细化并发布各领域、各行业PPP项目的标准合同文本。四是PPP模式应用原则得以扩展。江西南昌、湖南、浙江、安徽铜陵等地文件规定的PPP模式应用原则，均有量力而行原则（或稳健推进原则），符合PPP模式运作精神，以有效防止“跑马圈地”现象出现。五是多数省市对适用PPP模式的基础设施项目进行了详尽

① 张燎：《助推PPP两部委能不能齐步走?》，载于《中国环境报》2014年12月16日。

分类。安徽作为首个发布操作指南的省份，规定建立信用评级和黑名单制度，根据行业特点对 PPP 项目进行分类指导。六是各部门“打架”现象在地方政府文件中得到解决。国家层面各部门之间的职能界定尚未明显区分，但部分地方政府文件明确规定了各部门职责，如福建厦门和江西南昌都详细明确了发展改革委、财政部门和其他部门的工作职责，厦门把职责平均分到各部门，南昌市主要由财政部门负责执行。

表 3—10　各省级 PPP 模式应用相关文件

时间	地区	发文单位	文件名称
2014.09.06	福建	省政府	福建省人民政府关于推广政府和社会资本合作（PPP）试点的指导意见
2014.09.29	安徽	住建厅	安徽省城市基础设施领域 PPP 模式操作指南
2014.11.27	河南	省政府	河南省人民政府关于推广运用政府和社会资本合作模式的指导意见
2014.12.17	江苏	财政厅	江苏省关于推进政府与社会资本合作（PPP）模式有关问题的通知
2014.12.17	河北	省政府	河北省人民政府关于推广政府和社会资本合作（PPP）模式的实施意见
2014.12.22	四川	财政厅	四川省财政厅关于支持推进政府与社会资本合作有关政策的通知、四川省“推进政府与社会资本合作”项目管理办法（试行）
2015.01.29	新疆	区政府	关于加快城镇基础设施建设的实施意见
2015.02.10	浙江	省政府	浙江省人民政府关于推广运用政府和社会资本合作模式的指导意见
2015.02.13	甘肃	财政厅 发展改革委	关于开展政府和社会资本合作的实施意见
2015.02.15	河南	省政府	关于进一步加快推进铁路建设的意见
2015.03.09	海南	财政厅	海南省财政厅关于推广运用政府和社会资本合作模式的实施意见
2015.03.17	云南	省政府	云南省推广运用政府和社会资本合作模式实施方案

（三）湖南基础设施建设PPP模式应用的现有制度

2014年12月以来，根据财政部推广PPP模式的要求，湖南省财政厅及其他相关部门出台多个文件（表3—11），对城市基础设施建设PPP模式应用的制度设计、政策支持提出了很多具体要求，旨在通过PPP项目建设有效解决地方政府融资渠道不畅、债务规模大、后续投资乏力等问题。相比兄弟省市，湖南已推出的PPP模式应用文件有诸多亮点：一是稳步推进，示范先行。作为首个成立PPP领导小组的省份，湖南省财政厅出台的《关于推广运用政府和社会资本合作模式的指导意见》明确指出要建立区域PPP项目库，定期公布项目信息。已于2014年12月22日和2015年7月3日公布两批PPP示范项目，内容涉及交通、基础设施、社会事业、生态环保、文化旅游等多个领域，区域涉及省本级和多个市（州）、多个县（市），切实推进PPP模式从“文件”落实为市县项目。二是侧重于通过推行PPP模式盘活国有存量资产。2015年3月，财政厅出台的《关于推行政府和社会资本合作模式盘活国有存量资产的实施意见》提出应设立PPP基金，通过搭建PPP项目交易专板、发行资产支持证券、融资租赁等金融工具打造国有存量资产运作平台，切实解决湖南政府债务膨胀的问题。三是财政支持PPP项目力度大。2014年12月16日省财政厅联合省住房和城乡建设厅出台的《湖南省“两供两治”设施建设财政贴息奖补资金管理办法》规定，对纳入省政府实施方案且运用PPP模式实施的“两供两治”项目将提供财政贴息和奖补支持，大大调动地方政府及社会各界参与PPP项目的积极性。四是发挥担保公司功能助推PPP发展。湖南已初步拟定PPP项目融资担保方案，规定PPP项目融资担保机构必须具有国有属性，以有效规避商业操作的市场风险；担保机构评级应达到AAA级标准，且至少要有30亿元的资本金规模，确保担保机构自身的担保能力和抗风险能力。

表 3—11　湖南省 PPP 模式应用相关文件

时间	发文单位	文件名称
2014.12.16	财政厅、住房和城乡建设厅	湖南省“两供两治”设施建设财政贴息奖补资金管理办法
2014.12.19	财政厅	关于推广运用政府和社会资本合作模式的指导意见
2014.12.22	财政厅	关于全省政府和社会资本合作首批示范项目实施有关问题的通知
2015.3.20	财政厅	关于推行政府和社会资本合作模式盘活国有存量资产的实施意见
2015.07.03	财政厅	关于全省第二批政府和社会资本合作 PPP 示范项目实施有关事项的通知

二、县域基础设施建设 PPP 模式应用的制度缺陷

完备的法律、法规和契合实际的规章制度，是省内各市（州）、县（市）顺利推进新型城镇化基础设施建设的重要保障。目前湖南县（市）及乡镇新型城镇化推进过程中，引入 PPP 模式进行基础设施建设，缺少 PPP 模式应用法律、行政法规和规章制度的配套支持，严重制约着 PPP 模式推进步伐。

（一）PPP 模式应用专门法律和行政法规缺乏

目前，PPP 模式应用主要适用《预算法》《合同法》《政府采购法》等通用法律、行政法规以及国家发展改革委、财政部等部委规章、省市地方政府规章，特别普遍的是适用省市政府职能部门发布的“意见”“指南”“办法”“通知”等规范性文件进行规制。部委规章、地方政府规章、省市政府职能部门的规范性文件稳定性较差，应用 PPP 模式的项目一般都是长期合作项目，公私合作过程中的政府信用缺乏国家法律、行政法规的强力保障。同时，从法律效力层次角度考察，部委规章、地方政府规章、省市政府职能部门的规范性文件，制定主体、效力位阶较低，不具有国家法律、行政法规的权威，制约着 PPP 模式在全国范围内的广泛应用和统一监管。

PPP 模式应用专门法律、行政法规缺乏，原因之一是基础设施建设 PPP 模式应用专门法律、行政法规产生的经济环境尚未成熟。新型城镇化在县域、乡镇的推广时间尚短、面域较窄，目前还局限在经济条件较好的县城及乡镇，

县（市）及乡镇基础设施建设主要还是依托自身区位优势、资源优势以及政府宏观调控进行。新型城镇化背景下的县（市）以及乡镇基础设施建设，多数地域尚无 PPP 模式应用的案例，县（市）及乡镇基础设施建设应用 PPP 模式的配套政策没有出台，专门法律、行政法规缺乏产生的经济环境。

原因之二是立法机关、政府职能部门对县（市）及乡镇基础设施建设 PPP 模式应用专门法律、行政法规及制度建设尚缺思想准备。新型城镇化背景下县（市）及乡镇基础设施的建设，省市县乡各级政府均缺乏整体规划，县（市）及乡镇基础设施建设 PPP 模式应用带来的利益分配、风险承担、政府监管等问题还未引起足够重视，制度建设还未摆上立法机关、政府职能部门的议事日程。PPP 模式应用专门法律、行政法规和规章制度的缺失，反过来制约着县（市）及乡镇基础设施建设 PPP 模式应用的进度、广度、深度。

原因之三是各县（市）及乡镇情况复杂、差异较大，制度生产能力有限。新型城镇化推进过程中，县（市）及乡镇层面的情况十分复杂，每个乡镇的具体情况差异较大，中部地区的湖南情况更加复杂，大部分县（市）及乡镇政府对新型城镇化背景下的基础设施建设缺乏科学合理规划、大部分县（市）及乡镇政府没有推进基础设施建设的经济实力，更没有能力制定符合新型城镇化要求的、有效规范县（市）及乡镇基础设施建设的制度规范。

（二）现有通用法规文件适用性不强

调研发现，多数省市或省市政府职能部门出台了 PPP 模式应用的地方政府规章或规范性文件；湖南省财政厅、部分市（州）和县（市）根据国家法律、行政法规以及国家发展改革委、财政部制定的规章出台了一些关于 PPP 模式应用的规范性文件。但是，新型城镇化背景下县（市）及乡镇基础设施建设的属性差异较大，现有通用法律、行政法规、规章以及 PPP 模式应用的规范性文件，对县（市）以及乡镇基础设施建设推行 PPP 模式的适用性不强。

第一，现有通用法律、行政法规不能直接规范县（市）和乡镇基础设施建设的 PPP 模式应用。全国范围看，PPP 模式在县（市）基础设施建设中的应用刚起步，PPP 模式在乡镇基础设施建设中的应用还缺乏成功例证；湖南省域范围看，地处中部欠发达地区，省域内长株潭、环长株潭、湘南、大湘西地区经济发展水平、城镇化水平差距甚大，多数县（市）和乡镇的新型城镇化建设 PPP 模式应用困难，现有通用法律、行政法规都是根据国家城镇化建设的传统投融资模式构建的，不是直接规范基础设施建设 PPP 模式的，不能直接指导、规范新型城镇化背景下县（市）和乡镇基础设施建设的 PPP 模式应用。

第二，现有 PPP 模式应用的部委规章、地方政府规章和规范性文件存在制度规范不齐全、制度调整范围欠完整的问题。现有部委规章、地方政府规章、规范性文件等制度规范多数集中于城市市政工程、基础设施领域，对县（市）和乡镇基础设施领域项目管理缺乏针对性；现有部委规章、地方政府规章、规范性文件内容过于抽象，只能为 PPP 模式应用提供原则指导，对 PPP 具体模式的选择、建设项目运作程序设计、公私职能划分、投资主体风险分担、合同履行管理及违约责任追究等缺乏详细、具体规定，导致现有部委规章、地方政府规章、规范性文件的指导性、可操作性不强。

第三，现有法律、行政法规、部委规章和地方政府规章、规范性文件对社会投资主体、消费者群体的利益诉求反映不足。PPP 模式有外包、特许经营、私有化等多种形式，基础设施建设 PPP 模式应用的制度规范应当充分反映社会投资主体、消费者群体的利益诉求。现有县（市）及乡镇基础设施建设多数是采用地方政府绝对主导的投融资模式，现有法律、行政法规、部委规章，特别是地方政府规章和规范性文件多数是在各级党政机关绝对控制下制定的，制度生成过程缺乏社会投资主体、消费者群体参与，现有法律、行政法规、部委规章不能充分反映社会投资主体、消费者群体的利益诉求，个别地方政府规章、制度文件甚至存在漠视社会投资主体、消费者群体利益诉求现象。

（三）推进 PPP 模式应用的制度合力不足

目前，不论是国务院层面还是省市各级地方政府层面的机构设置与职能划分，都缺少能够主导 PPP 发展的政府部门。考察现有 PPP 模式应用的制度规范，国家层面PPP模式应用制度规范的供给主体有国务院和国家发展改革委、财政部、交通运输部、水利部等部委，省市层面PPP模式应用制度规范的供给主体有省市政府以及省政府办公厅、财政厅、发展改革委、交通厅、住建厅等厅局，制度规范供给主体呈多元态势。缺乏国家专门法律、行政法规统一界定情况下，多元制度规范供给主体对PPP模式内涵、外延的理解可能存在较大差异或者冲突，多元制度规范供给主体制度生成过程中欠缺共同协商、深度协商，已颁布的部委规章、地方政府规章、规范性文件关于PPP模式应用的实体规范、程序规范及对PPP模式管理主体、受制主体、受益主体权利义务配置可能存在冲突、错配。如，现有城乡公共服务收费政策，相关规范性文件规定城市居民垃圾清理可以收费、乡镇居民的垃圾清理不能收费，新农村建设过程中农民集中居住后的垃圾清理不能收费导致居民点环境卫生保护缺乏资金来源；又如，城市电力增容可以收取电力附加费，乡镇电力增容不能收取电力附加费；再有，制度规范生成时间有先后，制度规范因时间推移发生较大改变，如农村电网改造收费政策变动较大，欠缺连续性。现有制度规范的冲突，影响社会资本参与基础设施建设的积极性，滞缓着PPP模式在县（市）及乡镇基础设施建设中的推广和实施。

三、县域基础设施建设PPP模式应用的制度优化

国家法律、行政法规、部委规章等制度规范的优化程序复杂、所需时间漫长，笔者主要考虑县（市）及乡镇基础设施建设PPP模式应用地方政府规章、规范性文件等制度规范的优化以及现有制度规范的落地。新型城镇化背景下，县（市）及乡镇基础设施建设应用PPP模式融资，必须优化PPP模式应用的合作伙伴关系和合同管理、行业管理、程序管理以及项目风险防范与分担等制度体系，全面落实PPP项目财政承受能力论证与评估制度。

（一）优化基础设施建设PPP模式应用合作伙伴关系

第一，优化政府部门职能。PPP模式合作伙伴关系界定中，摆在首位的是政府部门的角色定位。省市政府及财政厅、发展改革委、住建厅、交通厅、水利厅等部门，应当加强对县（市）以及乡镇基础设施建设应用PPP模式融

资的总体规划和指导，充分明确各部门的职责分工，预防出现“九龙治水”状况。第一，发展改革委作为PPP项目实施主体的牵头部门，负责PPP项目对接、项目征集、储备、信息发布、价格机制等“面上工程”，市、县级发展改革委应当成立PPP项目推进办，负责PPP项目的上下对接和牵头。第二，财政部门应当负责PPP项目财政预算编制与监管、PPP项目识别、策划、方案评估论证、政府购买服务机制、财政承受能力论证等，会同行业主管部门根据县（市）实际情况从定性和定量两方面开展“物有所值”评价工作。市县一级财政部门应当成立PPP管理中心，对市县PPP项目的实施进行全面问责。第三，发展改革委和财政部门外的其他省直部门，应当领导各市（州）、县（市）政府以及相关部门做好PPP项目的开工、监理、技术指导工作；市（州）政府及其职能部门加强对县（市）和乡镇基础设施建设应用PPP模式融资的监督管理。第四，县（市）和乡镇政府应当根据PPP模式应用的部委规章、地方政府规章和省市的规范性文件，结合区域PPP项目应用实际情况，梳理区域内PPP项目交易流程，对区域内PPP项目的收费及补贴标准、投资进程做出详细说明，特别是对区域内基础设施建设项目设计、融资、运营、管理及维护各阶段的利益分配关系进行清晰界定，在与社会投资主体充分协商的基础上形成PPP模式引入和运转的具体合同文本。

第二，优化社会投资主体选择标准。伙伴关系选择更重要的是社会投资主体资质、责任、权利与义务的界定。基础设施建设项目投资总额大、建设周期长，大部分项目短期经济效益不明显。参与县（市）、乡镇基础设施建设PPP模式投资的主体，既要有较强经济实力，还要有较强社会责任感和较高的诚信度，不然易形成烂尾工程和豆腐渣工程。应当通过构建企业社会责任和诚信评价指标体系（表3—12）有效衡量社会投资主体的社会责任感和诚信度。同时，县（市）、乡镇政府部门要按照法律、行政法规、规章及规范性文件的规定，与社会投资主体签订PPP合同，严格监督合同责任和义务的履行。

表 3—12　企业社会责任和诚信评价指标体系

社会责任指标	计算公式	诚信指标	计算公式
社会贡献率	企业社会贡献总额/企业平均资产	净资产收益率	净利润/资产平均总额
就业贡献率	支付给职工以及为职工支付的现金/平均净资产	资产负债率	平均负债/资产平均总额
社会积累率	上交国家财政总额与公益性支出之和/企业社会贡献总额	总资产周转率	销售收入总额/资产平均总额
税赋比率	企业纳税总额/净利润	资本保值增值率	年末所有者权益总额/年初所有者权益总额
社会活动赞助率	企业社会捐款额/企业收入总额	合同履约率	年按期履行合同数/年应履行合同总数
环保投资率	环保投资额/企业总资产	产品质量比率	企业年销售符合质量标准的数量/产品年销售数量
单位收入排放量	企业未达标“三废”排放量/营业收入	市场公平竞争比率	年公平竞争经营收入/年经营收入
材料用废率	可循环使用的废旧资源加工材料/材料消耗总额	消费者保护率	遵守消协导则的年销售次数/年总销售次数
单位产值能耗	能源消耗量/标准产品产值		
可再生能源使用率	可再生能源消耗量/能源消耗总量		

（二）优化基础设施建设 PPP 模式应用的基础制度

第一，优化基础设施建设的 PPP 项目的合同管理制度。基础设施建设的 PPP 模式应用过程中，政府与社会投资主体的权利、义务关系必须通过 PPP 项目合同约定，形成复杂的合同文本体系。合同内容角度考察，可分为基础交易合同、融资合同、特许权协议等。基础交易合同主要解决商务层面事宜，包括项目建设合同、项目运营管理合同、供应合同及产品销售合同等；融资合同主要解决资金安排、资本层面事宜，包括 SPV 章程和股东间协议等 SPV 设立文件，主要涉及合作方作为股东在公司层面的权利与义务以及决策机制，涉及 SPV 融资的相关事宜；特许权协议是 PPP 模式合同文本最重要的内容，在 PPP 合同文本体系中具有协调机制性质，是 PPP 模式有效吸引私人资本并成功运行的关键。实务操作角度考察，PPP 项目基本文件分为四类，即政府授权签约部门和投资人之间的特许经营协议、投资人和融资机构之间的协议、投资人成立项目公司的文件、投资人建设和运营项目的协议。从财政部《政府和社会资本合作模式操作指南（试行）》规定看，合同体系包括项目合同、股东合同、融资合同、工程承包合同、运营服务合同、原料供应合同、产品采购合同和保险合同等。

2014 年底至今，国家发展改革委、财政部出台的多份文件已经对加强 PPP 合同起草、谈判、履行、变更、解除、转让、终止的全过程管理进行详细规范，但国家发展改革委、财政部文件是侧重从顶层设计角度规范合同各方的权责配置、风险分担、违约处理、政府监管和履约保证。甘肃、北京等省市根据区域经济发展实际推出了省域 PPP 合同范本；湖南尚无专门规范 PPP 合同管理的地方性法规、地方政府规章和规范性文件，主要依据国家通用法律、行政法规和国家发展改革委、财政部文件进行合同管理。应当根据湖南新型城镇化过程中基础设施建设的实际，细化完善 PPP 合同文本管理制度。一是构建标准合同文本管理制度。有必要以国家发展改革委《政府和社会资本合作项目通用合同指南（2014 版）》、财政部《PPP 项目合同指南（试行）》为基础，结合湖南县（市）及乡镇基础设施建设 PPP 模式应用的具体行业和项目实践，归纳、总结主要行业 PPP 模式应用的合同文本，统一合同文本格式及合同基本内容，缩短 PPP 模式应用具体项目的合同准备和谈判周期。二是预留合同文本调整机制。基础设施建设 PPP 项目的生命周期长，合同订立时既要充分考虑项目生命周期内的实际需求，还应合理设置或者预留合同主体变更（合同转让）、合同期限变更（提前中止或者展期）、合同内容变更（产出标准调整、价格调整）的灵活调整机制，为未来长达20～30年的合同执行期预留变更、调整空间。设计合同文本调整制度过程中，应当充分吸取前些年高校后勤社会化改革过程中引进社会资本建设学生公寓、学生食堂等基础设施合同不规范、不完善的教训。三是强化合同管理培训，树立契约意识，防控项目风险。省、市（州）、县（市）财政部门应组织加强对政府及相关部门、社会资本及PPP项目其他参与方的法律和合同管理培训，使各方牢固树立契约意识，逐步提升各参与方对PPP项目合同精神主旨、核心内容和谈判要点的理解把握能力。合同管理全过程中，要充分借助、积极运用法律、投资、财务、保险等专业咨询顾问机构的力量，提升PPP项目合同的科学性、规范性和操作性，充分识别、合理防控项目风险。

第二，落实基础设施建设PPP项目财政承受能力论证和评估制度。应当深入贯彻财政部《政府和社会资本合作项目财政承受能力论证指引》精神，细化省域基础设施建设PPP项目财政承受能力论证制度，合理评估省、市（州）、县（市）三级政府的PPP项目建设财政支出责任。一是通过规范性文件建立省级财政部门对基础设施建设PPP项目财政支出预算编制、执行及监管的全过程、全方位控制制度。财政部要求通过预算对PPP项目的财政支出责任进行硬约束，前提是基础设施建设PPP项目财政支出预算的编制必须是合理的、执行必须是有效的，具体的PPP项目启动之初，就须通过制度防范发生目前政府预算管理中普遍存在的“重编制、轻执行”问题。二是灵活运用财政部规定的PPP项目预算支出控制指标。财政部要求“每一年度全部PPP项目需要从预算中安排的支出责任，占一般公共预算支出比例应当不超过10％”，应当理解这是对省域财政PPP项目预算支出责任的总体控制指标。湖南应当严格执行10％限额控制指标前提下，根据各市（州）、县（市）财力水平、新型城镇化率、基础设施完善程度以及PPP模式应用的具体情况，具体支出责任指标的控制应当差别对待、调剂使用。地方财政收入（2013年为基础）10亿元/年以上的24个县（市），当年地方财政收入增量部分，可以考虑鼓励其较大比例用于基础设施新增项目的建设和基础设施既有项目的提质改造；地方地方收入 3 亿元/年至 10 亿元/年之间的 74 个县（市），当年地方财政收入增量部分，可以考虑允许其有一定比例用于基础设施 PPP 项目的建设；地方财政收入偏低的县（市），即地方财政收入 3 亿元以下的 26 个县（市）基础设施建设 PPP 模式应用的财政支出责任，应当更多的通过国家、省级 PPP 项目产业基金和其他多种形式的财政转移支付方式解决。三是财政支出作为基础设施建设 PPP 模式应用的引导资金，应当贯彻“效率与公平兼顾”原则，注重区域和行业的平衡性评估。PPP 项目的财政支出，应当考虑各市（州）、县（市）新型城镇化发展需求，实现长株潭、环长株潭、湘南、大湘西等不同区域以及行业的均衡发展，避免 PPP 项目财政投入过度倾斜或集中于某一区域、某一行业，进一步拉大省域内东中西部经济发展水平、财政收入、新型城镇化的区域差距。四是建立健全 PPP 项目财政支出信息披露制度。年度内 PPP 项目财政支出额度必须在地方政府年度决算报告中予以披露，确保 PPP 项目财政支出信息公开透明；非现金支出、不需纳入预算安排的土地等实物投入、无形资产投入必须有制度规范并公开披露。

（三）完善基础设施建设 PPP 模式应用的行业制度

国家层面看，目前国务院、国家发展改革委和财政部等制度供给主体出台的 PPP 模式应用的行业性规范，主要涉及城镇污水和垃圾处理设施、收费公路、城市管网、水利工程等行业领域。省域层面看，除河南省政府发布的文件涉及铁路建设、湖南省财政厅和住建厅发布的文件涉及“两供两治”设施建设财政贴息奖补资金管理外，还没有看到更多的分行业 PPP 模式应用的具体规范。基于现有规范性文件主要是表达政策支持和顶层设计、缺乏具体实务操作指引的实际，首先，相关政府部门有必要以国务院和国家发展改革委、财政部等规范性文件为指导，优先选择市场化程度高、投资规模大、有长期稳定需求的城市供水、供暖、供气、污水和垃圾处理、轨道交通、地下综合管廊等行业领域，尽快出台 PPP 模式应用的行业指引。其次，有必要组织力量归纳总结国外、兄弟省市分行业基础设施建设 PPP 模式应用成功的典型案例，如波兰城市垃圾PPP管理、黑龙江佳木斯供暖PPP中外合作项目、山西存量房PPP模式项目、北京地铁“可续期债”PPP模式融资以及污水处理、棚户区改造、医疗保障、水利建设等方面的成功案例，作为分行业PPP模式应用的具体指导。另外，城市和乡镇垃圾清理收费政策以及城市和乡镇电力增容收费政策不一致、电网改造收费政策变动较大，严重影响社会资本参与基础设施建设的积极性等实际问题，应当通过调研和多部门共同协商，出台更加符合实际的、能够充分调动社会投资主体积极性的制度规范。

（四）建构基础设施建设PPP模式应用的程序制度

县（市）及乡镇基础设施建设的PPP模式应用，涉及立项、融资、招投标、建设、运营、监管等阶段，运作周期长、投资金额大、项目风险高、程序很复杂，必须建立严密、完善的程序制度体系，约束PPP项目实施主体的程序行为，确保PPP项目的顺利建设和有效运营。相关政府部门有必要结合湖南县（市）及乡镇基础设施建设PPP模式应用实际，出台《政府投资支持社会投资项目管理办法》《PPP项目行政审批实施细则》《PPP项目物有所值评价指引》《PPP项目财政承受能力评价指引》《PPP项目工程建设招投标实施细则》《竞争性磋商公告》《PPP项目遴选和评价实施细则》《PPP项目信贷支持金融服务实施细则》《PPP项目政府采购操作流程》《PPP项目运营、监管和退出管理办法》《PPP项目绩效评价指引》《PPP项目信息公开管理办法》《PPP项目风险补偿机制》《PPP项目退出机制》等规范性文件，进一步细化、完善PPP模式应用的更具实践操作性的全流程管理规范。

（五）优化基础设施建设PPP模式应用的风险防范和分担制度

社会投资主体的资质、管理能力及基础设施建设项目本身存在的风险，严重制约着湖南新型城镇化进程中县（市）、乡镇基础设施建设项目引进PPP模式的进度。构建科学有效的风险防范和分担机制，是湖南新型城镇化过程中县（市）、乡镇基础设施建设项目应用PPP模式顺利融资的关键。

一是建构基础设施建设PPP项目应用风险防范制度。一是要对参与PPP模式的社会投资主体进行评估。新型城镇化过程中，县（市）及乡镇基础设施建设应用 PPP 模式，项目规模小，对经济实力强的大财团缺乏吸引力，参与项目的投资主体多数是当地经济条件稍强的个体老板，多数投资主体的资质不很高，资金投入难以得到保障，社会责任感和诚信度难以保证。县（市）及乡镇基础设施建设项目招投标之前，必须对参与 PPP 模式的社会投资主体的资质及融资能力进行评估，对其社会责任感和诚信度进行考核。二是县（市）及乡镇基础设施建设项目本身的评估。目前省会城市、各地市州的基础设施建设多数项目开工建设前进行了风险评估，但是县（市）及乡镇基础设施建设项目的风险评估多数尚未开展。必须基于经济社会发展速度，对县（市）及乡镇基础设施建设项目，从环保风险、社会风险、现金流及利益风险等方面分不同阶段和项目类别进行测评，政府部门和相关社会投资主体必须根据测评结果，从环保设计、社会治理以及利益分享等方面做好防范对策。

第二，完善基础设施建设 PPP 项目应用风险分担制度。风险分担是指所有参与 PPP 模式的合作主体，应当按照具体的权责划分承担相匹配的风险。新型城镇化基础设施建设项目引进 PPP 模式融资，包括政府部门和参与 PPP 模式融资的社会投资主体两大主体。应用 PPP 模式建设的基础设施项目的风险，必须由政府和社会投资主体共同承担，各自承担的风险份额按照合同确定。一是政府部门主要承担公共风险，包括项目建设的环保风险、社会风险、应急风险等，如基础设施项目建设带来的环境污染以及房屋拆迁、土地征收带来的社会风险。二是社会投资主体主要承担项目建设的效益风险、安全风险和技术风险等。效益风险是指可能存在的项目建设成本与未来收益差距较大的风险，须由投资主体通过对基础设施项目进行全面的效益风险评估，各投资主体按照各自投资额承担相应风险；安全风险是指施工过程的人员财产安全风险，由项目负责单位共同负责；技术风险由项目设计单位和项目施工单位负责。三是 PPP 项目执行过程存在的法律风险须构建政府和社会投资者风险共担机制。PPP 项目逐步推广，国家法律、行政法规、规章和规范性文件日新月异，法制环境变化可能给运营周期较长的 PPP 项目投资者带来收益不确定风险。法律、政策风险原则上应当由政府承担，但文件出来后的修订、调整成本很高，需要构建一个风险共担机制，设置最低影响积累效果的门槛，当累积效果达到一定额度时，由政府通过延长特许期或额外补助等方式给予补偿。四是PPP合作关系建立和维护过程中，要针对政府信用风险高的难题，构建有公信力的地方政府信用评价平台。应由信誉度很高的社会中介机构作为政府信用的评价主体，定期提供地方政府信用评价报告，披露政府部门在PPP项目运营中的履约和守信情况。五是各项风险分担机制必须形成制度性文件，最优选择是国家出台相关法律、行政法规形成法律依据，以减少风险分担过程的麻烦。虽然所有的风险是分担的，但是部分风险并不存在非常明确的界限，如社会风险和环保风险，须由政府部门和社会投资主体共同分担。

第四章　水务行业 PPP 模式应用

农村饮水安全事关农民群众生命安全、事关农村社会稳定发展大局。农村饮水安全是农民的基本生活需求，是建设美丽宜居新农村、实现城乡一体化和新型城镇化的客观要求。2005 年国家启动农村饮水安全工程建设，通过"十一五""十二五"期间中央和地方各级政府共同努力，全国范围内基本解决了农村饮水安全问题，2016 年农村饮水安全工程进入巩固提升阶段。2017 年中央一号文件明确提出要深入推进农业供给侧结构性改革，通过优化资本、技术、信息等要素投入结构，补齐农业农村基础设施和公共服务短板。随着各省市农村饮水安全工程的持续推进，投资资金严重不足、项目运营效率低、水质监管力度弱等问题逐渐凸显，PPP 模式作为扩大农村饮水安全巩固提升工程建设资金来源、引进技术、提升建设和运营效率的重要抓手，受到理论界与实务界的热切关注。本章就农村饮水安全工程建设现状，农村饮水安全巩固提升工程 PPP 模式的应用，农饮巩固提升工程 PPP 项目的政府补偿机制和城市黑臭水体治理的 PPP 模式予以探究。

第一节　农村饮水安全工程建设现状

实践层面看，多省份重视农村饮水安全巩固提升工程应用 PPP 模式的实践探索。湖南相继出台了《农村饮水安全巩固提升工程"十三五"规划》

《“十三五”农村饮水安全巩固提升工程项目实施指导意见》《“十三五”农村饮水安全巩固提升工程财政奖补暂行办法》等政策文件，虽然供水类PPP示范项目存在前期工作复杂、项目融资难、盈利能力低、地方政府财政承受能力有限等诸多困难，农村饮水安全巩固提升工程PPP模式应用的县市试点仍如火如荼。理论层面看，近年来农村饮水安全研究和基础设施建设应用PPP模式研究的成果丰硕，但国内致力农村饮水安全工程项目应用PPP模式研究的学者不多、成果较少。中国知网“篇名”路径输入“农村饮水安全PPP”搜得研究文献4篇（2014～2016年文献2篇）、输入“农村水利PPP”搜得研究文献15篇（2014～2016年文献9篇）。胥斌等（2008）立足山东东平县域农村饮水安全工程建设实际，较早研究了农村饮水安全项目应用PPP模式的理论依据、现实依据、实现途径、运作方式、运作流程和风险识别、风险评价、风险分配以及可行的农村饮水安全项目融资模式；李晶（2011）研究了农村饮水安全工程应用PPP模式的意义、合作模式、适用范围、关键问题及政策建议；李艳茹（2015）运用层次分析法和概率统计方法，在把握农村饮水安全工程项目经济、社会、环境影响因素基础上，结合PPP模式公私部门投资比重和投资期望特点，构建了农村饮水安全工程可持续评价指标体系和评价模型；李彩云（2016）基于PPP模式风险分配路径构建多维度项目融资风险评价体系，结合东部某省实例并运用D-S理论实证综合评价了农村饮水安全项目PPP模式的融资风险；张曙光[①]（2016）简要归纳了黄冈农村饮水安全项目应用PPP模式存在的问题及化解问题的对策措施，何春丽（2016）对水利工程、城市供水PPP示范案例的机理与法律适用进行了分析。总体看，在新型城镇化及建设美丽宜居乡村背景下，系统研究农村饮水安全巩固提升工程PPP模式应用的理论成果欠缺，理论研究滞后于农村饮水安全巩固提升工程应用PPP模式的实践探索。因此，有必要系统回顾和认真总结我国农村饮水安全工程建设的历程、采取的措施和存在的不足，深入探究农村饮水安

① 张曙光.PPP模式在黄冈农村饮水安全工程中的应用.http：//www.hgsl.gov.cn/zttj/dcyj/2016-06-16/7631.html.2016-12-28.

全巩固提升阶段工程应用 PPP 模式的价值、存在困难及其化解对策，以深化农村饮水安全巩固提升工程应用 PPP 模式研究的理论深度，增强农村饮水安全巩固提升工程应用 PPP 模式的实践能力。

一、农村饮水安全工程建设历程

农村饮用水供给作为人类饮水供给的一部分，是农村人民群众的基本生活必需品。农村饮水安全工程是在农村饮水供给基本得到满足的基础上，重点解决农村饮水未达到安全标准的问题。纵观新中国成立 68 年的农村饮水供给及饮水安全工程建设历程，可以将其划分为四个特征显著不同的阶段。

（一）农村饮水自我供给阶段（1949 年～1978 年）

改革开放前农村饮水缺乏国家层面的宏观政策和规划，主要依靠农村农民自我供给和自我解决。这一阶段农村社会经济发展迟缓，农民温饱问题尚未解决，农村饮水发展十分缓慢。农村饮水多保持自然状态，以河流、湖泊、水井、塘堰为主要水源，水源多为天然、水质较好，农村污染不严重，农民取水相对方便，用水竞争不激烈，能够基本满足农村居民的生活需求①。只有一些饮水特别困难的区域，国家才会实施部分大型农村饮水工程项目，通过政府投资或补助、农民集资集劳等方式解决基本的人畜饮水和农业灌溉问题。

（二）农村饮水集中供给阶段（1978 年～2005 年）

这一阶段的显著特征是国家逐步将解决农村饮水问题列入政府工作规划，开始从国家层面加快解决农村饮水困难问题。党的十八届三中全会后，经济社会迅速发展，人民温饱问题基本解决，解决饮水困难成为农民群众的迫切要求。1984 年国务院批转《关于加快解决农村人畜饮水问题的报告》和《关于农村人畜饮水工作的暂行规定》，农村饮水开始成为政府重要工作；1991 年国家制定《全国农村人畜饮水、乡镇供水 10 年规划和“八五”计划》，1994

---

① 王爱国．中国农村饮水发展．http：//www.ches.org.cn/zgslxh/ztbd/ ywnh/tybg/ webinfo/2015/10/1445565534352391.htm.2015-10-26.

年又制定《国家八七扶贫攻坚计划》，开始将解决农村饮水困难纳入国家规划①。2004年水利部和卫生部联合颁布《农村饮用水安全卫生评价指标体系》，开始关注农村饮水安全问题。这一阶段，通过国家的高度重视、资金的大力投入、一系列饮水解困工程的开展，全面推进了农村饮水集中供给的发展，基本解决农村饮水困难问题并向农村饮水安全实施阶段过渡。

（三）农村饮水安全实施阶段（2005年～2015年）

该阶段显著特征是国家持续加大对农村饮水问题的宏观指导及资金投入，全面启动农村饮水安全工程，农村饮水由“水量”向“水质”转变、“解困”向“安全”转变。随着经济社会快速发展，农村居民共享改革开放成果、改善生活条件的需求与水污染加剧等饮水安全问题的矛盾日益凸显。相关部门2005年、2011年两次开展全国农村饮水安全状况调查以全面评估农村饮水安全状况，编制了国家级、省级、县级《2005～2006年农村饮水安全应急工程规划》《村镇供水工程技术规范》《村镇供水单位资质标准》《村镇供水站定员标准》《农村饮用水安全卫生评价指标体系》以及《全国农村饮水安全工程“十一五”规划》《全国农村饮水安全工程“十二五”规划》②。立足原有集中供水建设基础，通过系列标准、规划的实施和资金投入的不断加大，至2015年底，农村饮水不安全人数大幅减少，农村饮水的安全问题基本得到解决。

（四）饮水安全巩固提升阶段（2016年至今）

“十三五”起始之年，立足我国农村供水能力水平整体显著提升的前提，国家全面启动实施农村饮水安全巩固提升工程。我国地域广阔，农村自然地理、水资源条件复杂，区域经济社会发展不平衡，农村饮水安全问题具有明显的阶段性、反复性和动态性等特征，2016年国家发展改革委、水利部、财政部、卫计委、环境保护部、住房城乡建设部等六部委联合下发《关于做好

① 姜文来．我国农村饮水历程成效问题与建议．http：//www.waterinfo.com.cn/news_5/nei/201512/t20151207_827.htm.2015-12-07.

② 王爱国．中国农村饮水发展．http：//www.ches.org.cn/zgslxh/ztbd/ywnh/tybg/webinfo/2015/10/1445565534352391.htm.2015-10-26.

“十三五”期间农村饮水安全巩固提升及规划编制工作的通知》[①]，明确提出要继续巩固农村饮水安全建设成果，把实施农村饮水安全巩固提升工程作为重大民生事业进行谋划和推进，重点解决好小型集中供水工程和分散式供水工程标准偏低、供水保障程度不高，部分工程净化处理和消毒设施不配套、供水水质不达标，工程管理体制和运行机制不健全不完善等问题，实现水质合格率大幅提高的目标，让广大农村居民喝上更加洁净、安全、放心的水。我国农村饮水安全建设迎来重要拐点，按照国家精准扶贫的总要求和全面建成小康社会的总目标，水利部计划到 2020 年全面解决贫困地区饮水安全问题。

二、农村饮水安全工程建设措施

自 2005 年全面启动农村饮水安全工程以来，中央和地方各级政府都把保障农村饮水安全作为重要民生工作来抓，采取系列措施，取得明显成效。

（一）政府重视，狠抓落实

首先，中央政府对农村饮水安全问题高度重视。自启动农村饮水安全工程以来，每年的中央一号文件都对农村饮水安全提出明确要求，不断制定各项重大方针政策规划，加大中央财政资金投入力度，部署落实各项重点工作，与各省级政府签订责任书，全面落实农村饮水安全保障行政首长负责制。其次，地方各级政府相互协作，深入落实中央的各项要求。通过加强组织领导，落实责任分工，保障配套资金，健全考核机制，制定实施细则，规范工程管理，始终将农村饮水安全问题放在党和国家全面建成小康社会事业的全局来考虑，实现了农村饮水安全工程的顺利实施和推进。

（二）科学规划，加大投入

首先，以“十一五”“十二五”全国农村饮水安全工程建设规划实施为基础，按照统一规划、突出重点、上下衔接、分步实施原则，国家正在制定“十三五”全国农村饮水安全巩固提升工程规划。同时，各省级政府结合自身

---

① 新华社. 六部委部署巩固提升“十三五”农村饮水安全 . http://news. xinhuanet. com/food/2016-02/15/c_128719225. htm. 2016-02-15.

的农村饮水安全工程建设情况，抓紧制定和实施符合本省的农村饮水安全巩固提升工程“十三五”规划，各县级政府结合中央和本省规划，不断制定和完善实施方案。其次，中央和地方各级政府都持续加大投资力度。农村饮水安全工程投资主体是中央、地方和受益群众。2005～2015 年农村饮水安全工程总投入达 2 861 亿元，其中中央财政累计投入 1 825 亿元，地方政府和群众投资 1 036 亿元①。大力度的资金投入，确保了农村饮水安全工程的顺利实施。

（三）健全机制，建管并举

首先，建立健全农村饮水安全工程监管维护机制。按照良性长效运营原则，通过建立和完善农村饮水安全工程监管机构、监管机制，明确监管任务，落实监管责任，不断提高农村饮水安全工程监管维护的力度和广度；通过引入市场机制，适时调整水价，设立维护基金，不断加大农村饮水安全工程监管维护的经费投入；通过加强从业人员培训，完善政府监督、社会监督和行业自律机制，不断提升农村饮水安全工程监管维护的能力水平。其次，加大农村饮水安全工程项目建设的管理。通过制定系列的政策办法和技术标准，不断规范农村饮水安全工程项目建设行为，提供建设指导，明确建设目标；通过落实项目建设法人责任制、公开招标制、工程监理制、监督检查制、质量监管制和责任追究制，确保农村饮水安全工程项目建设的质量和效益。

（四）加快进度，解决特困

首先，中央和各级地方政府高度关注，不断加快农村饮水安全工程项目建设进度。“十二五”期间我国超额完成农村饮水安全工程“十二五”规划的各项指标要求和工作任务，提前基本解决农村饮水安全问题。其次，农村饮水安全工程项目建设中特别注重解决特殊困难问题，如偏远山区、少数民族地区和脱贫攻坚区域等，应通过专门编制规划、加大资金投入、提高补助标准等方式，确保农村饮水特困地区群众能够同步解决饮水困难和安全问题。

---

① 王爱国．中国农村饮水发展．http：//www.ches.org.cn/zgslxh/ztbd/ ywnh/tybg/ webinfo/2015/10/1445565534352391.htm. 2015-10-26.

系列政策、措施的落地落实，使农村饮水安全建设取得显著成效。我国已经基本解决农村饮水困难和安全问题，农村饮水安全工程建设水平明显提升，水源水质保护取得新成效，农民生活水平和生活环境显著改善。

三、农村饮水安全工程建设的不足

随着农村饮水安全实施过程的认识与实践经验的积累和丰富，肯定我国基本解决农村居民饮水安全问题这一巨大成就的同时，还要看到当前农村饮水安全保障水平仍然不高，与城乡统筹发展、城乡公共服务均等化和2020年全面建成小康社会的目标还有较大差距，需要正视问题。

（一）农村饮水安全工程水平不高

首先，部分工程供水保障程度不高。部分早期建成的工程受建设标准低、水源条件变化以及大部分工程规模偏小等因素影响，供水保障能力总体仍然偏低。目前千吨万人规模以上工程供水人口比例还不高，到2015年底只达到35%，还有近20%的人采用分散式供水方式。其次，工程长效运行机制有待进一步健全完善。尚有少部分县未建立县级工程建设管理机构，部分工程尚未明晰工程产权和管理主体，不少地方工程运行管理制度尚不健全。当前全国农村供水水价普遍低于全成本水价，不少地区水价低于运行成本甚至不收取水费，给工程长效运行带来困难。

（二）农村供水水质保障能力偏低

首先，供水水质达标率有待进一步提升。出于设计和成本考虑原因，农村饮水部分工程未考虑水质处理和设施，或者安装了但由于考虑运行成本未使用，导致农村饮水水质不能完全达标。其次，水质检测十分薄弱。依据《生活饮用水卫生标准》（GB5749－2006）水质检测指标达到106项，农村饮水检测很难达到，一般检测指标不超过10项，同时缺乏专业技术人员、专业检测设备和专项经费，检测频率低，甚至常年没有检测，农村饮水水质状况难以掌握。再次，适宜农村饮水水质处理技术缺乏，现有的水质处理技术适宜于大型处理厂，但适宜农村饮水工程技术成熟、成本运行低、管理简单的水质处理技术很少，特别是高氟水、苦咸水处理技术，同时缺乏相应技术人员。最后，水源地保护薄弱。保障农村饮水安全的首要任务是水源地保护，农村饮用水水源类型复杂、点多面广，农村面源污染普遍并涉及农业、环保、水利等多个部门，农村饮水水源地保护极端薄弱，甚至一点保护措施都没有。

（三）农村供水安全工程建设资金投入方式单一

中央和地方各级政府在农村饮水及饮水安全工程建设投入中始终处于主导地位。从资金投入总量看，2000 年以来，投向农村饮水安全工程的资金总额已超过 3 000 亿元；分阶段看，“十五”到“十二五”投入资金总额由 200 亿元上升至 1 768 亿元，增幅明显；从资金性质看，几乎全部来源于各级政府的财政资金①。政府主导的资金投入方式，在新中国成立后农村饮水底子薄弱、根子较差的条件下，为快速推进农村饮水供给和饮水安全的发展起到了积极作用。随着改革开放的不断深入发展，人民收入水平不断增长，对饮水安全和饮水质量的要求不断提高，传统的以政府为主导的资源配置方式和资金投入方式，已经不能满足农村农业地区人民群众的需求，地方政府的配套资金落实难度加大，供需矛盾不断加大。要完成政府工作报告提出的农村饮水安全巩固提升要求，到 2020 年城乡自来水普及率达到 90%，只依靠政府主导的单一资本投入，实现这一目标将给地方财政带来巨大压力。

（四）社会资本参与农村饮水安全工程建设较少

近年来农村饮水安全工程建设取得明显进步，但农村饮水安全工程建成投用后，部分地区仍存在着饮水安全问题。首先，虽然各级地方政府均提出要“建管并举”，实践中“重建轻管”的问题依然普遍存在，且得不到有效根治。其次，虽然各级地方政府都注重农村饮水安全工程建设的长效良性运营机制的建立健全，但工程可持续性低的问题还是普遍存在。再次，已建成的农村饮水安全工程项目存在质量水平不高问题，主要表现在饮水工程的基建更新周期长、设备老化、供水能力总体偏低；供水水质达标率有待进一步提升；水质检测十分薄弱；适宜农村饮水水质处理技术缺乏；水源水质地保护

① 农饮水工程期待社会资本 . http：//www. etf88. com/jjb/ 2016/0504/4937182. shtml. 2016-05-04.

力度小。问题的出现，根本原因在于农村饮水安全工程缺乏社会资本参与，没有有效弥补政府主导农村饮水安全工程缺陷的投融资机制和建设运营机制。

第二节　农村饮水安全巩固提升工程 PPP 模式应用

农村饮水安全巩固提升工程应用 PPP 模式对转换地方政府职能、减轻地方财政负担、提高农村公共产品供给效率、合理分配项目风险具有重要价值。农村饮水安全巩固提升工程应用 PPP 模式面临地方政府引导资金欠缺、项目投资回报率低和运营风险大不能吸引社会资本、农村 PPP 项目融资环境差等困难。农村饮水安全巩固提升工程应用 PPP 模式应当构建政府启动资金与运营补助筹集、社会资本方选择、社会资本投资回报保证与退出、存量项目改造与增量项目建设选择及政府与农民大众联合监督等机制。

一、农村饮水安全巩固提升工程应用 PPP 模式的价值

农村饮水安全巩固提升项目是指列入中央和地方农村饮水安全巩固提升工程“十三五”规划，政府投资支持的新建、扩建、改建和管网延伸等农村饮水工程。在脱贫攻坚全面建成小康社会、推进新型城镇化建设美丽宜居乡村的时代背景下，农村饮水安全巩固提升工程应用 PPP 模式具有国家社会层面和农饮工程自身两个维度的重要价值。具体讲，农村饮水安全巩固提升工程应用 PPP 模式对于转换地方政府职能、减轻地方财政负担、降低公共产品和公共服务成本、提高公共产品和公共服务的供给质量和供给效益，促进投资主体多元化和投资方式多样化、合理分配投资运营风险等方面具有重要价值。

（一）全面建成小康社会和建设美丽宜居乡村的客观要求

首先，它是脱贫攻坚全面建成小康社会的总体要求。2020 年全面建成小康社会是实现中华民族伟大复兴中国梦的战略布局。这一总目标的实现有赖于加快农村饮水安全建设，推进贫困地区、贫困村镇、贫困人口的饮水安全巩固提升。当前扶贫攻坚的贫困地区由于经济社会发展水平偏低、地方政府

财政支付能力有限、饮水基础设施很不完善、地域地貌等自然环境复杂多样、常居人口分散、交通区位闭塞不便等原因，农村饮水安全工程发展相对薄弱。这些区域加快推进农村饮水安全巩固提升工程PPP模式应用，对于减轻地方财政负担，加快建设上层次、上规模的农村饮水工程，尽快满足贫困人口的饮水需求，打赢脱贫攻坚战同步实现小康无疑具有十分重要的价值。其次，它是推进新型城镇化建设美丽宜居乡村的客观要求。农村饮水安全是农民的基本生活需求，关系着农民的生活质量和健康水平，是国家改善民生的重要任务。《国家新型城镇化规划（2014—2020年）》明确提出“要推动城乡发展一体化，建设社会主义新农村，加强农村基础设施和服务网络建设，加快农村饮水安全建设，因地制宜采取集中供水、分散供水和城镇供水管网向农村延伸的方式解决农村人口饮用水安全问题”。[①] 长期以来，农村饮水诸多问题的根源在于我国的自来水供给存在着城乡二元割裂。体制上，城镇供水归住建部门管理，基本能达到城市供水标准；农村供水归水利部门管理，规模小、覆盖低、服务差。标准上，城市供水标准详尽；农村供水则缺乏政府各个层面的标准规范。农村饮水安全巩固提升工程应用PPP模式可有效地解决这些体制问题和实践难题，为城乡供水一体化带来新的机遇，是建设美丽宜居新农村、实现城乡一体化和新型城镇化的客观要求。

（二）扩大农饮安全巩固提升工程资金来源的重要手段

农村饮水安全巩固提升工程是“准公共产品”，保障农村饮水供给面临着投资资金严重不足的难题。首先，地方政府财政压力大。目前农村饮水解困和农村饮水安全工程的建设资金，2/3由中央投资，1/3由各级地方政府配套，尚不富裕的县级地方财政配套压力巨大。其次，中央明确鼓励多种融资筹资方式。2016年1月，中央六部委联合下发《关于做好“十三五”期间农村饮水安全巩固提升及规划编制工作的通知》（发改办农经［2016］112号，简称《通知》），提出要多渠道筹集建设资金，中央财政重点对贫困地区予以

① 中央政府门户网站．国家新型城镇化规划（2014～2020年）．http：//www.gov.cn/zhengce/2014-03/16/content_2640075.htm.2014-03-16.

适当补助。作为公共部门和社会资本的合作形式，PPP 模式可通过引入社会资本参与提供公共服务，达到多渠道筹集资金、缓解政府财政压力的目的。

（三）适应中央“十三五”农饮工程补助政策调整的现实需要

根据中央六部委联合下发的《通知》精神，“十三五”期间农饮政策较“十二五”有很大调整。首先，中央投资大幅减少。“十三五”期间农村饮水安全巩固提升工程中央投资总规模约为 200 亿元，约为“十二五”期间的 1/8。其次，地方主体责任加大。“十三五”农村饮水安全巩固提升工程建设资金以地方政府为主负责落实，中央财政的适当补助要与各地规划任务完成情况挂钩。最后，工作目标要求更高。“十三五”是我国全面建设小康社会的决战期，是我国农村饮用水建设的重要拐点。加快农村饮水安全巩固提升工程 PPP 模式应用是适应中央对“十三五”农饮工程补助政策作出重大调整的现实需要。

（四）有效解决我国农饮巩固提升工程诸多矛盾的理性选择

首先，中央政府鼓励推广 PPP 模式。2015 年国务院下发《关于在公共服务领域推广政府和社会资本合作模式的指导意见》，明确要求水利等公共服务领域广泛采用政府和社会资本合作模式。2016 年 7 月 18 日，李克强总理在各省（区、市）政府负责人促进社会投资健康发展工作会议上强调，“‘十三五’规划确定的重大项目、重大工程和地方规划明确的重点项目，有条件的都要创新机制，鼓励吸引社会资本投入，并合理保护其合法权益”。① 其次，传统农饮工程模式难以为继。受国内外多方面因素影响，今后很长一段时期财政收入增长将进入中低速增长阶段，但包括水利工程在内的基础设施建设需求不降反升，财政资金供需矛盾进一步加剧。推广 PPP 模式，建设阶段只需安排少量资本金，运营阶段只需安排一定的可行性缺口补贴，合作期限拉长，可平滑各级财政支出、缓解各级政府年度筹资压力。最后，PPP 模式可大幅提升项目管理效益。推广 PPP 模式，实现政府与社会资本在筹资、建设、运

① 中央政府门户网站．李克强主持召开各省（区、市）政府负责人促进社会投资健康发展工作会议．http：//www.gov.cn /xinwen/2016-07/19/content _ 5092779. htm. 2016-07-19.

营、管理、移交全生命周期内的有效合作，可以有效解决建管脱节问题，降低管理成本，提升管理效益，是有效解决农饮工程诸多矛盾的理性选择。

（五）提高农村饮水安全项目建设与运营效率的重要抓手

首先，由于工农业废水排放和偏远农村水资源匮乏，农村饮水安全项目涉及亿万农民，有实现规模经济效应、降低制水成本的必要性。再次，相比政府部门，私营部门更具灵活的运营优势，农村饮水安全PPP项目的前期设计、中期建设与运营、后期维护等都有引入先进技术以提高可饮用水量、控制成本的强烈需求，这就可以充分发挥PPP模式中的企业技术优势，大大降低政府的建设成本和管理成本。最后，PPP模式中政府与社会资本方角色的分工，将农村饮水安全项目的绝大部分运营风险转移至企业，迫使企业利用自身的商业思维和管理经验去运转资金，能够提高农村饮水安全项目的管理效率和资金使用效率，是提高农村饮水安全项目建设与运营效率的重要抓手。

二、农村饮水安全巩固提升工程应用PPP模式的困难

（一）地方政府财力不足缺乏政府引导资金

农村饮水安全巩固提升项目比城市水务项目更具公共产品特性，农村饮水安全巩固提升项目应用PPP模式的前期资金需要全部或大部分的财政资金投入。地方政府特别是乡镇一级政府的财政收入少，只能依靠上级财政部门拨款，且转移支付资金下达乡镇部分较少，农村基础设施建设的财政缺口大。

（二）项目投资回报低对社会资本吸引力弱

首先，农村饮水安全项目属于社会公共产品，后期虽有一定的水费收入，但因水价由政府控制，社会效益明显，经济利润较低，短期内根本无法实现经济效益，故自利的社会资本可能不愿参与项目建设。其次，分散、规模小是农村供水的最大特点，这大大增加了饮水安全工程的技术难度。水处理技术有规模效应，规模大了边际成本才会下降，如果规模不增大，很难降低成本。较高的成本将使得社会资本无利可图，不愿意进入农村饮水领域。

（三）农村饮水安全PPP模式运营的风险大

首先，农村饮水安全项目涉及基本民生，水价受到政府严格控制，企业

运营过程的调价空间较小，特别是较长的投资回报期可能带来较大的通货膨胀风险和现金流风险。其次，农村饮水安全项目涉及广大农民的基本用水，政治敏锐性和社会扩散效率较强，稍有不慎就可能带来一些法律问题（如农民未及时缴纳水费，停水，催款，找政府部门），政治风险较大。

（四）农村金融体系不完善融资的环境不佳

PPP项目需要银行等金融机构的配合参与，需要基金管理部门的积极介入，农村金融环境难以解决这一问题，只能依靠当地政府部门与外地社会资本、外地基金管理部门甚至是外地银行的合作博弈，在外地的利益相关者不了解当地农村实情的情形下，当地政府部门可能不具谈判优势。

三、农村饮水安全巩固提升工程应用PPP模式的对策

（一）健全农村饮水安全PPP项目制度体系

目前农村饮水安全项目PPP模式应用尚缺乏相应的制度文件指导。PPP项目启动前，应当构建由省级到县级的一系列指导性文件，包括农村饮水安全项目PPP模式的实施细则、合同管理以及流程设计、风险防控等具体内容，应尽可能细化，如具体到农村饮水安全PPP项目的项目公司的税收减免规定等。

（二）政府启动资金与运营补助的筹集机制

首先，要明确农村饮水安全PPP项目的政府出资方和项目实施主体（招标主体）是县级政府部门还是乡镇级政府部门。其次，要就政府启动资金与运营补助的资金来源做出可行方案，包括中央政府补助比例、省级或县级政府出资比例，明确财政预算资金下拨方式是专项转移支付还是三农扶持资金。

（三）建立和完善社会资本参与的相关机制

第一，建立社会资本方的选择机制。涉及农民基本生活和健康，农村饮水安全PPP项目的社会资本方选择应在考虑财务水平、发展前景的同时，更要关注其信誉状况和社会责任履行情况。应对社会资本方身份与资格进行严格界定，对国有企业和上一级政府所属融资平台作为社会资本方参与农村饮水安全PPP项目的合理性进行评价。

第二，完善社会资本投资回报的保证与退出机制。面对农村饮水安全

PPP 项目存在的回报低、周期长、风险大等不利因素，为吸引社会资本方，必须确保其一定的投资回报。首先，将农村饮水安全这一典型的准经营性 PPP 项目作为非经营性 PPP 项目（政府购买社会服务项目）设计，政府方需通过工程可用性服务费和运营养护费等方式承担工程建设成本和运营成本，并在水费收益之余，确保社会资本方固定的资金回报率。其次，建立多目标供水结构，扩大目标消费群体。鼓励社会资本方改进技术提升水质，除保障本地区的农村饮水安全外，还可创造条件激励其将富余的水量以市场价格向附近城镇的第二、第三产业提供供水服务，增加社会资本方运营阶段的盈利空间，保证其在稳定回报率的前提下释放政府方的支付压力。同时，通过农村饮水安全工程提高一些对水质要求较高的酿酒、饮料生产企业的用水质量，缓解日益凸显的食品安全压力。再次，全方位构建政府增信机制。除政府兜底外，农村饮水安全 PPP 项目设计时还应尽可能提升政府信用。如合同明文规定政府换届时 PPP 项目的可持续性和风险防范，又如 PPP 项目社会资本方结构中引入基金，并使“老太太”群体或者当地农民成为部分基金持有人，形成“近约束”机制。最后，允许满足一定条件的社会资本方，特别是基金管理机构的提前退出。

（四）存量项目改造与增量项目建设的选择

根据财政部 113 号文和 42 号文，PPP 最基础的运作方式包括建设－运营－移交（BOT）、建设－拥有－运营（BOO）、转让－运营－移交（TOT）、改建－运营－移交（ROT），存量项目改造和增量项目建设的 PPP 运作模式有所区别。需要整改、扩建的农村饮水安全项目，可通过 ROT、TOT、LBO（Lease－Build－Operate）、BBO（Buy－Build－Operate）、扩建整合后经营整体工程并转移等方式引进基础设施的更新投资与运营管理。改扩建存量项目的风险大大低于增量项目的风险，对社会投资者仍具有较大吸引力。新建的农村饮水安全巩固提升项目，可通过 BOT、BOO、BOOT（Build－Own－Operate－Transfer）、BLT（Build－Lease－Transfer）、BOOST（Build－Own－Operate－Subsidy－Transfer）等方式，最大限度引进私人部门的资金资源，降低财政风险。

（五）政府与农民大众联合监督机制

为了避免或预防社会资本方运营后期可能出现的水质量下降、环境污染等问题，在 PPP 项目设计前期，政府应制定水质量控制标准，并与社会资本方签署环境保护协议，构建政府与当地农民大众联合监督机制，组成农民监察组，建立其能将所发现问题及时上报的绿色通道。同时，建立健全完善的社会监督机制，既要加强行业自律也要加强舆论媒体和政府机构的外部监督。

（六）准确界定 PPP 模式的适用范围

农村饮水安全巩固提升工程 PPP 模式的应用具有其自身特点，如收益稳定、自然垄断和准公共性等，必须准确界定哪些工程项目适宜引入 PPP 模式。笔者认为，下列类别工程项目适宜引入 PPP 模式：一是特大型工程项目，一方面具有规模效益，另一方面政府引入的意愿较强；二是多目标供水工程，其供水目标对象多，水需求量大，能够增加企业盈利；三是区域单村工程，将一个自然村打捆引入 PPP 模式，既能降低投入成本也便于统一管理运营；四是政府补贴工程，通过补贴分担企业盈利风险，确保项目长期运营。

综上，随着“十三五”时期农村饮水规划目标的确立、农村饮水政策的变化，农村饮水安全巩固提升阶段应用 PPP 模式势在必行。加大农村饮水安全巩固提升工程 PPP 模式的应用，既能有效解决公共服务项目融资问题和政府债务问题，盘活存量资产，提高财政支出绩效，促进政府职能转变，又能够改善和规范水务公共服务项目建设运营机制，提高农村饮水巩固提升工程项目的质量水平，保障农村人民群众的饮水需求。当前，农村饮水安全巩固提升阶段应用 PPP 模式的理论研究和实践推广仍然薄弱，亟待继续跟进加强。

第三节　农饮巩固提升工程 PPP 项目的政府补偿机制[①]

农村饮水安全巩固提升工程项目是具有典型准公共产品属性的民生工程，必须向项目覆盖范围内的所有农民提供，具有典型的非排他性和非竞争性，且水价设定必须符合国家规定标准，不能像其他商品一样遵循市场规律。其运营阶段的收益可能非常有限，而其前期建设资金投入大、周期长，交易对象又为数量庞大的农民阶层，蕴含较多的纠纷和风险发生可能，未来现金流难以补偿前期投资成本。因此，农村饮水安全巩固提升工程项目对注重经济效益的社会资本方吸引力有限。要推进农村饮水安全巩固提升工程 PPP 项目，必须借助适当合理的政府补偿机制来弥补社会资本方的成本回收和利润要求。PPP 项目定价与政府补偿机制作为 PPP 项目利益分配的核心，在水价定价和调整不受 SPV 公司控制的情形下，政府补偿机制成为政府方和社会资本方合作博弈的关键议题。需要在不过度增加政府财政压力的前提下，给予合理的政府补偿，才能有效调动社会资本参与农村饮水安全巩固提升项目的积极性。

现有文献主要运用期权定价理论（陈晓红，郭佩含；2016）构建 PPP 项目的政府补偿模型，认为政府补偿方式包括政府担保（吴孝灵，2013）、政府补贴（严华东，2016）、价格补偿等，具体针对交通领域项目等设计政府补偿原则和计算方法（杨帆，2010），测度 PPP 最优补偿模型，为 PPP 项目的政府补偿决策提供参考。现有研究成果丰富了 PPP 理论，但仍存在较大不足。一方面，现有文献主要集中于对 PPP 项目政府补偿模型的数理分析，没有结合某一特定基础设施建设领域，特别是水务等民生项目的 PPP 应用给予具体细致的政策指导。另一方面，现有研究主要涉及政府部门所能给予的经济补偿，缺少对其他补偿方式的探索。事实上，除了直接给予经济补偿，政府还可通过税收优惠、赋予相关盈利项目特许经营权、技术扶持、降低 PPP 项目

---

① 黄拥政、彭程甸、祝子丽：《农村饮水安全 PPP 项目的政府补偿机制略探》，载于《中南林业科技大学学报（社会科学版）》2017 年第 4 期。

风险等方式提供补偿。笔者拟通过设计多元政府补偿机制，增强农村饮水安全巩固提升工程的社会资本参与度，以期为 PPP 项目在农村饮水安全巩固提升工程领域的广泛推广应用提供决策参考。

一、农饮巩固提升工程 PPP 项目的特点

（一）规模经济与效率主导性

水资源开发因地理分布集中、无法竞争或不适宜竞争而具有较强自然垄断性，特别水质要求较高的农村饮水安全项目，一方水土养一方人，通常一个自来水项目就可覆盖一定农村区域，形成自然垄断。占据垄断地位的水务企业的边际生产成本会随生产总量增加而不断递减，形成规模经济。规模经济客观上要求农村饮水安全巩固提升工程 PPP 项目必须成为效率主导性项目，只有不断生产出更多产品稀释单位生产成本，将固定成本摊薄摊稀，才能增加项目总利润、增强农村饮水安全巩固提升 PPP 项目对社会资本的吸引力。

（二）范围经济与产业网络性

具有规模经济效应的企业在进行多元化经营战略过程中可以共享相关资源，比如农村自来水公司利用绿色生态水资源生产矿泉水、酿酒等，使得所有产业平均成本分摊比单一产业要低，进而产生范围经济，获得竞争优势。范围经济促使农村饮水安全巩固提升工程 PPP 项目可能通过多元的产业扩张，形成产业网络提供商品和服务；并且能够通过技术创新追加新产品和新服务，扩大收益来源，降低产业网络联合生产成本。

（三）战略资源与外部性

水资源是生命之源，既是生活必需品，又是环境保护的重要环节。我国水资源十分贫乏，属于基础性的稀缺性战略资源。在环境保护和生态综合治理形势日益严峻的情形下，水务行业具有巨大的投资价值和发展潜力，值得社会投资者关注和参与。同时，作为关系日常民生的基础生态资源，饮用水的调价机制受到政府严格限制和监管，具有较大的外部性。农村饮水安全巩固提升工程 PPP 项目向消费者提供产品或服务，政府部门需要对其外部效应给予准确评估和合理定价，将其外部经济性的价格定为正值、外部不经济性

的价格定为负值，并作为政府补偿额度测算的重要指标之一，激励社会资本主动提高服务质量，达成农村饮水高质高效的目标。

（四）资产专用与资金密集性

农村饮水安全工程行业属于资金高度密集行业，前期基础设施建设需要大量资金投入，特别是供水管网投资额巨大且不能直接产生收益。基础设施建设会形成大额的固定资产，折旧时间长、变现能力差，具有较大的沉淀性。同时，基础设施建设形成的资产只能专用于供水系统，资金一旦投入就难以收回，更无法改作其他用途。因此，农村饮水安全巩固提升项目前期需要巨额资金投入，既要发挥政府引导资金的杠杆作用，又要吸引社会资本进入。

（五）经营恒久与现金流稳定性

水是不可替代的，人类对饮用水的需求具有恒久性，农村饮水安全巩固提升工程PPP项目的运营当然具有恒久性。国家对水价实行严格管理与控制，一定区域内饮用水产品和服务的需求量基本固定，需求风险小。在不调整水价的情形下，PPP项目的经营性收入维持在可控范围内，经营性现金流相对稳定，且不会随着经济周期明显波动，具有较强的抗周期风险性，市场风险较低。

（六）水质要求与技术创新性

农村饮水安全巩固提升工程关键在于“巩固”和“提升”，即通过科学确定水质、水量、方便程度和保障程度等规划指标，充分发挥已建工程效益，综合采取改造、配套、升级、联网等方式进一步提高农村饮水集中供水率、自来水普及率、供水保证率和水质达标率。可见农村饮水安全巩固提升工程有着较高水质检测要求，需要参与运营的社会资本方通过技术更新、设备改造、业务创新和管理提升，持续提高饮用水生产的技术水平，确保水质安全。

二、农饮巩固提升工程PPP项目政府补偿的不足

（一）运营成本高，改造费用大

一是项目收益少。农饮水是关系民生的基础生态资源，调价机制受到政府严格监管，自来水收费标准偏低、乡镇区域内用水需求量基本固定，PPP项目

运营现金流小、增加空间小。二是运营成本高。农饮水安全工程是资金高度密集行业，管网建设成本高，大修年限、大修补贴直接影响社会资本收益；农村自来水厂服务对象是农民群体、管理主体多元、产权欠明晰，各类纠纷处理耗时费力。三是改造费用大。现大量耗水生活电器进入农村、高楼供水和 24 小时供水成为农村生活基本需求，用水量大幅增加、水压要求提高。“十二五”期间和“十三五”前期，农村供水系统建设水压标准一般为 4.8～5.0 MPa，部分农村实际水压只能达到 2.5～2.8 MPa，增高水压使网管不能承受容易爆裂、漏水率高（30%～60%），出厂水成本 1.1 元/吨到达农户家可能翻倍；工程设计水量标准 70 L/（人·d）、枯水地方最低标准 40 L/（人·d）、保证基本饮用水且不要求 24 小时供水。原建设标准偏低，急需巨资提质改造。

（二）补偿方式单一，补偿力度偏小

一是以财政资金补助为主。2016 年湖南 54 个县市区 129 个农饮水 PPP 项目总投资 236 亿元；虽然农饮水安全 PPP 项目财政投入压力持续加大，但税收优惠、资源捆绑、产业链补偿等方式仍使用较少。二是以固定补贴为主。多由县市财政、水利部门与社会资本通过 PPP 协议约定补贴金额、补贴期限。执行过程因水质、水量、水价出现变动，难以全面反映 PPP 项目财务状况动态变化、难以有效约束项目投资人持续保障服务质量。三是补偿力度偏小。某县为解决贫困地区和非贫困地区的贫困人口饮水，“十三五”规划投资 8 652万元，财政奖补 2 429 万元；达成全县“十三五”农村自来水普及率和水质达标率标准需投入 5.45 亿元，资金缺口大。已运营的东湖地表水厂总投资 2.14 亿元，社会资本方投入 1.14 亿元、县水利局投入 7 000 万元、社会资金筹集 3 000 万元，运营收入只有居民水费，前三年政府补贴共 1 000 万元。不考虑融资成本，政府补贴、水费收入与电费、管网维护费基本持平。三年补贴期一过，项目公司面临每年 300 多万的亏损，经费缺口大，30 年运营期难以维持。

（三）政府税收优惠不到位

一是乡镇“城市居民”用水征收增值税。财政部、国家税务总局（财税

[2012] 30号）规定，饮水工程运营管理单位向农村居民生活供水收入免征增值税，向城市居民供水收入征收增值税。城镇人口统计时将部分长期居住于乡镇的居民归入城市人口，该部分城市居民属农村集中供水范围，应纳入农饮水口径免征增值税，但税务局要求制水企业缴纳该部分“城市居民”供水收入的增值税。二是税收优惠期短且制度不配套。农饮水PPP项目运营期长、前期多亏损，税收优惠对社会资本投资激励作用不足。三是税收优惠政策零散且执行欠佳。农饮水安全PPP项目税收优惠政策散见于农业、高新技术、水电行业等税收文件，地方政府税收补偿执行不到位或长期拖欠。

（四）本土资源优势待发挥

一是本土市场开拓不够。现有的农村饮水安全PPP项目，没有深耕本土丰富的绿色资源和广阔的居民市场，推动项目公司开展多元化经营，扩大收益渠道的思想观念待增强。二是没有纳入乡村振兴规划、特色小镇发展战略。农村饮水安全提质改造与乡村振兴、特色小镇建设规划有机结合，充分利用农村绿色生态水资源、培育发展绿色生态水产品品牌、促进乡村乡镇特色产业链的发展、夯实乡村振兴和特色小镇产业基础的路径待开发。三是没有与国家重点推广的农业PPP项目有效结合。农村饮水安全PPP项目与国家重点支持的农业基础设施建设和公共服务PPP项目，重点引导的农业废弃物资源化利用、农业面源污染治理、规模化大型沼气、农业资源环境保护与可持续发展PPP项目，重点鼓励的现代农业示范区、农业物联网与信息化、农产品批发市场、旅游休闲农业发展PPP项目的捆绑式开发、经营模式待探索。

（五）绩效评价体系待健全

农饮水安全PPP项目必须确保产品完全符合饮用水检测标准。农饮水安全PPP项目尚处发展初级阶段，缺乏科学、系统的项目绩效评价标准，没有形成由经济、社会、环境可持续性效益值构成的综合评价体系；农饮水安全PPP项目绩效评价缺少“政府补偿额度与饮用水产品和服务的质量挂钩”原则的全面贯彻；缺乏水质监控与PPP项目监管的服务质量联合监控机制。项目公司可能出现设备更新慢、技术创新度低、运营效率不佳等逆向选择。

三、农饮巩固提升工程PPP项目政府补偿的原则

作为准经营性基础设施PPP项目，农村饮水安全巩固提升工程社会效益显著，在需要均衡兼顾政府、社会资本、使用者等利益相关者利益基础上，充分考虑农村饮水安全工程的特点，设计合理的补偿方式，保证社会投资者参与农村饮水安全巩固提升工程PPP项目的合理回报，吸引社会闲散资本进入，为农民基本生活提质上档提供保障。

（一）以政府财政承受能力为底线

给社会资本提供适度补偿，调动社会资本投资农村饮水安全巩固提升项目的积极性，通过财政资金引导撬动社会资本，保障社会资本一定经济效益的同时，为农村农民创造巨大社会效益。前提条件是必须以政府财政承受能力为底线，超出政府财力范围的所有补偿都不符合帕累托优化原则。基础设施建设应用PPP模式的初衷实为解决地方政府财力不足的难题，尤其是地方债务问题。超出财政承受能力的政府补偿将与其最初目标背道而驰。政府部门做PPP项目物有所值评价和财政承受能力论证，必须充分考虑财政支出与项目预计社会效益之差，在地方政府财政承受能力范围内设计和商讨补偿机制。农村饮水安全项目巩固提升工程建设资产专用性强、资金密集度高，前期工程建设需要大量资金投入，政府引导资金数额巨大，需要以政府财政承受能力为底线，最大限度吸引社会闲散资金和产业基金，创新投融资模式，减轻财政压力。

（二）确保社会资本“盈利但不暴利”

基础设施建设项目普遍存在回报低的问题，对于追求自身利益最大化的社会资本而言，项目收益是其参与PPP项目及运营投入程度的决定因素。政府补偿能弥补农村饮水安全巩固提升工程PPP项目社会投资回报不足的问题，特别是在农村饮水安全项目经营恒久和现金流稳定情形下，农村饮用水需求风险和市场风险都较小，又有适度的政府补偿机制，社会资本参与农村饮水安全巩固提升项目的收益可能十分可观。因此，设计政府补偿机制时要谨遵“盈利但不暴利”的原则，量化补偿额度时要以一定范围的利润空间为基础，预防社会资本“暴利”现象出现。一旦因市场需求量增加或政策性水价调整

等原因致使社会资本在项目经营过程中出现利润大幅增长的情形，应立即启动PPP项目利益分配调整机制，防止社会资本侵占财政资金或农民福利。

（三）事前补偿和事后补偿相结合

农村饮水安全巩固提升工程PPP项目的政府补偿方式可以分为事前补偿和事后补偿两种。事前补偿是指在PPP项目识别、准备和采购阶段，承诺给予中标社会资本的一次性工程可用性服务费支出，以及最小收益保证和放弃期权所产生的价值补偿。事后补偿是在PPP项目执行和移交阶段，根据项目实际收益与特许收益之差给予社会资本一定程度的补偿，这种补偿形式与项目运营收益挂钩，可能采取按年补贴或按期补贴（建设期、运营期、转移期）等方式。事前补偿是吸引社会资本进入的主要筹码，但事前补偿作为一种预期保证形式可能导致政府补偿过高或不足，进而导致社会福利或私人利益受损。适度的事后补偿激励有助于政府部门随时监控项目实际运营状况，引导社会资本持续提供高质高效产品和服务。农村饮水安全巩固提升工程前期基础设施建设需要大量资金投入，资产专用和资金密集度高，政府事前补偿是PPP项目吸引社会资本和维系合作伙伴关系的必需手段。作为一项重要的战略资源，饮用水价格受到政府严格监管，故农村饮水安全项目具有巨大的外部效应。这种外部性体现在PPP项目运营、转移及管理活动中，需要以事后补偿的形式激励社会资本方持续提供高质产品和服务。因此，农村饮水安全巩固提升工程PPP项目应构建事前补偿和事后补偿相结合的动态补偿机制，既确保项目前期能有充足的社会资本进入，又能实时监控项目运营过程。

（四）政府补偿额度与服务质量挂钩

农村饮水安全巩固提升工程PPP项目的政府补偿机制必须由政府部门和社会资本共同商榷，达成一致意见，并在合同中明文约定，补偿程度应尽可能量化和可操作。同时，事后补偿方式和额度必须与社会资本运营期间提供的饮用水产品和服务的质量挂钩。农村饮水安全巩固提升项目关系广大农民群众的身体健康，对水质要求较高，项目运营方必须确保其提供的产品完全符合生活饮用水的检测标准，一旦出现水质问题将产生严重的社会影响。因此，政府部门必须对农村饮水安全项目实行各种途径的全程监控。明确补偿额度时，充分考虑项目产生说明中的服务标准和绩效水平，参考国家水质检验标准设置农村饮水安全巩固提升工程 PPP 项目的饮用水产品和服务标准，并通过补偿调整机制激励社会资本方不断进行技术创新，提高水质和服务水平。实时监督、跟踪与评价，动态调整补偿模型，有效激励和约束社会资本，改善其产品和服务质量。

四、农饮巩固提升工程 PPP 项目政府补偿的机制

农村饮水安全巩固提升工程 PPP 项目的政府补偿形式需要结合 PPP 类型予以确定。《湖南省“十三五”农村饮水安全巩固提升工程项目实施指导意见》将农村饮水安全巩固提升项目界定为列入全省农村饮水安全巩固提升工程“十三五”规划，政府投资支持的新建、扩建、改建和管网延伸等农村饮水工程。由此可见，农村饮水安全巩固提升工程 PPP 项目涵盖存量项目和新建项目。存量项目可采用 ROT、TOT 等形式，ROT 适用于存量项目的水厂扩建或二期建设，TOT 适用于存量项目的特许经营权转让等；新建项目可采用 BOT、BOOT、BTO 等形式，BOT 或 BOOT 一般适用于新建水厂或管网的水务项目，BTO 主要适用于新建管网项目。不同 PPP 模式的补偿方式或额度可能存在差异，相比新建项目，存量项目扩建或改造成本可能远小于新建项目工程建设成本，且前期已有的运营管理模式可大大降低项目风险，增加对社会资本的吸引力，政府需要提供的补偿力度可以相对较小。农村饮水安全巩固提升工程 PPP 项目，可以以传统财政补贴等补偿方式为基础，构建多元补偿机制，为损失规避型的社会资本提供强有力的政府保证，促使其提高饮水服务质量。

（一）完善财政补偿机制

农饮水安全工程属可行性缺口补助类 PPP 项目，必须落实综合奖补和项目以奖代补结合的财政补偿机制，还应建立以降成本、补电费补水价补投资为主的多元政府补偿机制。一是补贴电费。农村自来水厂用电参照农村居民收费标准 0.58 元/千瓦时收取，运营成本高。国家规定的农业生产用电价不

超过 0.399 元/千瓦时、贫困县农业排灌用电价不超过 0.192 元/千瓦时。地方政府应当调整电价，将农村自来水厂用电视同农业排灌用电收费，通过财政转移支付补偿电网企业损失。二是补偿水价。现行法规规定农村供水价不能高于城市供水价。农村供水面积广、地形复杂、管网维护和改造成本大，调研反映农村大型水厂供水成本是城市大型水厂供水成本的 1.5 倍，按供水成本动态调整水价又有悖现行政策。建议通过财政补偿农村自来水厂供水成本与供水价格间的缺口，确保自来水厂一定收益率且纳入 PPP 项目合同，运营期内维持不变。三是加大投资补贴。农村大型自来水厂水质好、运营效率高，但因覆盖地域广、制水成本高，多数呈亏损状态。农村小型水厂供水成本约 0.3～0.5 元/吨，大型水厂供水成本达 1.2～1.3 元/吨，再考虑投资成本高达 3～3.5 元/吨。建议加大农村大型自来水厂的投资补贴力度，通过省级财政转移支付直接补贴至各县市区农村大型自来水厂，弥补其资金缺口。

（二）健全税收补偿机制

遵循“以政府财政承受能力为底线”原则，将税收优惠作为财政补贴形式，纳入 PPP 物有所值评价体系。一是扩大农村自来水厂增值税免税范围。将农村自来水厂向乡镇常住“城市”居民供水收入纳入免征增值税范围，实现农饮水安全项目增值税统一管理。二是提高税收抵免优惠幅度。提高环境保护、安全生产、节水净化等专用设备投资抵免优惠幅度，降低农饮水安全 PPP 项目纳税税基。三是扩大不征税收入范围。明确农饮水安全 PPP 项目不征税收入范围，SPV 公司取得的支农、基建等政府专项用途财政资金作为不征税收入从应纳税所得额中减除。四是设定税收返还、退税等税收优惠获取标准。根据农饮水安全 PPP 项目绩效评价指标，结合 PPP 项目生命周期和环保、水质检测等级，分类分项设定享受税收返还、退税等优惠政策的条件，确保在“社会资本盈利但不暴利”前提下，加强税收优惠、财政奖补、政策融资间的协调，凝聚政策合力，激励社会资本提供优质饮用水产品及服务。

（三）发展产业链补偿机制

一是鼓励 SPV 公司建立多目标供水结构。基于“政府补偿额度与饮用水产品和服务的质量挂钩”原则，激励社会资本方不断改进水资源保护、饮用水处理、净化及污水处理技术，为供水区域内的农民群众提供安全饮用水；通过品牌建设生产销售生态桶装水、瓶装矿泉水、苏打水等产品，培育以水为原料的酿酒、饮料等副产业，形成多元产业网络结构，扩大项目收益来源渠道。二是鼓励 SPV 公司扩大目标消费群体。农村饮水安全 PPP 项目消费群体是区域内的农民，鼓励 SPV 公司将目标消费群体扩大至城市，向城市居民提供桶装水、矿泉水、苏打水、酒、饮料等多种水资源产品和服务，扩大市场影响，持续提升农村饮水安全巩固提升工程 PPP 项目盈利能力。

（四）构建捆绑式资源补偿机制

一是捆绑资源开发权。将农饮水安全项目所在区域一定期限、一定范围的农村土地使用权、乡村旅游开发权、矿产开发权、农家乐或度假村商圈开发权出让给 SPV 公司，提高项目整体盈利水平。二是与县域内盈利水平高的公共产品捆绑，以丰养歉均衡政府补偿程度。污水处理 PPP 项目投资成本低，财政补贴年限长、金额大，投资回报率高，可将县区内农饮水安全 PPP 项目与污水处理 PPP 项目捆绑；农饮水安全 PPP 项目预期收益明确、现金流稳定，可将县区内不同乡镇、不同盈亏状况的农饮水安全项目捆绑；国家重点支持、引导、鼓励的农业 PPP 项目多属开发性项目，投资回报率较高，可将农村饮水 PPP 项目与国家重点推广的农业 PPP 项目捆绑。三是与乡村振兴、特色小镇项目捆绑。农饮水安全 PPP 项目财政资金主要是两供两治专项资金和“十三五”农饮国省奖补资金，补助渠道单一、财政投入不足。农村饮水安全提质工程是农民“日益增长的美好生活需要和不平衡不充分的发展之间的矛盾”的重要体现，符合乡村振兴战略 20 字方针“生态宜居”的要求，可与乡村振兴、特色小镇项目捆绑，共享乡村振兴、特色小镇建设财政资金投入。

（五）优化动态补偿机制

农村饮水安全巩固提升项目具有巨大的外部性，社会资本的服务质量直接关系到农村饮水安全的供水保证率和水质达标率，而且农饮水安全 PPP 项目周期长，为防止社会资本方怠于技术创新和管理创新，确保农村供水保证率和水质达标率，必须遵循“政府补偿额度与饮用水产品和服务的质量挂钩”原则，根据项目运营过程中社会资本方的表现质量确定事后补偿形式和额度。政府部门构建社会资本方服务质量评价指标体系。

水质检测专家组、农民消费群及相关利益方对社会资本方服务质量评价指标体系打分，将社会资本在农村饮水安全巩固提升工程PPP项目中的服务表现分为优秀（80分以上）、良好（70～80分）、合格（60～70分）、较差（60分以下）四类（表4—1）。

表4—1　基于社会资本服务质量的动态补偿机制

补偿方式	表现优秀	表现良好	表现合格	表现较差
工程可用性服务费支出	√	√	√	√
运营养护费	√	√	√	
财政奖励	√	√		
税收优惠	√	√	√	√
多元化产业网络	√	√		
捆绑式资源补偿	√			
其他社会补偿方式	√	√	√	√

政府立足财政承受能力底线、确保社会资本“盈利但不暴利”等原则基础，根据农饮水安全PPP项目的服务质量等级，结合现有可提供的政府补偿方式和额度以及工程可用性服务费、运营养护费、财政奖励和财政补贴、税收优惠、多元化产业网络、捆绑式资源补偿等，构建有差别的、动态的农饮水安全PPP项目多元政府补偿机制，为损失规避型的社会资本提供强有力的政府保证，促使其提高饮水服务质量。

第四节　城市黑臭水体治理PPP模式应用策略分析①

清除城市黑臭水体是贯彻落实绿色发展理念、大力提升城市水环境质

① 彭程甸、余华、周玉姣：《城市黑臭水体治理的PPP模式应用略探》，载于《江淮论坛》2018年第5期。

量、尽快实现生态恢复、建设美丽城市的客观要求。2015 年国务院出台“水十条”明确要求 2020 年各省地级市及省会城市建成区的黑臭水体必须控制在 10%以下，2030 年基本消除城市黑臭水体，城市黑臭水体整治进入长效常态阶段。2016 年国务院印发《“十三五”生态环境保护规划》，要求大力整治城市黑臭水体，随即成立全国城市黑臭水体整治监管平台。目前国家、省、市各级政府均已将城市黑臭水体整治工作纳入水环境治理重点范围。PPP 模式视角下探索城市黑臭水体治理逐渐成为学者关注的热点，已有学者对 PPP 模式下黑臭水体治理依效付费机制[①]、城市黑臭水体治理的 PPP 模式应用[②]进行初步探索。笔者拟在汲取前人理论和实践研究成果基础上，梳理湖南和兄弟省市黑臭水体现状及其治理的 PPP 模式应用情况，结合城市黑臭水体特性展开黑臭水体治理 PPP 项目的 SWOT 分析，从 PPP 模式应用的内在优势、内源劣势、外在机遇和外在挑战四个角度发现城市黑臭水体治理存在的瓶颈制约、寻求化解问题的选择路径，期为城市黑臭水体治理 PPP 模式发展提供思路和借鉴。

一、城市黑臭水体治理 PPP 模式应用的现状描述

（一）湖南城市黑臭水体治理的 PPP 模式应用情况

湖南位于水网密布、河湖众多的南方地区，拥有“一湖四水”（一湖即洞庭湖，四水即湘江、资水、沅水、澧水），长度超过 5km 的河流 5 341 条，淡水面积达 1.35 万 km^2，通航里程达 1.5 万 km，内河航道已贯通省内 95%的县市区。根据湖南省环境保护厅水域省控断面监测结果显示，达到以及优于Ⅲ类水质标准的断面占比 89.70%，Ⅳ类和Ⅴ类水质断面占比 9.30%，劣Ⅴ类水质断面占比 1.0%，劣质水源主要集中在洞庭湖内湖和城市景观内湖。湖南的城市多依河湖而建，水环境质量极大影响着居民的生产生活，若不注重对水环境的保护，黑臭易频发，易导致黑臭水体的形成。

---

① 逯元堂、宋玲玲、高军：《PPP 模式下黑臭水体治理依效付费机制思路与框架设计》，载于《环境保护》2016 年第 23 期。

② 薛涛：《城市黑臭水体治理的 PPP 探索》，载于《城乡建设》2017 年第 2 期。

根据全国城市黑臭水体整治监管平台信息得知，湖南各地级市及省会城市建成区共排查出170处黑臭水体，居全国第三位。从治理状态看，截至2017年8月全省有50处提前完成整治，38处正在治理中，81处的治理方案正在启动，1处黑臭水体治理尚未启动；从黑臭程度看（根据透明度、溶解氧、氧化还原电位、氨氮等特征指标确定），全省共51处重度黑臭、119处轻度黑臭，重度黑臭多位于人口稠密、经济发达地区；从治理期限看，各地级市均给出了治理的最后期限。长沙作为湖南省会城市，实施黑臭水体项目治理取得较大进展，24处黑臭水体有16处已经完成治理；湘潭、岳阳、益阳、永州认定的黑臭水体较多，治理进度、治理力度有待加快、加强。

PPP模式与城市黑臭水体整治结合是生态环境保护领域的新尝试。传统的城市黑臭水体治理多由政府出资治理、维护、管理和运营，地方政府财政压力大、维护压力大、管理效率低，湖南水体众多，前些年经济建设和日常生产生活忽视水环境保护，使水体黑臭增多且重度黑臭不少，城市河流生态功能退化或丧失，众多黑臭水体需要治理，地方政府不堪重负。2015年财政部、环保部联合发布《水污染防治专项资金管理办法》，对采用PPP模式的城市黑臭水体项目予以专项资金倾斜支持，启动对城市黑臭水体新型治理方式的探索。湖南最早应用PPP模式治理黑臭水体是益阳，2015年10月益阳中心城区黑臭水体整治工程PPP项目顺利启动；2016年安化资江黑臭水体整治工程PPP项目、宜章玉溪河黑臭水体整治一期（麦子桥至黄芩岭线段）PPP项目立项。

（二）全国城市黑臭水体治理的PPP模式运行情况

截至2017年6月，财政部政府和社会资本合作中心项目库公开信息显示，PPP入库项目13 554个，入库项目金额16.357万亿元，其中直接涉及城市黑臭水体治理的PPP项目14项（表4—2）。

表 4—2　部分省市黑臭水体治理 PPP 项目

所在地区	项目名称	项目总投资/万元	所处阶段	合作期限/年	中标机构（联合体形式）
安徽省阜阳市	安徽省阜阳市城区水系综合整治（含黑臭水体治理）PPP 项目	1 432 730	采购阶段	18	葛洲坝集团、安徽国祯环保等
安徽省宿州市	宿州市主城区黑臭水体综合整治工程	194 800	采购阶段	20	东华科技、北京碧水源
安徽省六安市	六安市城区黑臭水体整治工程 PPP 项目	84 487	采购阶段	13	北京久安建投、武汉华德环保
福建省漳州市	诏安县黑臭水体整治及建成区雨污分流工程	200 000	识别阶段	—	
福建省宁德市	霞浦县护城河黑臭水体整治工程	19 242	识别阶段	17	
河南省新乡市	辉县市黑臭水体整治与河道综合整治建设 PPP 项目	67 825	识别阶段	—	
河南省周口市	郸城县洺河生态水系黑臭水体治理与环境景观提升工程 PPP 项目	278 377	采购阶段	20	
湖南省益阳市	湖南省益阳市中心城区黑臭水体整治工程 PPP 项目	161 698	采购阶段	19	湖南益阳城投公司、北京碧水源
湖南省益阳市	湖南省益阳市安化县资江流域黑臭水体整治工程 PPP 项目	219 815	采购阶段	30	
湖南省郴州市	宜章县玉溪河黑臭水体整治一期（麦子桥至黄芩岭线段）PPP 项目	104 914	准备阶段	15	
广东省江门市	江门高新区（江海区）龙溪河、麻园河、马鬃沙河黑臭水体综合治理工程 PPP 项目	66 575	准备阶段	25	
广西区南宁市	南宁市城市内河黑臭水体治理 PPP 项目	333 067	准备阶段	15	博世科与广西北部湾水务
贵州省铜仁市	城市、矿区及工业园区黑臭水体整治	173 000	识别阶段	—	
云南省玉溪市	云南省玉溪大河下游黑臭水体治理及海绵工程	336 778	采购阶段	15	东方园林、中冶、湖北大禹水利、中盛九策等

信息来源：财政部政府和社会资本合作中心项目库。

就黑臭水体PPP项目所属行业分析，11个属生态建设和环境保护行业、3个属市政工程，两个行业都是政府主导的公益服务性事业，存在建设维护资金巨大、周期持续时间较长、政府建设运营管理低效等特点。就项目投资金额和运作方式分析，黑臭水体PPP项目投资较大，投资金额10亿以上的占71.4%，运作方式以BOT为主、BOT+TOT为辅，项目运作方式较单一，可以根据当地经济发展水平和项目自身特点选择运作模式，以实现项目运营和实施的高效化。就黑臭水体PPP项目回报机制分析，主要以政府付费为主（占比86%），少量辅以使用者付费和可行性缺口补助。可行性缺口补助是对使用者付费的补充，当使用者付费不足以支撑社会资本耗费成本和合理收益时，政府承担部分直接付费责任。显然，现行黑臭水体PPP项目主要是政府支付报酬给社会资本方，PPP项目市场回报主体单一，市场主体——消费者参与不充分，市场化程度待提升。就项目所处阶段和合作期分析，4个项目处于识别阶段、3个处于准备阶段、7个处于采购阶段。黑臭水体PPP项目合作期15～30年，最长30年；PPP项目发起到完成分项目识别、项目准备、项目采购、项目执行、项目移交5个阶段，项目执行阶段长达20～30年。我国黑臭水体PPP项目还处起步阶段，黑臭水体PPP项目，数量上、小体量项目上社会资本方占主体，投资金额、牵头单位、大体量项目上政府主导的国企和央企占主体。

二、城市黑臭水体治理PPP模式应用的SWOT分析

治理难度大、投资金额大、合作期限长是黑臭水体整治的三座大山，PPP模式应用于城市黑臭水体治理仍处初期和探索期，还没有成功的PPP项目治理效果呈现。通过城市黑臭水体治理PPP项目的SWOT分析考察PPP模式治理城市黑臭水体的注意事项，有利于多途径多角度把握城市黑臭水体治理实践、探寻政府与市场和谐共生和项目高效运转、顺利落地及成功移交的路径。

（一）内在优势（Strengths）

第一，持续集聚社会财力。城市黑臭水体治理项目投资金额大、治理周

期长，对社会资本方的净资产、自有资金及投融资能力要求较高。城市黑臭水体治理的 PPP 项目，社会资本方多以联合体形式参与投标，可确保项目治理资本及时到位。湖南省益阳市中心城区黑臭水体整治工程 PPP 项目，招标准入门槛要求企业净资产不低于人民币 30 亿元、自有资金不低于 3 亿元、金融机构融资意向金额不低于 15 亿并在 10 年内持续投资 105 亿元，这样既可减轻地方政府财政负担又可保证城市黑臭水体治理的持续投入和发展需要。

第二，多元主体各司其职。政府和企业合作进入城市黑臭水体治理项目，政府与企业风险共担、各司其职，政府负责政策、法律和最低需求方面的风险支持，企业负责项目设计、投融资、治理和管理维护。参与城市黑臭水体治理 PPP 项目的多为联合体公司，具有相关资质的企业在项目招标前合作组成战略联盟，发挥集成优势获得项目投标。不同的公司有不同的偏好和优势，环保公司研发治理黑臭技术、园林公司负责水体生态修复、排水公司负责沟渠畅通及补救性恢复和设计等，可提高城市黑臭水体治理质量和效率。

第三，技术先进管理高效。城市黑臭水体治理是一项系统性、复杂性工程，涉及点多、面广、时间长，黑臭污染源多、黑臭程度不一，对黑臭治理技术要求不一。PPP 模式嵌入城市黑臭水体治理，社会资本方的联合体公司可有效解决黑臭水体治理的技术难题，实现价值增值、利益最大化的资本逐利本能会驱使企业把高效管理经验、先进治理技术投入项目治理和项目经营过程，以保证项目正常开展和高效运行。湖南益阳中心城区黑臭水体整治工程 PPP 项目的牵头单位是专门从事水污染防治和资源化应用的高科技公司，已完成多项水污染防治工程，水污染防治技术、再生水利用技术已达到国内顶级水平，中标后能融汇多地黑臭水体治理实践经验于益阳黑臭水体项目的治理。

（二）内源劣势（Weaknesses）

第一，项目中后期融资困难。目前民间资本中缺乏适合生态治理类 PPP 项目、交易成本较低、使用期限较长的资金。城市黑臭水体治理项目普遍存在施工期限长、经营期限长、资金投入大及回报用时长的特点，项目前期企业自有资金充裕、信用良好时融资较容易。随着城市黑臭水体治理项目向中后期推进，投资机构需要重新评估项目可行性和风险系数，面临是否存在烂尾可能、是否有利可图、能否有序退出、投资后资本流动性匮乏问题如何解决等问题，导致PPP项目中后期社会资本犹疑观望，项目较难实现融资。

第二，投资回报机制不健全。城市黑臭水体治理PPP项目投资金额大，回报机制主要以政府付费为主、使用者付费和可行性缺口补助为辅，缺乏稳定的市场回报机制。地方财政预算安排的付费资金，存在资金来源不稳定、不能及时足额支付等现象；地方政府部门代收费用，不能按时按量拨付给特许经营商。公益性质PPP项目，政府如果没有形成科学高效的依效付费机制，可能导致社会资本方不重视经营管理水平提高、降低项目运行质量、严重影响治理效果，PPP模式治理失去优势。城市黑臭水体治理PPP模式的投资回报机制不健全，致使联合体公司投资收益不确定性大、缺乏长期发展信心。

第三，属地特性潜在风险大。黑臭水体治理的联合体公司与地方政府合作不畅、联合体公司不适应地方政府规制管辖、地方政府不配合污染整治，都可能使项目治理寸步难行。城市黑臭水体治理PPP项目涉及多行政管理部门，政府部门间的治水合力尚未形成，社会资本方深入污染发生地、协调各方力量、统筹各部门配合黑臭治理有难度，政府部门政出多门、职责交叉可能延缓项目建设进度。部分项目社会资本方采用超低价格、围标等方式参与PPP项目公开竞标，中标后再以拖延施工、退出相威胁，要求提价；城市黑臭水体治理属公共服务领域，地方政府不能承受项目中断后果，博弈十分被动。

（三）外在机遇（Opportunities）

第一，地方政府迫切需要。国务院出台的“水十条”对城市黑臭水体治理提出了治理期限要求、明确了治理重点和治理责任人。城市黑臭水体治理难度大、技术复杂，地方政府不懂治理技术和项目营运、单一治理乏力，加之治理机制不畅通、条块分割、职责交叉问题严重，多部门统筹协调非常困难，迫切需要一个懂技术、懂运营且专业性强的公司进行治理维护，按时保质保量完成黑臭水体治理任务。审视已有的城市黑臭水体治理 PPP 项目，很多是偏僻的小城市，地方财政负担大、地方债务问题多，城市黑臭水体治理要求投入的资金巨大、投入需持续维持，地方政府无力承担，推进中央政府大力支持的 PPP 模式进入城市黑臭水体治理成为地方政府的首选。

第二，中央政府政策支持。经过近 30 年发展，公共服务和生态环境治理领域 PPP 模式已积累一定成功经验和成熟运作模式。2014 年以来，为加快市场化运作，国务院、财政部、国家开发银行等支持和鼓励 PPP 模式嵌入公共服务和生态环境治理领域，密集制定、发布政府与社会资本合作的政策文件，如鼓励借鉴国外基础设施领域 PPP 项目先进经验、积极推广 PPP 模式，建立健全 PPP 合作机制、创新重点领域投融资机制，积极引入外资企业、民营企业等市场主体推进 PPP 项目，通过以奖代补加强 PPP 项目的科学化、规范化管理，政策措施有效促推 PPP 项目的健康可持续发展。2017 年 7 月财政部等四部门联合发布污水处理项目全面实施 PPP 模式文件，要求“政府参与的新建污水、垃圾处理项目全面实施 PPP 模式，有序推进存量项目转型为 PPP 模式”，有效实施绩效考核和按效付费。得益中央政府系列政策支持，社会资本方参与公益基础设施项目的壁垒不断降低、参与 PPP 项目的积极性有所提高。

（四）外在威胁（Threats）

第一，地方政府诚信缺失。地方政府诚信度是影响 PPP 项目落地的重要因素。前些年，地方政府因领导更替、建设规划变更、财政资金紧张等原因，撕毁合同、不履行合同责任的情形屡见不鲜；地方政府既是 PPP 项目监督方又是 PPP 项目履约方，存在对项目干预过多、政府配套设施不到位等信用欠佳问题，导致社会资本方对地方政府部门失去信心，影响 PPP 项目治理效果。

第二，制度与机制不健全。国务院《基础设施和公共服务领域政府和社会资本合作条例（征求意见稿）》2017 年 7～8 月在全国范围征集修改意见，PPP 项目涉及招投标、融资、定价、项目管理、公共服务和地方财政等众多方面，国家层面规范 PPP 项目治理的专门法律、行政法规欠缺。现有 PPP 项目治理的制度规范，多为国务院各部委的规章、省级地方政府规章或省级财政、发改委等部门制定的文件，规范性文件的层级低。目前的规范性文件普遍存在实操性不强、落地难等问题，省级地方政府规章与国务院部门规章之间、省级地方政府各部门制定的规范性文件之间，经常存在不一致、不配套甚至相互矛盾之处。PPP项目的政府监管机制、权力监督机制、资金筹集机制、中介机构和专门人才培养机制、绩效评价机制等仍有待建立健全。

三、城市黑臭水体治理PPP模式应用的对策建议

城市黑臭水体治理与PPP模式结合是政府和社会的现实选择。随着排查到的城市黑臭水体增多，各地城市黑臭水体治理项目的逐步推进，地方政府普遍面临财政资金紧张、单一主体治理乏力、治理技术纷繁复杂、后期长效监管不力等诸多难题。创新更加有效的治理手段和治理模式是黑臭水体整治的现实需要，公共服务领域运用PPP模式受到极大重视，PPP模式社会资本雄厚、利益分享和风险共担等属性特征正好能够契合城市黑臭水体治理所需。基于城市黑臭水体治理项目的运行特点和应用情况，通过梳理项目治理内在优势、内源劣势、外在机遇和外在威胁发现，推行城市黑臭水体治理PPP项目，亟待尽力完善政府与社会资本合作法规体系、政府信用体系、项目投融资回报机制、企业内部契约治理机制和项目生命周期动态管理体系等。

（一）尽快出台政府与社会资本合作法规体系

政府与社会资本合作立法已获得实质进展。2017年7月初国务院法制办公开《基础设施和公共服务领域政府和社会资本合作条例（征求意见稿）》（简称《PPP条例》），政府官员、学者、中介机构、社会资本方、社会公众等主体纷纷通过媒体发声，表达对《PPP条例》立法基本原则、立法导向等问题的修改意见。《PPP条例》征求意见的过程，就是政府、社会资本方、社会公众利益诉求表达和博弈的过程，国务院法制办、国家发展改革委、财政部等法案起草机关应当会充分听取各利益主体代表意见、综合权衡PPP项目公共利益与社会资本方利益维护的重要意义，确立能被各利益主体接受的立法原则，明确划分基础设施与公共服务的边界、设计合理的物有所值评估程序、落实民企参与PPP项目和PPP项目信息公开措施，尽快出台正式的《PPP条

例》。《PPP 条例》颁布将为城市黑臭水体治理 PPP 项目的发展带来新契机，国务院行业管理部门、省级政府、省级政府行业管理部门应当进一步检视各层级、各行业 PPP 制度文本，明确政府审批权限和审批流程，出台“物有所值”评价、风险分担原则、绩效考核机制、社会资本退出机制和投资回报机制等规范性文件，完善地方 PPP 行业管理制度体系。地方政府应全面理解财政部、住房和城乡建设部、农业部、环境保护部《关于政府参与的污水、垃圾处理项目全面实施 PPP 模式的通知》的文件精神，实现城市黑臭水体治理 PPP 项目的规范操作、有序实施，明确城市黑臭水体治理 PPP 项目责任主体、建立多部门协调合作工作机制，优化新建项目与存量项目财政资金投入方式、加大财政资金整合力度、释放财政资金投入政策合力，建立绩效导向的 PPP 项目收益机制。

（二）重塑政府信用增强社会资本的投资信心

城市黑臭水体 PPP 项目能否正常运行很大程度上取决于政府契约精神。城市黑臭水体 PPP 项目运营周期长，可能面临地方政府短视行为、政府换届选举、政策变动、对接部门职能转换等不确定风险，造成私人部门协调成本过高，导致私人部门积极性下降以致项目停工或烂尾。应当建立第三方机构，监管和协调政府行为，政府违反合约时，私人部门能有一个相应的协调机制和补偿机制，以保证 PPP 项目的正常运转。另外，在 PPP 项目招投标过程中，应发挥社会资本的力量，谨防换汤不换药，打着公私合作的旗号，而中标企业全是国有企业，应当真正践行公私合作精神。

（三）确立城市黑臭水体 PPP 项目长远融资规划

城市黑臭水体治理 PPP 项目的投资金额大、投资周期长、回报期长，实现中后期融资是 PPP 项目顺利落地的关键。首先，政府可联合私人部门、银行等金融机构设立城市黑臭水体治理融资专项 PPP 基金，政府认缴一定的份额，发动私人部门自由认购，形成政府与私人部门长期利益共享和风险共担的运作机制；其次，为实现融资的落地，可选择有资质的机构进行第三方担保，增强联合体公司在谈判过程中的融资优势。

（四）完善城市黑臭水体 PPP 项目投资回报机制

一是探索政府付费向使用者付费和可行性缺口补助发展转变，政府逐渐由付费机构向绩效考核机构转变，逐渐实现“谁污染、谁付费”的依效付费机制，实现投资回报的常态化。二是项目初期政府可以允许联合体公司在治理过程中探索商业经营性、开发性回报项目，或是采用回报付费机制项目与开发的外部效益结合、水治理与土地开发相结合等方式提升投资者的投资回报。三是根据城市黑臭水体治理 PPP 项目特点，探索建立财政补偿、税收补偿、产业链补偿、捆绑式资源补偿和动态补偿相结合的多元政府补偿机制。

（五）构建城市黑臭水体 PPP 项目动态管理体系

城市黑臭水体 PPP 项目属于生态环境和保护行业，水污染治理存在水污染源点多面广、污染发生时间长等“顽固”特征，对水治理 PPP 项目整体推进、实施、运行、管理、监管、交付使用等提出了更高要求，应当构建水治理 PPP 项目生命周期动态管理体系以保障项目得到实时管理和动态优化。PPP 项目要经历一个开发、实施、成长、成熟、交付（完结）的过程，而且不同 PPP 项目发生的时间和阶段是不一样的。城市黑臭水体 PPP 项目全生命周期动态管理，应当注重对规划周期的把控，即从项目需求（申报）到项目开发之间有一个规划周期，尤其是水污染治理作为公益服务性质事业，政府与企业、企业与企业之间的博弈过程，就是项目成立和规划的过程；还应当注重对管理周期的监管，即从项目实施到项目完结有一个管理周期，要保证周期内项目的正常运转，需要建立健全 PPP 项目规划审批流程、动态管理细则等，以实现项目运行有章可循和顺利落地交接。

（六）健全废水污染防治企业内部契约治理机制

企业契约治理是通过一系列的内外部、显隐性契约所构成的合理化安排，以保障企业和企业间作出科学决策，平衡和实现企业的经济利益。城市黑臭水体治理 PPP 项目普遍存在治理期限长、资金投入大、回报周期长的特点，因此，单一企业难以承担整个项目及风险，一般都是多个主体以联合体形式参与投标与管理运营，这就涉及企业契约治理问题。治理黑臭水体的企业，应建立合理的内部控制框架，联合体中的企业应根据自身财力、人力、技术情况，发挥自身优势，增加对负责项目部分的准确把握程度，提升黑臭治理效率。作为联合体，应建立企业间契约控制制度，通过签订契约明确各方责任和权益，通过成立专门的项目小组，降低协调成本，实现项目协同推进。

综上，我国城市黑臭水体治理的供需矛盾加剧。PPP 模式作为一种创新型融资和治理模式，通过私人部门和政府合作发挥集成优势以提供优质产品和服务，对城市黑臭水体治理适用性较强。梳理城市黑臭水体现状及各省市黑臭水体治理的 PPP 模式应用情况，运用 SWOT 分析法挖掘 PPP 模式应用于城市黑臭水体治理的内在优势、内源劣势、外在机遇、外在挑战，发现城市黑臭水体治理存在问题，提出城市黑臭水体治理 PPP 项目的推进亟待完善法律法规体系、政府信用体系、项目投融资回报机制和企业内部契约治理机制等。

第五章　绿色发展理念与PPP模式

增进人民绿色福祉是绿色发展的根本目的，国内外众多学者聚焦绿色发展的理论逻辑与实践路径探索，成果丰硕。与此同时，近几年来，国家层面围绕绿色PPP落地出台了系列政策文件，社会资本、金融机构借助PPP模式晋升国家发展战略、生态文明建设持续推进的政策暖风，向绿色PPP项目频伸橄榄枝。本章基于研究文献与制度演进的梳理，就绿色发展理念的理论探索、习近平绿色发展理念、绿色发展理念的实践路径和绿色发展理念与PPP模式进行了探究，指出现有理论探索存在把绿色发展等同于绿色经济发展、实践路径研究，片面强调政府主导、忽视多元实践主体、欠缺与新时代契合的路径研究等不足。绿色发展的理论与实践探索，亟须破除“中心—边缘”结构的政府主导视角，尊重政府、社会、公民多元主体的权力和责任，充分发挥多元主体促进绿色发展的积极作用和协同效应。

第一节　绿色发展理念的理论溯源①

21世纪以来我国经济社会发展取得巨大成就，同时面临着系列困境，雾霾笼罩、河流污染、土地毒化等问题日趋严重，不仅降低人民的获得感，同

① 余华、彭程甸：《中国绿色发展的理论逻辑与实践路径探索》，载于《湖南财政经济学院学报》2018年第1期。

时滞缓整个国家的发展步伐。中国特色社会主义进入新时代，新时代人民对绿水青山、蓝天白云的需求日益增长，传统黑色发展模式已不能适应新时代发展的客观要求，不能满足人民日益增长的美好生活需要。新时代背景下绿色发展模式逐渐受到重视，绿色发展以提高绿色生产力、增进人民绿色福祉为核心，强调社会、人、生态环境的和谐共生。绿色发展模式聚集越来越多学者的研究热情并取得丰硕成果，笔者拟梳理绿色发展理论研究成果和国内区域绿色发展实践，期借鉴理论和实践探索成果开启未来研究思路。

一、国内绿色发展的理论探索

虽然国内学者关于绿色发展的研究起步较晚，但近年来发展突飞猛进。

（一）绿色发展的内涵研究

学者研究聚焦于绿色发展概念、绿色发展理念演变过程、绿色发展哲学思考。在绿色发展概念方面，孔德新（2007）较早详细探讨绿色发展观、绿色文化、绿色生产、绿色消费和绿色生活的内涵；胡鞍钢（2014）运用系统论观点，在时间上纵向比较了中国绿色发展的不同阶段，构建了“三圈模型”，认为绿色发展是包容性发展、是经济与生态的和谐共生；郭兆晖（2017）围绕党中央国务院《关于加快推进生态文明建设的意见》和十八届五中全会对绿色发展的诠释，结合政府和市场发挥的作用、功效，阐明绿色发展是政府与市场相互影响、相互促进的过程。在绿色发展理念演变方面，郝栋（2013）探讨了从中国古代“天人模式”的绿色智慧、生态学马克思主义的绿色价值重构、生态后现代主义的绿色批判再到绿色生产力的绿色发展理念演变过程；傅晓华（2013）从人文生态视角系统研究了马克思主义绿色发展观。在绿色发展哲学思考方面，田文富（2015）基于生态文明视域和历史发展角度，分析了生态文明建设的环境伦理与绿色发展向度、环境伦理的理论渊源和哲学基础、环境伦理的后现代绿色转向，指出当代中国环境伦理面临理论和实践困境，需要进行绿色重构；徐焕（2015）聚焦了不同派别西方学者对当代资本主义生态理论与绿色发展战略的研究，系统梳理了福斯特等生态马克思主义学者的“生态危机与生态理论”观点，展示了西方学者对现存资本主义制度框架下克服或至少实质性缓和人类面临的生态挑战的探讨，直指生态危机根源于资本主义经济制度，超越和克服资本主义才能克服生态危机、实现绿色发展。

（二）绿色发展的现状研究

国内学者探究了绿色发展面临困境、困境存在原因及大环境与绿色发展的关系。诸大建（2010）从经济学角度，针对生产、交易、消费环节存在的环境问题，认为单纯消极地保护生态环境、减少资源开发，无法实现经济的可持续发展，须转变生产方式、将保护资源环境纳入生产力范畴、改进传统发展模式。陈端计（2011）通过案例研究和调查中国绿色科技能力，认为建设绿色中国面临四大困难，即城市规模迅速扩张且扩张呈无序状态、人口迅速增长的巨大空间压力、资源迅速枯竭且环境日益恶化、国家科技创新能力短板严重制约绿色发展进程。刘世锦（2012）运用SWOT分析法对中国绿色发展前景进行剖析，指出中国开启绿色化发展模式的优势大于劣势，主要体现在中央政府强有力的政策保障、人力资源充沛、工业制造能力突出、绿色市场庞大、空间资源丰富等方面。马翠玲（2012）以循环经济发展过程作为分析对象，提出要从世界能源结构演变趋势认识循环经济的重要性、从实现双赢的智慧人生与美国绿色发展战略调整认识循环经济的可行性、从中国经济社会发展趋势认识循环经济的必要性，准确把握循环经济要义。

（三）绿色经济研究

在绿色经济内涵方面，王新前（1996）的《绿色发展的经济学》实际上是“生态经济学”；张春霞（2002）汇聚生态学、生态经济学和环境经济学等多学科成果，阐明绿色经济是“一种以节约自然资源和改善生态环境为必要内容的经济发展模式”，是“力求兼得经济效益、生态效益和社会效益，实现三个效益统一的经济发展模式”；赵弘志（2003）从绿色经济与政府管理视角出发，研究绿色经济的可持续发展内涵及绿色经济生产管理模式、流通管理模式和消费管理模式。在绿色经济发展模式方面，刘思华等（2000）研究提出中国可持续农业发展、工业发展、区域经济、长江流域经济等的最佳形态或理想模式。在绿色经济发展机制方面，杨朝飞（2012）通过对中国绿色经济发展动力条件、制度体系、制度和机制障碍的考察，提出“以市场机制和政府机制为核心，以统筹协调机制、法律约束机制、科技创新机制为保障，引领绿色转型，全社会营造有利绿色经济发展的氛围和环境，增强发展绿色经济的自觉性和主动性，实现经济的可持续发展和绿色发展”；郭日生等（2013）基于全球绿色经济发展趋势及对中国生态稀缺性、环境风险、贫困问题的分析，提出构建绿色技术创新的科技推进体系、完善绿色技术创新激励机制、建立绿色技术创新投融资机制和搭建产业化平台的绿色经济发展战略思路；剧宇宏（2013）运用多学科理论和通过对美国、德国、日本绿色经济发展的比较，提出我国发展绿色经济的政府机制、市场机制、道德机制、生态机制及绿色企业制度、绿色金融制度、政府绿色采购制度、绿色消费制度的构建思路。在绿色经济发展政策方面，于凌云（2007）通过考察发达国家发展绿色经济的财税政策及实践经验，提出“我国工业化进程刚刚开始，市场化程度还不高，强调绿色经济的同时，还要注重体制变迁过程中的各种复杂因素”，要从资源环境价格体系、绿色财政预算制度、绿色经济的投融资制度、生态环境保护税收制度方面构建绿色经济财税政策框架；陈文玲（2013）等通过对中国实施绿色发展面临的挑战、绿色发展的主要领域、现有政策体系考察及美国、欧盟、日本、韩国实施绿色发展面临的主要问题、政策取向和主要模式比较，设计中国绿色发展的总体思路、基本原则和主要目标及公共政策框架的核心体系、支撑体系、保障体系；王金霞（2017）通过对绿色税收及绿色税收的国际经验进行比较，总结绿色税收影响因素，提出应充分发挥绿色税收的杠杆效应、推进绿色产业发展。在绿色经济行业研究方面，扬小川（2013）运用解释学方法对环保理念到环保产业、环保经济、环保科技与环保组织进行梳理，认为环保产业的发展必须与美丽中国建设、生态文明建设相结合；黄立君（2015）从环保产业历史演变和内涵特征出发，观察研究北欧瑞典、芬兰、挪威等国垃圾处理、水资源管理、环保技术、生态农业等领域先进经验，提出中国发展环保产业的具体路径。

（四）绿色发展工具研究

宏观层面的战略研究主要从国家战略视角分析绿色发展，强调加强绿色发展的顶层设计、科学规划。胡鞍钢（2012）基于对绿色发展的历史进程分析，结合经济全球化的历史背景，认为绿色化是人类文明的前进方向，中国需要顺应历史潮流，以战略眼光设计中国绿色发展的前进方向和前进路线；诸大建（2015）通过对十八大提出的“美丽中国”的思考，从理论和实践两个层面系统梳理中国绿色发展的成功经验及当前面临的挑战，提出必须坚持保护生态环境的基本国策，加强顶层设计，制定促进绿色发展的方针政策。中观层面的路径研究主要是绿色发展对策、方法探究。邬晓燕（2014）基于绿色发展的多层内涵，从历史视角探讨了中国实现黑色发展到绿色发展的转型兼具理论可能与现实可能，从科技创新体制和绿色企业文化建设、政策变革与制度建设、公共政策伦理建设和消费文化建设等层面提出实现绿色发展的综合实践路径；刘薇（2015）以创新理论、新公共管理理论及区域生态经济理论为指导，着眼科技创新与制度创新对北京绿色可持续发展的促进机制及关键问题提出政策建议，通过对国内外绿色科技创新过程的制度创新先进经验的比较，提出北京创新驱动绿色发展的制度障碍、关键问题及完善途径；陈晓景（2016）基于法学视角，从培育绿色发展内在的良法理念、提升国家绿色治理能力法治化、健全绿色发展法制体系、完善环境司法专门化体系建设四个方面提出绿色发展的法治路径。微观层面的技术研究主要是管理方法、科学技术。李晓西（2014）主持完成了人类绿色发展指数（HGDI）理论支撑、编制原则、指标选择及指标体系构建、测评国家选择、测算方法、测算结果及分析等研究工作，提出各国应努力实现绿色发展、建立国家间新型合作关系；陈颖（2016）基于温室气体控制的环境影响评价管理思路和技术路径，以绩效评估作为推进绿色发展的重要管理模式，通过构建温室气体排放评价指标体系、建立温室气体控制的环境影响评价基准，为地方、部门绿色发展进行测量评估；周颖（2016）运用实证主义研究方法，利用 R 聚类与因子分析相结合的定量指标筛选方法，构建囊括 26 个指标涉及绿色生产、绿色消费与绿色环境3个准则层的绿色产业评价指标体系；黄建欢（2017）力求从区域生态效率角度系统研究中国绿色发展，兼顾异质性技术、跨期可比性和非期望产出，提出更全面准确的数据包络分析模型以测算区域生态效率，考察生态效率及其子效率的空间集聚、时空演变以及区域发展模式，从无效率来源、增长分解和空间计量经济分析角度系统研究生态效率的影响因素及影响机制，考察生态效率的收敛机理和特征。

二、国外绿色发展的理论探索

国外绿色发展研究较早，可追溯到20世纪60年代，久远研究历史积累了大量成果。

（一）绿色经济研究

David Pierce（1989）在研究英国环境政策的基础上首次提出"绿色经济"名词但概念解释模糊，仅从环境与经济的关系上认为"经济与我们的生存环境是不可分的。它们相互依赖，因为我们管理经济的方式影响环境，环境质量也影响经济的运行"；Jack Reardon（2007）从能源与环境角度研究绿色经济与环境的关系，认为"绿色经济的中心思想包括可持续性、生产过程和消耗过程要符合当地的环境状况、尊重生态环境并且不能不加限制地使用资源"；UNEP（2012）从工具理性角度定义绿色经济"促成提高人类福祉和社会公平的同时，显著地降低环境风险和生态稀缺性"[①]，绿色发展与经济发展不冲突，绿色生产方式不仅能改善环境，还能提高经济发展程度、增加人民收入、促进绿色市场扩展；魏伯乐（2010）遵循技术改变路径和系统设计思路，探索绿色生产力与经济发展的关系，认为资源生产率的五倍提升意味着可以在当前自然资源消耗水平上实现财富的五倍增长，实现经济的绿色化发展；OECD（2011）基于全球发展视角，对绿色经济发展所面临的困境、方向进行阐释，认为"绿色增长系指在确保自然资产能够继续为人类幸福提供各

① 联合国环境规划署．绿色经济：发展中国家成功案例．https：//www.unenvironment.org/zh-hans/node/19231，2012-04-25/2017-12-28.

种资源和环境服务的同时，促进经济增长和发展”。

（二）生态文明研究

国外学者在研究马克思生态思想基础上，探索生态文明的可能性，认为生态文明的达成需要技术、观念、经济、社会和政治等多方面的系统变革。莱斯特·R·布朗（2006）通过大量数据以及对发达国家和发展中国家经济发展模式的思考，认为“人类文明已陷入危机，需要找寻新的发展模式应对危机；新的模式称之为‘B模式’，相对于传统‘A模式’，它是一种可持续发展的道路，要取代不可持续的传统‘A模式’”。Langhelle O.（2015）通过探讨生态学概念与现代化和可持续发展间的关系，认为当前的生态学以不同方式、方法构建影响环境的各种政策，这些概念不仅影响政策范围还影响政策目标，生态现代化应该被看作是必要的，但不是充足的、可持续发展的条件，生态现代化与可持续发展不应混为一谈，而应该将两者结合。Singh D. R.（2015）希望构建一种合作发展模式，关注到可持续发展与经济发展之间的失衡关系，当前迫切需要社会文化、科技、经济和生态领域共同合作，近期达成增长和发展的目标，未来则要建立一种可持续发展框架，要着眼长远，积极探索消除贫困、关注可持续经济和可持续发展等问题。

（三）城市绿色发展研究

1992年联合国环境发展大会通过《21世纪议程》，推进城市生态文明建设和城市绿色发展观的形成，未来城市发展主流将是绿色生态城市。麦克·布卢姆菲尔德（2007）通过案例研究和实践调查，指明在可持续发展道路上，每个城市社区哪些是必须做到的、哪些是能够做到的；领导者必须鼓励城市社区居民参与环境保护，全社会营造良好的风气，推动绿色城市发展。马修·卡恩（2008）从冲突理论视角探究大规模城市化进程的环境影响，通过梳理不同学派的研究成果和世界各国大量案例，认为必须促进城市与环境的协调发展。Ballesteros M.（2014）重点研究菲律宾政府的生态城市发展构想，认为《可持续发展战略报告》政策策略优秀、生态倡议有一定操作性，但奎松市生态城市建设面临的挑战表明，机构对生态倡议的成功起着关键作用。Dou X.（2015）从政策和管理角度探讨城市战略规划，认为城市具有内在的不可持续性，实现城市可持续发展的有效途径是实施生态城市发展战略，核心是实现社会经济与生态维度间相互作用和反馈的有机平衡，生态城市建设和发展的政策重点是注重生态城市的规划和发展、城市建设的节约型、城市垃圾的有效处理和管理、城市评估和核算生态足迹。

（四）绿色发展工具研究

研究集中于绿色发展的评价指标体系和具体的技术方法。在评价指标体系研究方面，Alfsen等（1987）运用文本研究与调查研究相结合的方法，系统研究了挪威自然资源核算的机制、内容和方法，为绿色国民经济核算体系提供理论基础；Lee I. 等（2011）运用个案分析法，针对韩国洛东河口大型沿海开发项目、土地复垦造成的滩涂、盐沼逐渐减少问题，以潮滩盐沼原位实验装置为基础，运用生物化学指标、物理化学指标测量、评估自然和疏浚土壤间的差异及相似性，展示修复指数的实用性和疏浚土壤的用途；Lee S. D. 等（2012）以三江高速公路建设项目环境影响评价报告为例，选择濒危物种滇金龟子来评价生态环境对道路建设的影响，将对水、路、地面覆盖、坡度、海拔作为栖息地变量进行加权，并用Arc map和Arc view计算出最终的HSI图，通过HSI的前后比较对影响进行定量评估，最大限度减少道路建设对野生动物栖息地的影响。在技术方法研究方面，Ecodevelopment U. R.（2013）将伙伴建模这一创新工具，用于支持涉及多个利益相关方的复杂环境决策，可用作土地使用规划流程的辅助工具；Seleshi Sisaye（2013）追溯生态方法在美国和欧洲国家发展计划中的影响，讨论发展中国家在双边和多边交往中国际捐助机构推动可持续发展的作用以及美国联邦政府机构对保护和维护环境发展计划的影响。Dean A. M.（2015）以案例研究方式介绍绿色化学、绿色工程和生态工程对可持续发展的需求，证实传统工业模式处理材料效率的低下，倡导尽量减少不可再生资源作为原材料的消耗。

第二节 习近平绿色发展理念研究

习近平从建设美丽中国和适应经济发展新常态、承担国际责任树立大国风范的客观需要出发，继承发展马克思主义生态思想，形成了具有新时代内涵的习近平绿色发展理念。习近平绿色发展理念的核心和最高成就是提高绿色生产力、增进人民绿色福祉，具有重要价值。

一、习近平绿色发展理念的理论溯源

习近平绿色发展理念的理论基点是马克思、恩格斯的生态环境思想，理论支撑是新中国成立后党的四代领导人提出的绿色生态思想。

（一）理论基点：马克思、恩格斯的生态环境思想

马克思、恩格斯阐述了与现代意义中绿色发展思想十分相近的生态环境思想。在人与自然为何种关系的问题上，马克思指出“人靠自然界来生活”[①]，人虽然是自为存在着的存在物，但始终是自然界一部分，离开自然人将不复存在。并预警人虽有主观能动性，但“不以伟大的自然规律为依据的人类计划，只会带来灾难”[②]。马克思肯定这种灾难性根植于资本主义制度，“从一个较高级的经济社会形态的角度来看，个别人对土地的私有权，和一个人对另一个人的私有权一样，是十分荒谬的。他们只是土地的占有者，土地的受益者，并且应当作为好家长把经过改良的土地传给后代。”[③] 土地私有制的存在将无可避免地产生生态破坏，唯有实现共产主义才能有效解决人与自然的矛盾，因为在自由王国里，人的极大发展、社会生产力的极大进步、特别是科学技术的高度发达，达致人与自然的和谐统一，人类的物质需求、精神需求不必再以破坏生态作为满足条件，自然界将与人类共生、共荣。

---

① 马克思、恩格斯：《马克思恩格斯全集》（第42卷），人民出版社1979年版。

② 马克思、恩格斯：《马克思恩格斯全集》（第31卷），人民出版社1972年版。

③ 马克思、恩格斯：《马克思恩格斯全集》（第46卷），人民出版社2003年版。

（二）理论支撑：党的四代领导人的生态环境思想

新中国成立后，党的四代领导人相继提出绿色化、协调、可持续、科学发展观等生态思想，思想之间呈现出继承与发展关系。毛泽东意识到了人与自然的矛盾，认为“人去压迫自然界，拿生产工具作用于生产对象，自然界这个对象要作抵抗，反作用一下”①。但对生态环境的理解还停留于有用性层面，“自然资源是人类生活和生产的前提，是建设社会主义的重要因素，如天上的空气，地上的森林，地下的宝藏”②，植树造林的重要作用在于“对农业，对工业，对各方面都有利”③，这是一种朴素的生态观。邓小平已意识到生态环境的有用性，曾针对天然气开采问题指出“天然气能生产化肥，化肥又能增产粮食，还可用来发电，可做多种化工原料”④；还在保护生态环境问题上开法制先河，努力推动颁布了《森林法》《水污染防治法》《大气污染防治法》等系列法律。邓小平重视环境保护源于其对生态环境与经济发展关系的深刻认识，一个地区生态环境状况良好将带动经济发展。江泽民继承发展了邓小平生态法制和协调发展思想，并将可持续发展作为中国特色社会主义建设的重大方向。江泽民认为，“实行经济发展与生态环境的良性循环，既要安排好当前的发展，又要考虑将来子孙后代的发展，决不能断了子孙的发展之路”⑤。经济发展与生态环境保护结合，将生态环境作为经济发展的重要参考指标，首次打破了传统经济发展模式的唯GDP主义，基本奠定了中国实施生态发展的基本思路。顺应21世纪时代发展潮流，以胡锦涛为总书记的党中央承先启后，提出了现代化建设必须贯彻“科学发展观”，再次实现理论突破和思想解放。科学发展观的第一要义是发展，但区别于高能耗、高污染的粗放型“黑色发展”，它是自然与社会共同发展、和谐发展、绿色发展，最佳途径是“依靠科技进步和创新，发展循环经济、低碳技术和环境友好型产业，保护和修

① 毛泽东：《毛泽东文集》（第7卷），人民出版社1999年版。
② 毛泽东：《毛泽东文集》（第7卷），人民出版社1999年版。
③ 毛泽东：《毛泽东文集》（第6卷），人民出版社1999年版。
④ 王东：《邓小平理论与跨世纪中国》，北京出版社1999年版。
⑤ 江泽民：《江泽民文选》（第1卷），人民出版社2006年版。

复生态环境；依靠科技进步和创新，构建节约型发展模式，降低能耗和物耗；通过保护环境和节约资源使经济社会发展与自然相协调”①。党的十七大要求建设“生态文明”，“四位一体”总布局过渡到“五位一体”，总布局有了理论铺垫。

（三）理论生成：十八大以来绿色生态理念实践

习近平继承并发展马克思、恩格斯和党的前四代领导人的生态思想，形成了习近平新时代绿色发展理念。习近平主持起草的十八大报告正式提出“五位一体”总体布局，将生态文明建设提升到国家战略地位，充分体现出党和国家对生态问题的重视。习近平面对中国传统经济发展方式带来的环境、民生问题，不同时间不同场合不断强调绿色发展的重要性。2013 年参加国际交流活动时阐明“我们既要绿水青山，也要金山银山；宁要绿水青山，不要金山银山，而且绿水青山就是金山银山。”②“两山论”运用唯物辩证法，深刻分析了经济发展和生态环境的关系，回答了如何发展的问题。2014 年进一步解释，“只要指导思想对了，只要把两者关系把握好、处理好了，就既可以加快发展，又可以守护好生态。”③ 习近平认识到思想对人的重要指导作用，思想直接影响个人的行为选择，正确处理经济发展同生态环境保护的关系必须先解决思想问题，为破解发展经济与保护生态的二律背反问题提供新思路。十八届五中全会上，习近平强调“绿色是永续发展的必要条件和人民对美好生活追求的重要体现”，随之“绿色”作为与“创新、协调、开放、共享”并列的发展理念被正式写进会议公报，成为中国官方通报上“绿色发展”的最高提法，标志着绿色发展上升为党和国家的执政理念，战略地位空前提升意味着绿色发展有了更强战略指导性、绿色发展与国家前途命运已结合在一起。

① 胡锦涛：《在中国科学院第十五次院士大会、中国工程院第十六次院士大会上的讲话》，载于《光明日报》2010 年 6 月 8 日。

② 杜尚泽、丁伟、黄文帝：《弘扬人民友谊共同建设“丝绸之路经济带”》，载于《人民日报》2013 年 9 月 8 日。

③ 施菲菲．习近平参加贵州代表团审议：改善生态环境就是发展生产力．http：//zjnews.zjol.com.cn/system/2014/03/08/019898100.shtml.2015-04-15/2017-10-18.

2017年10月党的十九大胜利召开，庄严宣告中国特色社会主义进入新时代、生态文明建设进入新时代，绿色发展理念作为习近平新时代中国特色社会主义思想的重要组成部分、马克思主义中国化的最新理论成果，势必在新时代焕发耀眼光彩，为实现伟大中国梦提供强大理论指导。

二、习近平绿色发展理念的核心要旨①

提高绿色生产力、增进人民绿色福祉是习近平绿色发展理念的核心要旨，是绿色发展的根本目的。

（一）绿色生产力的发展

习近平同志深刻认识到，保护生态环境就是保护生产力，改善生态环境就是发展生产力。这里的“生产力”就是绿色生产力，它包含两个层面的丰富内涵；这里的生态环境与生产力是有机整体，二者互为表现、互相促进。

第一，保护生态环境即保护生产力。根据马克思的划分，生产力可分为劳动的自然生产力和劳动的社会生产力。作为蕴藏巨大能量的自然生产力，长期受到忽视，这种忽视既表现在理论上更表现在实践中。理论上如“征服自然论”，将人与自然界对立，把生产力单向度定义为对自然的征服、利用和改造；实践中片面追求经济增长、对资源无限制的开采，忽视自然生产力的后果是生态环境被破坏，经济发展随环境污染走向破灭。保护生态环境就是保护生产力，是对过去以生态牺牲获取经济发展方式的否定，是对自然生产力的承认和重视，强调生态作为一个完整的系统是能够“实现物质循环、能量转换和信息传递的自组织系统”。自然生产力是生态系统的重要功能，这种功能通过一定的结构表现出来，保持这种结构的完整性是生态系统提供巨大生产能力的重要前提，如水能、土地、太阳能，蕴含着巨大能量，本身就是自然生产力结构的组成部分，对这些潜在的生产力结构要素进行保护，是走可持续发展道路的必然要求。

---

① 余华、彭程甸：《增进人民绿色福祉是绿色发展的根本目的》，载于《中国社会科学报》2017年12月28日第8版。

第二，改善生态环境即发展生产力。首先，改善意味着把不符合要求的事物通过一定手段加以改良达致符合要求的程度。这就要对以往因为片面追求经济效益损害的生态环境进行修复，将污染的空气、江河湖泊、大地山川恢复到天蓝、水净、地绿，实质上是对自然生产力结构的修复，使其重新发挥出原有功能。其次，改善意味着保护并不是最终目的，生产力的发展才是最终目的。如果一味追求原生态、保护自然而不将改善生态环境与经济发展联系起来，那么这种改善将毫无意义，而且不可能实现和持续。唯有生态改善和经济发展契合，重视保护生态对经济发展的推动作用，充分发挥人的主观能动性，发展循环经济、低碳经济、绿色经济，通过改善结构要素排列状况，将生态红利转化为绿色生产力。

（二）增进人民绿色福祉

习近平提到“绿色发展……的根本目的是改善人民生存环境和生活水平”①。涉及两个主体，一个是义务主体，另一个是权利主体。

第一，义务主体即中国共产党。中国共产党是中国特色社会主义领导核心，其根本宗旨和价值追求是全心全意为人民服务。面对人与自然出现严重矛盾的现实执政环境，中国共产党有义务满足人民改善生存环境和生活水平的需要。以习近平同志为核心的党中央深知“如果不能有效保护生态环境，不仅无法实现经济社会可持续发展，人民群众也无法喝上干净的水，呼吸上清洁的空气，吃上放心的食物，由此必然引发严重的社会问题。”必须把绿色发展“作为重大民生实事紧紧抓在手上”②，这是一种实实在在的政治紧迫性。新时代要有新担当，中国共产党自觉履行自身的时代使命。习近平不止一次提到“良好生态环境是最公平的公共产品，是最普惠的民生福祉。”中国共产党有责任、有义务为社会提供关系民生福祉的公共产品，并且在提供绿色公共产品、绿色公共服务过程中，必须以人民为中心，以人民满不满意、高不

① 习近平：《携手推进亚洲绿色发展和可持续发展》，载于《人民日报》2010年4月11日。

② 新华社：《坚持节约资源和保护环境基本国策努力走向社会主义生态文明新时代》，载于《人民日报》2013年5月25日。

高兴作为评判标准，这是由绿色发展的根本特性——人民性决定的。

第二，权利主体即全体中国人民。人民是国家主人，是国家主权所有者。生态环境好坏与人民核心利益密切相关，人民有权利享受更美好的生活环境。在过去很长一段时间，中国人民为温饱奋斗，生态权利意识被生存权利压制；当今中国在共产党领导下已实现小康，人民生活的物质水平得到极大提升，不再局限于满足丰富的物质生活，对良好生态环境的需求日益递增，人民生态权利意识逐渐觉醒。正是习近平深刻感受的“老百姓过去盼温饱，现在盼环保；过去求生存，现在求生态”。同时，这种权利不仅是当代人的权利，后代人同样享有获得、体验美好生活环境的权利。但因生态环境的系统性、脆弱性，导致生态环境一旦遭受破坏，修复难度极大，影响往往持续上百年，当代人为获取经济利益而毁坏生态环境是对后代不公平，是对后代生态权利的践踏。习近平提醒“我们不能吃祖宗饭、断子孙路，用破坏性方式搞发展[①]”。生态环境的保护是泽被天下、福泽万世的伟大工程，生态环境产出的绿色福利不仅包含当代人所享受的生存福利，更包含代际公平的可持续福利，是后代人有权享有的、当代人不得侵犯的生态权利。

（三）两者间的辩证关系

提高绿色生产力是绿色发展的必然要求和客观手段，增进人民绿色福祉是绿色发展的价值追求和根本目的。

第一，绿色生产力的提高必将增进人民绿色福祉。绿色生产力的发展通过人民生活水平的不断提高、人民生活质量的不断改善呈现出来。习近平总书记、今年中央一号文件、中央深改组第 37 次会议相继强调要推动绿色发展、推行绿色生产、推进农业绿色发展，农业绿色发展不仅能提高农业生产效率、减轻农民生产负担、增加农民收入，还能提供更多优质安全的特色农产品，促进农产品供给由主要满足“量”的需求向更加注重“质”的需求转变，绿色食品、绿色非食用产品、绿色休闲产品的供给，将丰富人民的生活

① 习近平：《共同构建人类命运共同体》，载于《人民日报》2017 年 1 月 20 日。

方式、提高人民的生活水平，增进人民绿色福祉。

第二，人民绿色福祉的增加倒逼绿色生产力发展。人民绿色福祉的增加通过享受和使用环保节能技术、新能源产品等绿色科技过程获得的体验感表现出来。人民期盼良好生态环境，期盼结构更优化质量更上乘的“有效供给”。推进农业绿色发展、增加农产品“有效供给”的动力源泉是科技创新，要求建立健全鼓励原始创新、集成创新、引进消化吸收再创新的政策环境，要求健全农业科技创新体系、构筑农业科技创新优势、夯实农业科技创新基础、壮大农业高新技术产业。倒逼机制会促推生产者提高绿色生产力、改善绿色生产结构，获得更广阔的绿色市场。

三、习近平绿色发展理念的重要价值①

习近平绿色发展理念的形成是共产党人不断克服思想禁锢进行理论创新的过程，凝聚着广大共产党人特别是习近平同志的智慧。中国特色社会主义进入新时代、面临新机遇新挑战，无论是理论层面还是实践层面，绿色发展思想作为习近平新时代中国特色社会主义思想的重要组成部分具有重要价值。

（一）提升了马克思主义生态思想理论境界

习近平绿色发展理念提升了马克思主义生态思想理论境界。马克思、恩格斯生态思想到毛泽东绿色思想，再到邓小平、江泽民协调可持续发展思想，最后到胡锦涛科学发展观，马克思主义生态思想随历史进程不断丰富、发展，但受制于时代的局限性，思想本身具有一定局限性。马克思过分强调生态环境的阶级属性；毛泽东过分强调生态建设的经济属性；邓小平、江泽民虽已看到生态建设的重要性，但面对经济发展与生态环境的冲突却无具体、有效的解决之道，中国生态环境急剧恶化；胡锦涛真正将生态文明建设提上日程，但传统经济发展模式的巨大惯性，使其生态思想可操作性不强。习近平绿色发展理念继承历代共产党人的生态思想并加以升华，提高了马克思主义生态思想的理论性、科学性和可操作性，“两山论”从马克思唯物辩证法出发，科

① 肖湘愚、余华：《绿色发展理念的重要价值》，载于《中国社会科学报》2017 年 12 月 28 日第 8 版。

学解释了经济发展与生态保护的关系，明确发展主体、目的和方式，界定生态环境是一种生产力。破除传统发展思维禁锢的同时，习近平绿色发展理念从法制、科技、文化等各个层面进行阐释，具有极强的指导性和可操作性。新时代需要新理论，新时代产生新理论，习近平绿色发展理念是对马克思主义生态思想的理论升华，必将发挥重大指引作用。

（二）是新时代建设美丽中国的必然要求

习近平绿色发展理念是建设美丽中国的必然要求。建设美丽中国是广大人民共同心愿。随着现代化建设进程加快，大气污染、水污染、土地污染日益严重，资源匮乏问题日益凸显。近年来中国大部分城市PM2.5超标，雾霾出现频率、出现范围加大；水污染形势严峻，数千条江湖河流告急，城市水污染处理不达标；农业化肥、农药大量使用，加剧了土壤污染；能源结构单一，传统能源枯竭与能源浪费并存。习近平提出必须坚持绿色发展，“全社会都要按照党的十八大提出的建设美丽中国的要求，切实增强生态意识，切实加强生态环境保护，把我国建设成为生态环境良好的国家。”建设美丽中国必然要对经济布局、产业结构作出调整，贯彻落实资源节约和保护环境的基本国策，用绿色发展模式取代黑色发展模式，必须树立人与自然和谐共生的生态文明理念，把生态文明建设放在更加突出的地位，与经济、政治、文化、社会等各方面协同发展。习近平绿色发展理念既是建设美丽中国的必然要求，又是建设美丽中国的重要保障。

（三）是实现国家治理体系现代化的内在要求

习近平绿色发展理念是国家治理体系现代化的内在要求。在党的十八届三中全会上，习近平强调“全面深化改革的总目标是完善和发展中国特色社会主义制度，推进国家治理体系和治理能力现代化。”[①] 国家治理体系包括经济、政治、生态等各领域的体制、机制和制度安排。虽然近年来我国经济、政治、文化、社会诸领域持续深入改革，形成了系列、整套行之有效的制度

① 新华网．十八届三中全会公报指出全面深化改革的总目标是完善和发展中国特色社会主义制度．http：//money.163.com/13/1112/18 /9DGGTUN900254TI5. html，2017-10-18.

安排，制度正效应不断显现，国家治理体系不断完善。但要看到，生态治理制度体系作为国家治理体系现代化的短板，还存在与新时代、新规划、新任务不相适应的问题，生态法律法规不完善不系统问题突出，尚未形成自下而上的生态监督体制，生态考核制度建设落后，生态责任追究制度亟待完善。必须提升国家生态治理体系现代化程度，“面对人民群众对环境保护的期待和诉求，必须把生态文明建设作为增强党的执政能力、巩固党的执政基础的一项战略任务，持之以恒地推进，不断抓出成效。”执政能力高效发挥离不开科学完善的国家治理体系，习近平绿色发展理念对国家生态治理体系制度化、现代化起到催化剂作用。现代化的国家治理体系是一个完整体系，短板决定容量，习近平绿色发展理念补齐了国家治理体系中生态治理体系的短板，是国家治理体系现代化的内在要求。

（四）是承担国际责任、树立大国风范的重要手段

习近平绿色发展理念是承担国际责任、树立大国风范的重要手段。中国是世界最大的发展中国家，经济飞速发展需要巨大能源消耗支撑，二氧化碳、二氧化硫排放量居世界第一。中国发展模式既要面对国内舆论的巨大压力，又要承受国际社会施加的减排压力。中国以实际行动为全球命运共同体贡献力量，2016年G20杭州峰会率先签署《巴黎协定》，对国际社会作出庄严承诺，对化解全球变暖等环境问题率先垂范。在全球生态治理问题上，中国不仅以身作则，还积极推动全球生态治理的多边合作，习近平亚洲博鳌论坛开幕式演讲指出“为了实现亚洲和世界的绿色发展和可持续发展……亚洲各国应该统筹经济增长、社会发展、环境保护。”中国带领亚洲、非洲国家共同参与全球环境治理，通过开展低碳示范区、增加减缓和适应气候变化项目等手段帮助发展中国家提高环境治理能力。中国积极响应国际绿色发展潮流，勇于承担责任，发挥自身优势帮助后发国家，站在实现人类美好未来的道义制高点，国际地位不断提升，树立起敢担当、负责任的大国形象。

第三节 绿色发展理念的实践路径

一、习近平绿色发展理念的实现路径[①]

十八大以来，依循习近平绿色发展理念，我国生态文明建设取得阶段性成就。但是“我们在生态环境方面欠账太多了，如果不从现在起就把这项工作紧紧抓起来，将来会付出更大的代价”[②]。针对这种紧迫性，习近平多次论述加强生态法制建设问题，要求用法律制度为生态环境保驾护航，同时要求将转变经济发展方式、加强国际交流与合作、提高科技创新能力、宣传绿色文化等多种手段结合，共同促进生态环境向好转变。

（一）建立健全生态保护的制度体系

建立和完善法律制度是建设社会主义生态文明最基本的前提条件。改革开放到2017年，我国已构建以环境保护法为核心、其他综合性法律与地方性法规相结合的环境法律体系。生态环境保护法律、法规规模不断扩大，环境保护执法部门逐渐建立，2015年正式实施了史上最严的《环境保护法》。但仍不完善，表现为环境执法力度不够，环境法律体系已初步建立但尚待完善，环境法规过于笼统化，缺乏灵活性和具体性。习近平强调“用严格的法律制度保护生态环境，加快建立有效约束开发行为和促进绿色发展、循环发展、低碳发展的生态文明法律制度，强化生产者环境保护的法律责任，大幅度提高违法成本。”这就需要我们认真研究时代背景、时代需要，提升环境法律、法规的动态适应性，加强环境保护法律体系建设，建立严明、高效的执法队伍。制度建设上，实行环境保护决策一票否决制，扩大公民参与渠道；加强环境保护监督，形成内外互动监督机制；完善生态环境考核机制，改变唯GDP考核模式，将考核结果与公务员升迁、奖励、惩罚挂钩，建立生态环境

---

① 彭程甸：《绿色发展的实现路径》，载于《中国社会科学报》2017年12月28日第8版。

② 南方日报评论员：《把生态文明建设放在突出位置来抓》，载于《南方日报》2016年8月25日。

损害责任终身追究机制，无论是谁、无论退休与否都要一查到底，形成震慑作用。

（二）转变经济发展方式走绿色之路

我国已经进入经济发展的新常态，曾经片面追求经济增长的规模速度，不断增量扩能和依靠资源与低成本劳动力等要素投入的黑色发展模式已经带来了严重的资源枯竭、生态破坏等问题，经济发展动力不足，阻力加大，黑色发展模式走进了死胡同，所以必须转变经济发展方式。习近平振聋发聩地指出“那种要钱不要命的发展，那种先污染后治理、先破坏后恢复的发展，再也不能继续下去了[①]”。中国亟待“推动形成绿色发展方式”。在发展思路上，要改变旧的思维方式和条条框框，创新思路，努力寻找经济发展和生态环境保护的契合点。转变传统经济发展方式，关键要在调整资源的配置方式上下功夫。从狭义的资源即自然资源角度看，转变传统粗放型资源利用方式要逐步限制不可再生资源的开采，提高资源有效利用率，限源节流；要不断开发新能源、加大对可再生资源，特别是生物能源的有效利用，如开发页岩气资源、太阳能及农村秸秆再利用、沼气发电。从广义的资源角度看，资源配置方式需要通过供给侧结构性改革加以调整，推动产业结构优化升级，淘汰落后产业、产能，将经济、人力等资源更多投入到朝阳产业，重点支持环保产业发展，如新能源汽车开发，提高绿色工业产品、农业产品、服务产品在整个供给结构中的比重，达致资源与社会协调的绿色发展方式。

（三）提升绿色发展的科技创新能力

习近平强调必须“加快开发低碳技术，推广高效节能技术，提高新能源和可再生能源比重”，为“绿色发展和可持续发展提供坚强的科技支撑”。科技是第一生产力，创新是一个国家进步的灵魂，只有不断加强科技创新，研发新的绿色技术才能为解决环境污染、资源短缺提供技术支持。第一，加强环境污染预防治理技术创新，研发更具效率的清洁技术、废物再利用技术、

① 习近平．不要“要钱不要命”的发展．http：//news. sina. com. cn/c/zs/2016-03-18/ doc-ifxqnski7712843. shtml，2017-10-18.

污水垃圾无污染处理技术等，同时利用先进的计算机模拟、检测技术加强环境检测。第二，研发新能源开发、利用技术。我国蕴含丰富的可燃冰、页岩气等清洁能源，加强新能源的技术攻关，可有效缓解能源压力，减轻污染状况。第三，开发和推广节能技术。农业上研发新的灌溉技术，推广滴灌、喷灌技术，缺水地区推广地膜种植，减少水资源的浪费；工业生产上通过运用先进技术，严格控制生产流程，减少原材料浪费，生产能耗更低的节能汽车、节能空调等消费品。习近平认为“与以往历次工业革命相比，第四次工业革命是以指数级而非线性速度展开，我们必须在创新中寻找出路。”[①] 唯有加强绿色技术创新，大力发展绿色技术，才能引领绿色潮流。

（四）开展绿色发展的国际合作活动

开展国际合作、牵手世界各国共同推进绿色发展是实现我国绿色发展的客观要求。气候变化、能源危机、生态恶化等问题愈发严重，人类面临巨大挑战，生态问题已成国际问题。习近平在外交活动中多次提到“人类已经成为你中有我、我中有你的命运共同体，利益高度融合，彼此相互依存。”环境污染的跨国性、环境治理的复杂性、环境治理效益的外溢性决定生态治理不可能仅靠一两个国家解决，加强国际协作是每个国家应尽责任和生态治理必由之路。首先，要加强国际层面生态治理的顶层设计，理清思路，规范各国绿色发展道路。虽然自1972年以来国际社会出台了《人类环境宣言》《二十一世纪议程》及2015年《巴黎协定》等可持续发展的国际公约，但普遍约束力不强、效果不佳，必须出台全面、具有法律效力的国际协定及建立相关协作机构。其次，加强国际交流，特别是发达国家与发展中国家要进行平等的协商对话。目前生态环境国际协同治理之所以难推进，重要原因之一就是发达国家与发展中国家对责任划定有分歧，发达国家与发展中国家要在协商中相互理解，寻求共同利益，合理划归责任，同时积极交流各国治理环境的经验。最后，要加强国际生态技术合作。发达国家要充分发挥自身的技术优势，

① 习近平：《共担时代责任 共促全球发展》，载于《人民日报》2017年1月18日。

将一些先进的清洁技术、新能源开发利用技术输出或在有限条件下输出给后发展国家；同时，要虚心学习，积极引进适合本国的生态治理技术。特别要加强各国学术科研机构间的交流，以期共同研发出更加先进的环保技术。

（五）弘扬绿色文化和增强环保意识

内在文化环境持续影响人的世界观、价值观，对人的行为具有重要指导作用。习近平认为“不重视生态的政府是不清醒的政府，不重视生态的领导是不称职的领导，不重视生态的企业是没有希望的企业，不重视生态的公民不能算是具备现代文明意识的公民。”弘扬绿色文化、增强生态环保意识须从政府、社会、公民三个层面同时发力，凝聚强大合力。一是政府层面，要运用政府天然具有的合法性权威，充分发挥社会文化建设职能，加强思想引导，促使全社会树立尊重自然、保护自然、顺应自然的价值理念。政府官员要形成正确的政绩观，抵制唯 GDP 主义，树立绿色政绩观。教育领域要将绿色发展理念融进整个教育体系。二是社会层面，要形成绿色氛围、形成崇尚环保的舆论导向。市场微观主体——企业要加强绿色文化建设，形成节俭办公的工作氛围、清洁生产的工作习惯。要大力发展环保组织，利用民间组织贴近人民群众的优势，积极向公众宣传灌输环保理念。三是公民层面，要积极学习绿色文化知识，树立正确的绿色价值观，形成绿色消费观，自觉养成低碳消费习惯，坚决抵制造成环境严重污染的消费品，尽量选择低能耗产品；垃圾处理过程要有垃圾分类意识，促成废物的回收再利用。

二、中国区域绿色发展的路径探索

国内绿色发展区域研究集中在城市绿色发展、省域绿色发展、绿色发展区域合作等方面。学者对京津冀绿色协同发展、河南农业绿色发展、深圳盐田绿色发展、城市绿色低碳发展、英国“先污染、后治理、再低碳”的绿色发展进行理论探讨，长江经济带、西南民族地区特色农业特色旅游、东北地区生态农业及中国-东盟合作绿色发展的路径探索尤其值得重视。

（一）长江经济带的绿色发展路径

2016 年 1 月 5 日，在重庆召开的长江经济带发展座谈会上，习近平总书记强调“当前和今后相当长一个时期，要把修复长江生态环境摆在压倒性位置，共抓大保护，不搞大开发”；3月25日中共中央政治局审议通过的《长江经济带发展规划纲要》明确“长江经济带发展的战略定位必须坚持生态优先、绿色发展，共抓大保护，不搞大开发”。两年时间过去了，重庆、湖北、湖南、江西、安徽等长江经济带沿江省市，坚持生态优先、绿色发展的思想认识不断提高，沿江沿湖重化工产业污染整治初现成效，航运船舶污染治理加强，长江干流、重要支流和湖库水域生态环境治理稳步推进，生态环境保护政策措施强化，沿江非法码头、非法采沙整治，长江经济带绿色发展模式基本形成。

（二）西南民族地区绿色发展路径

海南基于生态省应当是“绿色GDP”最大化省的视角，较早探讨林业、高效生态农业、海岛生态旅游业、海洋渔业、畜牧业及海洋资源开发、能源开发的区域绿色发展道路。夏鲁平（2004）通过对1983～2003年海南发展的回顾与反思，提出发挥海南比较优势、发展海南绿色农业和绿色生态旅游业的绿色发展道路选择；余春祥（2005）基于环境、资源价值论视角和传统经济人假设探究绿色经济发展构成要素、约束条件、根本动力及经济发展规模、速度、评价体系优化等问题，结合云南经济强省战略目标和鼓励发展、支持发展、限制发展、禁止发展的产业类型划分，提出云南绿色产业战略选择的总体原则、基本思路和主要目标，选择了云南绿色产业发展的重点领域。广西各县域产业结构成长程度不同、县域产业结构变动趋势存在差异，在兼顾社会公平、优先考虑环境友好目标背景下，发挥生物资源多样性和民族文化多元化优势，大力发展特色化民族化本土化产业，各有侧重、分类推进，确定了民族地区特色农业、特色旅游业发展路径。

（三）东北地区生态绿色发展路径

吉林较早探索农业绿色发展道路，1999～2000年吉林省主要领导通过分析吉林优质资源、优越环境及总结全省生态环境建设、生态经济发展经验，率政府多个部门参与的研究团队，提出了建设生态省和分三阶段五区域发展绿色汽车、环保化工、绿色食品、健康产业、高新技术产业、环保产业、水资源产业、生态景观旅游业等八类重点产业的生态环保型效益经济发展道路。受教育部人文社科基金、黑龙江省自然科学基金资助的赵大伟等（2013）对黑龙江绿色农业产业发展路径进行了理论探索，基于政策激励、制度变迁、环境影响视角，立足黑龙江土地、森林、水、气候、生态方面的资源优势，出口贸易区位优势、国内市场需求优势等外部环境优势和绿色农业科技创新、农业基础设施建设等内部环境优势及影响农业绿色发展的政府主导作用、社会生产因素的详尽梳理，通过对黑龙江省绿色农业发展的产业集聚、国际化、品牌整合、龙头企业带动、生产科技化、销售专业化的趋势分析，提出了黑龙江绿色农业门类、产品层次、产品流通、产品结构区域调整及延长产业链、发展大企业集团和构建产业带动型发展模式、休闲旅游农业模式、设施农业模式和循环生态农业发展模式等绿色农业发展路径。2017年下半年，围绕林毅夫团队的《吉林报告》，理论界与实务界再度对吉林乃至东北经济振兴和东北生态农业、药业、文化旅游、现代轻工业的绿色发展展开了热烈研讨。

（四）绿色产业发展国际合作路径

2010年以来，中国与东盟通过论坛（高层对话）形式，就绿色产业发展与合作、创新与绿色发展、区域绿色发展转型与合作伙伴关系等主题，围绕绿色产业的国家政策、实践经验、农村绿色技术应用，环境保护的国家政策、绿色和环保产业创新实践与经验，绿色发展转型与建立合作伙伴关系等议题展开深入交流，共探中国与东盟绿色产业发展与合作路径。

三、绿色发展理论与实践路径探索的评述及展望

（一）绿色发展理论与实践路径探索的评述

国内学者和研究机构对绿色发展概念及演进过程、绿色发展现实条件及必要性、绿色经济发展模式和发展机制、发展政策以及绿色发展宏观战略、中观路径、微观技术等方面进行了深入研讨；在可持续发展思想、科学发展观和习近平绿色发展理念指引下，已对长江经济带绿色发展路径、西南民族地区特色农业特色旅游绿色发展路径、东北地区生态休闲农业绿色发展路径

以及中国-东盟绿色产业发展与国际合作路径开展了初步探索。国外学者、机构对绿色经济的内涵、生态文明与可持续发展、绿色生态城市建设、绿色发展的评价指标体系构建进行了较多研究。比较而言，国内研究侧重于绿色发展的理论内涵阐释及区域绿色发展的路径探索，国外研究侧重于生态文明、生态城市建设路径、绿色发展评价指标体系的构建，国内外学者理论研究和路径探索成果均对我国新时代推进绿色发展具有重要借鉴意义。

绿色发展的理论研究和路径探索还存在诸多问题：

一是现有研究倾向于把绿色发展等同于绿色经济发展。众多研究者、研究机构将资源、环境作为经济的一个子系统，过分强调绿色发展的经济属性，忽视绿色发展的政治内涵、文化内涵和社会内涵，对绿色经济的剖析多停留在浅层化、碎片化，没有上升到完整、系统的理论探究，不利于构建完整的绿色发展系统。

二是现有研究忽视绿色发展实践多元主体的作用发挥。众多学者对绿色发展实施路径的研究过多着眼于政府主体，强调以政府为主导，辅之完善的法律、制度、政策。理论观点本身没有错，只是忽视了实践主体的多元性。绿色发展是一个涵盖政治、经济、文化和社会的宏大系统，绿色发展实践主体涉及“政府—市场—公民”三个层面，市场、公民的作用不应被忽视。

三是欠缺全要素全行业全产业绿色发展路径的探讨。现有河南、海南、云南、广西等省域绿色发展的路径探索，学者们多着力于特色农业、特色旅游业等本来对环境影响较小、绿色发展转型较容易的产业或行业，对工业绿色发展、资源型城市或省域特别是资源枯竭型城市绿色发展的路径探讨较少，对最应重视的环保产业、环保经济和环保科技创新路径的深度探讨不多。

四是研究视角的偏颇可能导致绿色发展陷入无法实践的困境。众多研究者以整体主义视角观察、分析绿色发展问题，强调把人类物质欲望、经济增长、对自然的改造限制在能为生态系统承受、吸收、降解和恢复的范围内，强调生态系统的整体利益与人类长远利益、根本利益的一致性，忽视部分区域和部分个体的生存权、发展权，忽视激励与约束对行为个体和群体的作用。

五是欠缺与“新时代”契合的绿色发展路径探讨。社会主要矛盾原来是“人民对经济文化迅速发展的需要同经济文化不能满足人民需要之间的矛盾”，现已转化为“人民日益增长的美好生活需要和不平衡不充分的发展之间的矛盾”，新时代面临新环境、新机遇、新挑战，现有绿色发展内涵、价值意蕴、路径选择的研究文献还没有很好地与新时代的背景契合、欠缺创新。

（二）绿色发展理论与实践路径探索的展望

第一，绿色发展的理论研究与实践路径探索亟须破除“中心—边缘”结构。绿色发展是事关全局、事关全人类共同发展的难题，不仅仅是处于中心位置的政党、国家或者政府有权力和责任，当前处于边缘位置的社会（狭义）、组织乃至外围的个人也有权力和责任。破除“中心—边缘”结构不意味着将社会、公民等边缘主体置于中心位置，将政党、国家或者政府置于边缘位置，因为这种角色互换并没有改变“中心—边缘”结构的实质，事实上依然存在着中心权力对边缘资源的剥夺，突破“中心—边缘”结构的办法是建立网格化的合作网络。在绿色发展治理的网络结构中，处处是中心、处处是边缘，主体之间是平等关系，每个主体都能发挥各自优势，为绿色发展贡献力量；同时，主体之间又是合作关系，每个主体都是网络链条的一个节点，相互弥补、相互促进。研究绿色发展问题特别是提供绿色发展选择路径时，不能仅从“中心—边缘”视角提供方案，还应尊重每个主体，既要研究如何发挥好政府制定法律、政策的引导作用，还要注意研究如何发挥社会、个人促进绿色发展的作用，更要注重研究各个要素间的协同作用、协同方式。

第二，绿色发展理论研究与实践路径探索的视角需要进一步拓宽。经济学视角的习近平生态文明建设思想、新时代绿色发展的制度框架与可行路径研究，政治学视角的生态环境保护政治责任、经济责任、法律责任研究，管理学视角的生态文明建设、生态环境监管、生态安全保障、农村生态建设与环境保护管理的体制机制改革完善以及绿色经济与低碳供应链发展、耕地草原森林河流湖泊休养生息制度构建、农业面源污染治理研究，法学视角的生态环境损害制度改革研究等，可能得到加强。

第三，“差异化”“多样化”的区域绿色发展路径、与新时代契合的全要素全行业全产业绿色发展路径探讨可能得到加强。中国东中西部面临的绿色发展环境问题不同、绿色发展的资源禀赋不同、绿色经济发展程度不同，应当有更多学者投身于“差异化”“多样化”的区域绿色发展路径探索。随着绿色发展理念日益深入人心和新时代社会主要矛盾的转化、消解，区域或省域在“差异化”“多样化”绿色发展路径探索基础上，立足全国的与新时代绿色发展理念高度契合的全要素全行业全产业绿色发展路径研究成果可能增多。

第四，随着习近平新时代绿色发展理念全球认同度不断增强和中国“一带一路”倡议深入推进，国际合作视角的“一带一路”与绿色治理研究、发达国家绿色经济政策研究、清洁美丽世界建设研究以及中国-东盟、中国-非洲、中国与“一带一路”沿线国家的绿色发展合作研究必将加强。

第四节　PPP 助推绿色发展①

随着习近平新时代绿色发展理念的贯彻落实，以环境质量改善为核心的生态治理与环境保护项目受到社会普遍关注。近年来，国家层面围绕绿色 PPP 落地出台了系列政策文件，社会资本、金融机构借助 PPP 模式晋升国家发展战略、生态文明建设持续推进的政策暖风向绿色 PPP 项目频伸橄榄枝。截至 2017 年 10 月底财政部入库 PPP 项目 6 806 项，属生态建设和环境保护行业的绿色项目 485 项，占入库项目的 7.13％，污水处理、垃圾处理、生态治理方面的绿色项目成为环境保护领域 PPP 模式推广的重点。

一、绿色 PPP 潜力巨大

绿色 PPP 项目涉及公共交通、供排水、水利建设、生态治理、环境保护等多个领域，有公益性强、投资规模大、现金流不稳定、涉及介质广、技术

① 彭程甸、祝子丽：《政府与社会资本合作创新绿色发展》，载于《中国社会科学报》2018 年 08 月 09 日第 006 版。

依赖性强等特点。吸引社会资本参与绿色 PPP 项目，首先是绿色发展的迫切要求。我国环境保护和生态治理尚处起步阶段，需要大量资金投入，在财政去杠杆不断深入、严控政府债务规模背景下，吸引社会闲散资本、优化治理资源配置，可有效缓解公共财政压力。其次是绿色技术创新及应用的重要推手。绿色项目技术含量高，对建设和运营管理的专业要求高。社会资本比政府部门更具技术创新、运营管理、风险控制经验，从交易成本和技术层面看，专业性社会资本提供绿色公共服务更具优势。再次是环保社会化的重要途径。生态文明建设关系人民福祉，民生工程需要全民参与。以前政府主导环境保护和生态治理，社会资本方被动参与，政府和社会公众难以找到绿色项目的利益共同点，生态文明建设步伐迟缓。吸引社会资本实质参与绿色 PPP 项目，可有效提升生态治理工程的公众参与度，消除环境保护与企业经济利益的对立，增强社会资本方的主人翁意识，降低环境保护和生态治理的动员成本，提升环境保护和生态治理效果，绿色 PPP 的投资额和覆盖面将持续扩大。

二、绿色 PPP 模式多样

存量项目和增量项目均可入围绿色 PPP，投资回报方式分使用者付费、可行性缺口补贴和政府付费。市场化程度高、现金流稳定的经营性项目，使用者付费，如绿色交通、绿色建筑、清洁能源；市场化程度较低、有一定现金流的准经营性项目，采用可行性缺口补贴，如污水处理、垃圾处理、水库发电；没有稳定现金流、风险大的纯公益性项目，政府付费，如河道治理、土壤修复、市政道路、公园建设。不同类型的绿色 PPP 项目采用不同的运营方式。BOT 模式适用于投资额大、运营期长、可运营收费且最终需要政府控制（如绿色交通）的项目，经营性、准经营性项目均可采用，拥有专利、建设工程技术专有性高的项目资产可由项目公司自建，技术复杂度不高的资产可委托他方代建。BOO 模式适用于市场化程度高、投资收益大、不需政府控制的项目，政府赋予社会资本特许经营权，社会资本承担建设和经营职能，项目不需要移交，经营性项目、部分准经营性项目（如污水处理、垃圾处理）可采用 BOO 模式。BTO 模式适用于政府拥有运营期控制权、社会资本方拥有收费权的新建项目，部分经营性、准经营性项目可采用BTO模式，如农村饮水安全、污水处理。TOT或ROT模式适用于资产专有性不强的存量项目，如市政道路、公园建设、水库发电，通过改扩建或直接移交盘活基础设施存量资产、实现生态治理和环境保护目标。公益性项目可采用政府购买服务、BLT、BOT模式，运营阶段的收益来源于政府支付的工程可用性服务费支出和运营养护费。

三、优化绿色PPP监管机制

绿色PPP是政策和技术双向驱动项目，必须持续加大科技投入、增强项目技术开发与创新能力，才能确保绿色PPP项目达成污染防治和生态保护的预期目标。一要构建绿色PPP项目技术风险管理机制。绿色PPP项目运营周期长、技术依赖性大、缺乏内在驱动力、技术风险大，主要表现为技术被替代风险、运营阶段技术研发的产权界定风险、移交阶段的技术转移风险。为了合理维护项目合作各方权益，应通过项目合同明确各方的知识产权，包括项目主要技术被替代的风险应对、共同研发形成专利和非专利技术的产权归属、项目移交的技术资本转移，构建严格的技术风险管理和应对机制。二要建立绿色PPP项目技术监管机制。按照不同行业、不同类别的绿色PPP项目分类分项建立统一的技术标准体系，如污水厂出水标准、自来水厂水质标准、二氧化碳测度标准等；分门别类细化技术监管体系，根据绿色PPP建设和运营的不同生命周期，依据相应的技术标准定期或不定期地进行技术监管；可委托环卫监测中心等部门进行污染物监测，明确技术主体责任。三要建立绿色PPP项目清单。基于技术水平、自主研发能力和管理能力，评价参标企业的项目执行能力，列示绿色PPP项目清单；根据动态评估结果调整清单内容和列示顺序，确保绿色PPP项目分配给技术达标、准备充足的社会资本方。

四、创新绿色PPP金融支持

绿色金融强调支持项目的环保、清洁、低碳、可持续发展特质，绿色PPP的历史使命是推动绿色化和传统产业转型升级，二者重点推广领域一致，可以构建绿色金融体系给予绿色PPP项目资金支持。一是将绿色PPP模式引入绿色产业链，与高收益项目“打包捆绑”运营。某县将供排水（自来水厂建设、污水处理、中水处理）与河道治理、水库发电用 BOT 模式“打包捆绑”，供排水项目现金流稳定、收益高、风险小，水库发电投资规模大、风险高但收益高，河道治理投资规模大、没有现金流且风险高，5 个 PPP 项目打包捆绑“肥瘦皆宜”，能避免社会资本方“挑肥拣瘦”，有效改善县域生态环境。二是建立健全绿色银行，加快 PPP 绿色信贷发展。试点成立地方性绿色银行，与绿色 PPP 直接对接，通过市场化方式提供长期资金供给；鼓励现有国有商业银行开展绿色信贷业务，给予适度的财税金融政策支持，促其可持续发展。三是发行绿色债券，打通绿色 PPP 项目低成本融资渠道。发行绿色债券主要是为环境保护、可持续发展、生态治理等绿色项目提供资金支持，绿色债券信用级别高、发债门槛低、融资成本小，可为绿色 PPP 项目打通低成本融资渠道，促进绿色 PPP 项目落地。四是发展绿色股票指数。加大绿色产业比重，鼓励环保企业积极登陆资本市场，为绿色 PPP 股票融资打通“绿色通道”。

五、农业绿色发展 PPP 方兴未艾

PPP 是落实绿色发展新理念、破解新时代社会主要矛盾、推进农业供给侧结构性改革和实施乡村振兴战略的重要抓手。

（一）中央力推农业绿色发展

2016 年 1 月 27 日，2016 年中央一号文件《关于落实发展新理念加快农业现代化实现全面小康目标的若干意见》公布。该文件首次提出“农业供给侧结构性改革”，要求“推进农业供给侧结构性改革，加快转变农业发展方式，保持农业稳定发展和农民持续增收，走产出高效、产品安全、资源节约、环境友好的农业现代化道路。”“三农”问题很大程度上是供需问题，目前我国农产品在数量上供大于求，质量上难以满足广大民众需求的现象较为普遍，这些问题相当一部分出在农业供给侧方面；农业转型升级从农业供给侧入手，调整农业产业结构，提高农产品质量，增加有效供给是“三农”问题必须着力解决的问题。该文件首次强调“农业绿色发展”，绿色发展是我国经济发展

面临的重大问题，针对农业，就是农业绿色发展；农业绿色发展的核心还是发展，只是发展的方式要转变，是建立在保护资源环境基础上的发展；要彻底改变过去牺牲资源环境换取农业发展的老路，农业发展要转型升级，要在保护资源环境的基础上促进农业健康发展。

2017年2月5日，2017年中央一号文件《关于深入推进农业供给侧结构性改革加快培育农业农村发展新动能的若干意见》公布。该文件再次提出“推进农业供给侧结构性改革”，要“以推进农业供给侧结构性改革为主线，围绕农业增效、农民增收、农村增绿，加强科技创新引领，加快结构调整步伐，加大农村改革力度，提高农业综合效益和竞争力”“推行绿色生产方式，增强农业可持续发展能力”。

2018年1月2日，2018年中央一号文件《关于实施乡村振兴战略的意见》公布。文件进一步提出，要“推进乡村绿色发展，打造人与自然和谐共生发展新格局”“牢固树立和践行绿水青山就是金山银山的理念，落实节约优先、保护优先、自然恢复为主的方针，统筹山水林田湖草系统治理，严守生态保护红线，以绿色发展引领乡村振兴。”“坚持质量兴农、绿色兴农，以农业供给侧结构性改革为主线，加快构建现代农业产业体系、生产体系、经营体系，提高农业创新力、竞争力和全要素生产率，加快实现由农业大国向农业强国转变。”

2019年1月3日，2019年中央一号文件《关于坚持农业农村优先发展做好“三农”工作的若干意见》公布。文件继续要求“加强农村污染治理和生态环境保护。统筹推进山水林田湖草系统治理，推动农业农村绿色发展。”可见，推进农业绿色发展是连续四年中央一号文件坚持的理念。

（二）多部委要求推进农业PPP

2016年12月6日，国家发展改革委、农业部联合发文《关于推进农业领域政府和社会资本合作的指导意见》，列示了农业PPP的重点领域。一是重点支持社会资本开展高标准农田、种子工程、现代渔港、农产品质量安全检测及追溯体系、动植物保护等农业基础设施建设和公共服务；二是引导社会资本参与农业废弃物资源化利用、农业面源污染治理、规模化大型沼气、农业资源环境保护与可持续发展等项目；三是鼓励社会资本参与现代农业示范区、农业物联网与信息化、农产品批发市场、旅游休闲农业发展。

2017年5月31日，财政部、农业部联合发文《关于深入推进农业领域政府和社会资本合作的实施意见》，文件列示了国家重点引导和鼓励社会资本参与的农业公共产品和服务供给领域。一是农业绿色发展PPP。支持畜禽粪污资源化利用、农作物秸秆综合利用、废旧农膜回收、病死畜禽无害化处理，支持规模化大型沼气工程。二是高标准农田建设PPP。支持集中连片、旱涝保收、稳产高产、生态友好的高标准农田建设，支持开展土地平整、土壤改良与培肥、灌溉与排水、田间道路、农田防护与生态环境保持、农田输配电等工程建设，支持耕地治理修复。三是现代农业产业园PPP。支持以规模化种养基地为基础，通过“生产＋加工＋科技”，聚集现代生产要素、创新体制机制的现代农业产业园。四是田园综合体PPP。支持有条件的乡村建设以农民合作社为主要载体、让农民充分参与和受益，集循环农业、创意农业、农事体验于一体的田园综合体。五是农产品物流与交易平台PPP。支持农产品交易中心（市场）、生产资料交易平台、仓储基地建设，支持区域农产品公用品牌创建。六是“互联网＋”现代农业PPP。支持信息进村入户工程、智慧农业工程、农村电子商务平台、智能物流设施等建设运营。该文件把农业绿色发展PPP摆在了第一位。

（三）多部门要求加大PPP在农业绿色发展领域的推广应用

2017年9月30日，中共中央办公厅、国务院办公厅印发《关于创新体制机制推进农业绿色发展的意见》，指出“推进农业绿色发展，是贯彻新发展理念、推进农业供给侧结构性改革的必然要求，是加快农业现代化、促进农业可持续发展的重大举措，是守住绿水青山、建设美丽中国的时代担当”，要求“加大政府和社会资本合作（PPP）在农业绿色发展领域的推广应用，引导社会资本投向农业资源节约、废弃物资源化利用、动物疫病净化和生态保护修复等领域。”

2018 年 7 月 2 日，农业农村部印发《农业绿色发展技术导则（2018～2030 年）》，提出构建农业绿色发展技术体系是推进农业供给侧结构性改革提高我国农业质量效益竞争力的必由之路，是实施可持续发展战略破解我国农业农村资源环境突出问题的根本途径，是实施乡村振兴战略实现我国农业农村“三生”协调发展的必然选择，是实施创新驱动发展战略培育壮大农业绿色发展新动能的迫切需要；要求充分发挥市场主体的作用，加大 PPP 在农业绿色发展领域的推广应用，以企业为主体，吸引金融机构、风险投资、社会团体等资本，与科研院所建立利益共同体，共同开展绿色技术创新和转化应用，发展壮大农业绿色产业。

2018 年 11 月 1 日，国务院办公厅在《关于保持基础设施领域补短板力度的指导意见》中再次强调，补短板是深化供给侧结构性改革的重点任务，要在农业农村、生态环保、脱贫攻坚等九大领域补短板中规范推进政府和社会资本合作（PPP）。其中，农业农村领域补短板主要聚焦三个方面，一是高标准农田、特色农产品优势区、畜禽粪污资源化利用等农业基础设施建设，二是农村产业融合发展，三是农村人居环境整治，包括农村改厕、农村生活垃圾和污水处理设施建设等，这三个方面实际上都涉及农业农村绿色发展。

考察国家发展改革委、财政部和地方 PPP 项目库，目前已经落地的农业绿色发展 PPP 项目还很少，质量兴农、农业绿色发展推广 PPP 动力还不够强，PPP 助推我国农业绿色发展的动力机制亟待深入研究。

参考文献

英文文献

[1] Alfsen K H, Bye T A, Lorentsen L. Natural Resource Accounting and Analysis: the Norwegian Experience. Social and Economic Studies, 1987.

[2] Wirth L. Urbanism as a Way of Life. American Journal of Sociology, 1989.

[3] Bohte J, Meier K J. Goal Displacement: Assessing the Motivation for Organizational Cheating. Public Administration Review, 2000, 2.

[4] Noy V, Carolyn M. The City of Seattle and Campaign Finance Reform: a Case Study. Public Integrity, 2000, 2.

[5] Smith R W. Enforcement or Ethical Capacity: Considering the Role of State Ethics Commissions at the Millennium. Public Administration Review, 2003, 3.

[6] Brown D L, Cromartie J B, Kulcsar L J. Metropolitan Areas and the Measurement of American Urbanization. Population Research and Policy Review, 2004.

[7] Menzel D C. Ethics Management for Public Administrators: Building Organizations of Integrity. M. E. Sharpe, 2007.

[8] Reardon J. Comments on Green Economics: Setting the Scene Aims, Context, and Philosophical Underpinnings of the Distinctive New Solutions Offered By Green Economics. Green Economics, 2007.

[10] Hirotsugu U, Andrew N. Agglomeration Index: towards a New Measure of Urban Concentration in the World Bank. The World Development Report 2009.

[11] Sanjib D, Mrinmoy M, Debasri R, et al. Determination of Urbanization Impact on Rain Water Quality with the Help of Water Quality Index. Impact of Climate Change on Natural Resource Management Part 1, 2010.

[12] Lee I, Park S, Ryu S. Ecological Restoration Index for Evaluation of Artificial Salt Marsh. Journal of Coastal Research, 2011.

[13] Lee S D, Kwon J H, Kim A R. A Study on Ecological Evaluation of Habitat Suitability Index Using GIS-with a Case Study of Prionailurus Bengalensis in Samjang-Sanchung Road Construction. Lancet, 2012.

[14] Hoekstra A, Kaptein M. The Institutionalizations of Integrity in Local Government. Public in Egrity, 2012, 1.

[15] Dou X, Li S, Wang J. Ecological Strategy of City Sustainable Development. Apcbee Procedia, 2013.

[16] Ecodevelopment U R. ComMod, Ecodevelopment Companion Modelling as a Support Tool. 2013.

[17] Sisaye S. An Ecological Analysis of Four Competing Approaches to Sustainability Development. World Journal of Entrepreneurship Management & Sustainable Development, 2013.

[18] Ballesteros M M. Prospects on Ecological Development in Philippine Cities//towards a Livable and Sustainable Urban Environment. Eco-Cities in East Asia, 2014.

[19] Langhelle O. Why Ecological Modernization and Sustainable Devel-

opment should not be Conflated. Journal of Environmental Policy & Planning，2015.

［20］Singh D R. Environmental Issues for Socio-ecological Development. Excel India Publishers New Delhi，2015.

［21］Asolekar S R，Gopichandran，Hiremath A M，Poswal D. Green Chemistry and Ecological Engineering as a Framework for Sustainable Development：an Integrated Approach to Environmental Management. John Wiley & Sons，2015.

中文图书

［1］［美］赫茨勒（著），何新（译）. 世界人口的危机. 北京：商务印书馆，1963.

［2］［美］西蒙·库兹涅茨. 各国的经济增长. 北京：商务印书馆，1985.

［3］［美］西蒙·库兹涅茨（著），戴睿，易诚（译）. 现代经济增长. 北京：北京经济学院出版社，1989.

［4］［美］沃纳·赫希（著），刘世庆（译）. 城市经济学. 北京：中国社会科学出版社，1990.

［5］王新前. 绿色发展的经济学——生态经济理论、管理与策略. 成都：西南交通大学出版社，1996.

［6］［美］大卫·皮尔斯，阿尼尔·马肯亚，爱德华·巴比尔（著），何晓军（译）. 绿色经济的蓝图. 北京：北京师范大学出版社，1996.

［7］戴玄国. 绿色追求——吉林省发展生态环保型效益经济研究. 长春：吉林大学出版社，2000.

［8］刘思华. 绿色经济论——经济发展理论变革与中国经济再造. 北京：中国财政经济出版社，2001.

［9］柳树滋，等. 海南发展的绿色道路——生态省建设的理论与实践问

题研究．海口：海南出版社，2001.

［10］张春霞．绿色经济发展研究．北京：中国林业出版社，2002.

［11］赵弘志，关键．绿色经济发展和管理．沈阳：东北大学出版社，2003.

［12］夏鲁平．选择绿色发展之路——海南发展20年的回顾与反思．海口：南海出版公司，2004.

［13］余春祥．发展的超越——绿色经济与云南绿色产业的战略选择．昆明：云南科技出版社，2005.

［14］［美］莱斯特·R·布朗（著），林自新（译）．B模式2．0：拯救地球，延续文明．北京：东方出版社，2006.

［15］［加］麦克·布卢姆菲尔德，麦克·里斯高等（著），张明顺（译）．绿色城市：可持续社区发展指南．北京：企业管理出版社，2007.

［16］于凌云．发展绿色经济的地方财税政策研究．北京：中国财政经济出版社，2007.

［17］［美］马修·卡恩（著），孟凡玲（译）．绿色城市：城市发展与环境．北京：中信出版社，2008.

［18］莫小莎．绿色转型——广西民族地区经济发展模式转型方向和路径．成都：电子科技大学出版社，2008.

［19］欧亚PPP联络网（EU-Asia PPP Network）（著），王守清（译）．欧亚基础设施建设公私合作（PPP）案例分析．沈阳：辽宁科学技术出版社，2010.

［20］［德］魏伯乐，［澳］卡尔森·哈格罗夫斯等（著），程一恒（译）．五倍级：缩减资源消耗，转型绿色经济．北京：格致出版社，2010.

［21］中国-东盟环境保护中心．中国-东盟绿色产业发展与合作——政策与实践．北京：中国环境科学出版社，2011.

［22］中国-东盟环境保护合作中心，广西壮族自治区环保厅．中国-东盟环境合作——创新与绿色发展．北京：中国环境科学出版社，2012.

［23］［瑞典］杨朝飞，里杰兰德（著），杨朝飞（译）．中国绿色经济发展机制和政策创新研究．北京：中国环境科学出版社，2012．

［24］胡鞍钢．中国创新绿色发展．北京：中国人民大学出版社，2012．

［25］中国国际经济交流中心课题组．中国实施绿色发展的公共政策研究．北京：中国经济出版社，2013．

［26］扬小川．绿色发展．北京：同心出版社，2013．

［27］中国21世纪议程管理中心，可持续发展战略研究组．全球格局变化中的中国绿色经济发展．北京：社会科学文献出版社，2013．

［28］剧宇宏．中国绿色经济发展研究．上海：复旦大学出版社，2013．

［29］郝栋．绿色发展的思想轨迹——从浅绿色到深绿色．北京：北京科学技术出版社，2013．

［30］傅晓华．可持续发展之人文生态——兼论马克思主义绿色发展观．长沙：湖南人民出版社，2013．

［31］赵大伟，王炜．黑龙江省绿色农业产业发展研究——理论阐释、模式选择及制度变迁．北京：中国农业出版社，2013．

［32］中国-东盟环境保护合作中心．中国-东盟环境合作——区域绿色发展转型与合作伙伴关系．北京：中国环境科学出版社，2014．

［33］北京师范大学经济与资源管理研究院，西南财经大学发展研究院．2014人类绿色发展报告．北京：北京师范大学出版社，2014．

［34］徐焕．当代资本主义生态理论与绿色发展战略．北京：中央编译出版社，2015．

［36］［英］爱德华·法夸尔森等（著），唐李雅宁（译）．新兴市场公私合作模式．北京：中国电力出版社，2015．

［37］［美］E. S. 萨瓦斯（著），周志忍（译）．民营化与PPP模式推动政府和社会资本合作．北京：中国人民大学出版社，2015．

［38］赵福军，汪海．中国PPP理论与实践研究．北京：中国财政经济出版社，2015．

［39］何春丽．基础设施公私合作（含跨国 PPP）的法律保障．北京：法律出版社，2015.

［40］黄立君．向北欧学习绿色环保产业．广州：广州出版社，2015.

［41］诸大建．走向美丽中国 生态文明与绿色发展．上海：上海人民出版社，2015.

［42］刘薇．北京绿色发展与科技创新战略研究．北京：中国经济出版社，2015.

［43］盛和太，王守清．特许经营项目融资（PPP/BOT）：资本结构选择．北京：清华大学出版社，2015.

［44］丁保河．中国 PPP 立法研究．北京：法律出版社，2016.

［45］林华．PPP 与资产证券化．北京：中信出版集团，2016.

［46］蒲明书，罗学富，周勤．PPP 项目财务评价实战指南．北京：中信出版集团，2016.

［47］中国 PPP 产业大讲堂．PPP 模式核心要素及操作指南．北京：经济日报出版社，2016.

［48］周兰萍．PPP 项目运作实务．北京：法律出版社，2016.

［49］马俊．中国绿色金融发展与案例研究．北京：中国金融出版社，2016.

［50］何春丽．PPP 示范案例的机理分析与法律适用（含国际 PPP 经验借鉴）．北京：法律出版社，2016.

［51］陈颖，王亚男．环境影响评价与低碳绿色发展．北京：中国环境出版社，2016.

［52］王守清，王盈盈．政企合作 PPP 王守清核心观点（上、中、下册）．北京：中国电力出版社，2017.

［53］刘世坚，黄山．世说新语刘世坚解读中国 PPP．北京：中国电力出版社，2017.

［54］陈青松，张建红．绿色金融与绿色 PPP．北京：中国金融出版

社，2017.

[55] 王金霞. 绿色税收. 北京：中国环境科学出版社，2017.

[56] 黄建欢. 区域异质性、生态效率与绿色发展. 北京：中国社会科学出版社，2017.

[57] 薛涛，汤明旺. 薛涛解析中国式环保 PPP. 北京：中国电力出版社，2018.

[58] 丁伯康，丁逸. 论中国 PPP 发展生态环境. 北京：中国电力出版社，2018.

[59] 世界银行（著），北京明树数据科技有限公司（译）. 政府和社会资本合作（PPP）参考指南（第 3 版）. 北京：中国电力出版社，2018.

中文期刊

[1] 周一星. 城市化水平与国民生产总值关系的规律性探讨. 人口与经济，1982，1.

[2] 许学强，叶嘉安. 我国城市化的省际差异. 地理学报，1986，1.

[3] 胡培兆. 论有效供给. 经济学家，1999，3.

[4] 吴敬琏. 激活供给方采用“向供给面倾斜”的政策治理通货紧缩. 经济与信息，1999，6.

[5] 华桂宏. 论有效供给与中国经济发展. 江海学刊，2000，1.

[6] 李义平. 需求管理与供给管理. 经济研究参考，2000，26.

[7] 宣国富，徐建刚，等. 安徽省区域城市化水平综合测度研究. 地域研究与开发，2005，3.

[8] 仇方道，朱传耿，等. 县域城镇化发展水平评价与对策. 人文地理，2006，6.

[9] 万冬君，王要武，等. 基础设施 PPP 融资模式及其在小城镇的应用研究. 土木工程学报，2006，6.

[10] 涂关铭，汪霄. PPP 项目风险因素和承担机制研究. 基建优化，2007，4.

[11] 胥斌，常庆指，等. PPP 参与农村饮水安全工程运营管理的研究. 建筑经济，2008，3.

[12] 欧向军，甄峰，等. 区域城市化水平综合测度及其理想动力分析—以江苏省为例. 地理研究，2008，5.

[13] 曾珍香，段丹华，等. 基于主成分分析法的京津冀区域协调发展综合评价. 科技进步与对策，2008，9.

[14] 陈明星，陆大道，等. 中国城镇化水平的综合测度及其动力因子分析. 地理学报，2009，4.

[15] 王聪，朱喜钢，等. 基于县域的山东省城镇化发展水平差异研究. 河北师范大学学报，2009，5.

[16] 诸大建. 绿色复苏与中国的绿色创新. 中国科学院院刊，2010，2.

[17] 杨帆，杨琦，等. 公共交通定价与最优政府补偿模式. 交通运输工程学报，2010，2.

[18] 简新华，黄锟. 中国城镇化水平和速度的实证分析与前景预测. 经济研究，2010，3.

[19] 吴芳亮. PPP 模式在市政建设中的应用研究. 市政技术，2010，3.

[20] 陈明星，陆大道，等. 中国城市化与经济发展水平关系的省际格局. 地理学报，2010，12.

[21] 王慧珍. 关于农村饮用水供给问题的思考. 科技与生活，2010，21.

[22] 严萍. 陕西省县域城镇化发展水平的 BP 神经网络测定研究. 安徽农业科学，2010，28.

[23] 袁永博，叶公伟，等. 基础设施 PPP 模式融资结构优化研究. 技术经济与管理研究，2011，3.

[24] 吕可文，苗长虹，等. 河南省城镇化空间差异研究. 地理与地理信

息科学，2011，3.

[25] 李公祥. 城市基础设施项目PPP模式的运作方式选择研究. 北京理工大学学报（社会科学版），2011，4.

[26] 陈端计. 绿色发展：中国“十二五”发展转型升级的必然选择. 经济问题探索，2011，8.

[27] 陈桂枝. 湖北省县域城镇化水平的聚类分析. 安徽农业科学，2011，29.

[28] 刘世锦. 中国绿色发展的机遇与挑战. 低碳世界，2012，1.

[29] 李晶，王建平，等. 新农村水务PPP模式在我国农村饮水工程建管中的应用研究. 水势论坛，2012，3.

[30] 王洋，方创琳，等. 中国县域城镇化水平的综合评价及类型区划分. 地理研究，2012，7.

[31] 马翠玲. 发展生态经济 促进绿色崛起. 再生资源与循环经济，2012，10.

[32] 钱斌华. 构建智慧城市基础设施建设的PPP模式. 改革与创新，2012，10.

[33] 张汉飞. 扩展的PPP模式：化解县域城镇化资本强约束的新尝试. 区域经济评论，2013，4.

[34] 孙建强，沈浩. 城市基础设施建设PPP项目融资模式中的政府监管研究. 建筑施工，2013，6.

[35] 彭翀，常黎丽. 湖南省县域城镇化时空格局及其经济发展相关性研究. 经济地理，2013，8.

[36] 刘霞辉. 供给侧的宏观经济管理：中国视角. 经济学动态，2013，10.

[37] 吴孝灵，周晶，等. 基于公私博弈的项目政府补偿机制研究. 中国管理科学，2013，11.

[38] 周生贤. 走向生态文明新时代——学习习近平同志关于生态文明建

设的重要论述. 求是，2013，17.

[39] 胡鞍钢，周绍杰. 绿色发展：功能界定、机制分析与发展战略. 中国人口. 资源与环境，2014，1.

[40] 甘丹丽. 新型城镇化背景下的农民市民化：制度冲突与路径选择. 内蒙古社会科学，2014，2.

[41] 高颖，张水波，等. 不完全合约下项目的运营期延长决策机制. 管理科学学报，2014，2.

[42] 邬晓燕. 绿色发展及其实践路径. 北京交通大学学报（社会科学版），2014，3.

[43] 张利霞. 我国城镇化水平与第三产业发展关系的实证研究：1978～2012. 山东财经大学学报，2014，3.

[44] 谢英. 湖南公共事业应用 PPP 模式现状及对策. 经济论坛，2014，11.

[45] 吴卓瑾，乔宝云. 构建合理的 PPP 管理框架推进财政和国家治理现代化. 中国财政，2014，15.

[46] 邱峰. PPP 模式的发展、问题及其推广策略. 吉林金融研究，2015，1.

[47] 张莹. 中国公私合作模式发展研究综述. 东北财经大学学报，2015，4.

[48] 吕辉红. 湖南洞口：借鉴 PPP 模式发展农村扶贫产业. 中国财政，2015，4.

[49] 李艳茹，卢小广. 基于 PPP 融资模式的农村饮水安全工程可持续性评价研究. 生态经济，2015，4.

[50] 张攀攀. 生态文明城市建设的理论与实践选择. 市场研究，2015，4.

[51] 冯珂，王守清，等. 新型城镇化背景下的 PPP 产业基金设立及运作模式探析. 建筑经济，2015，5.

［52］秦书生，杨硕．习近平的绿色发展思想探析．理论学刊，2015，6.

［53］王江华．安徽省新型城镇化水平测度及空间差异分析．中国集体经济，2015，10.

［54］李平．PPP 模式在湖南应用和实践研究．国际商务财会，2015，12.

［55］胡少刚，王科．湖南莽山水库 PPP 项目建设模式探索与实践．中国水利，2015，18.

［56］田文富．创新推动绿色发展体制机制的思考．领导科学，2015，23.

［57］宋超．PPP 模式在我国县域生态治理中的应用研究．四川省社会主义学院学报，2016，1.

［58］陈程．浅谈 PPP 模式对县域经济发展的影响．财经界（学术版），2016，1.

［59］周颖，王洪志，等．基于因子分析的绿色产业评价指标体系构建模型及实证．系统管理学报，2016，2.

［60］王俊豪，金暄暄．PPP 模式下政府和民营企业的契约关系及其治理．经济与管理研究，2016，3.

［61］叶帅．实践 PPP 模式：助推县域经济发展．西部大开发，2016，3.

［62］蔡丽婷．完善公共项目价格机制的路径探讨——以福建 PPP 公共项目分析为例．价格理论与实践，2016，4.

［63］严华东，丰景春，等．准经营性基础设施 PPP 项目补偿机制的一个框架设计．地方财政研究，2016，4.

［64］支磊．PPP 模式在基础设施领域应用的问题探讨．现代营销旬刊，2016，5.

［65］陈晓红，郭佩含．基于实物期权的 PPP 项目政府补偿机制研究．软科学，2016，6.

［66］田晓娟，胡芳．PPP 模式对县域经济发展的促进作用．财会学习，

2016，8.

［67］李彩云，厉伟. 基于PPP模式的农村饮水安全工程融资风险评价实证研究. 江西农业学报，2016，9.

［68］赵赟飞. 浅析新常态背景下PPP模式面临的机遇和挑战. 商，2016，9.

［69］陈宸，王连想. PPP模式在县域的推广应用研究—以河南省宝丰县为例. 财政监督，2016，10.

［70］杨亮. PPP模式对县域经济发展的影响及对策探索. 产业与科技论坛，2016，10.

［71］郑英. PPP模式对县域经济的影响研究. 中国经贸，2016，10.

［72］乔宠如. 3000亿投入，农饮水仍不安全. 经济，2016，12.

［73］蔡晓琰，周国光. PPP项目政府和社会资本合作的投资回报机制研究. 财经科学，2016，12.

［74］朱守鹏. PPP模式在我国的发展历程、运用困境及对策研究. 工程技术，2016，12.

［75］陈新平. 经济视角下的PPP. 经济研究参考，2016，15.

［76］张心怡，黄珊. 浅析我国PPP模式发展. 中国商论，2016，21.

［77］胡昌支，何伟，等. 从太湖、莽山水库看实施水利PPP项目基本经验. 中国水利，2016，22.

［78］逯元堂，宋玲玲，等. PPP模式下黑臭水体治理依效付费机制思路与框架设计. 环境保护，2016，23.

［79］郑涵月. 国内外PPP模式的发展实践. 全国流通经济，2017，1.

［80］薛涛. 城市黑臭水体治理的PPP探索. 城乡建设，2017，2.

［81］董再平. 中国PPP模式的内涵、实践和问题分析. 理论月刊，2017，2.

［82］刘穷志，张森. 中国PPP的发展历程、主要问题与改革展望. 财政监督，2017，4.

［83］温来成，宋樊君．我国 PPP 法律制度建设现状、问题及对策建议．财政监督，2017，4.

［84］吕桦．关于政府报告中“深化政府和社会资本合作”的认识和体会．中国注册会计师，2017，6.

［85］李龙．现阶段我国 PPP 模式推广中的几个关键问题分析．经贸实践，2017，6.

［86］陈昶彧．湖南省 PPP 发展情况概要．中国政府采购，2017，8.

［87］郭兆晖．‘一带一路’沿线区域绿色发展水平评价．福建论坛（人文社会科学版），2017，9.

［88］杨晶．大力推进生态文明建设 努力走向社会主义生态文明新时代．行政管理改革，2017，10.

［89］湖南省财政厅．建机制重管理 打造 PPP 工作‘湖南模式’．中国财政，2018，1.

图书在版编目（CIP）数据

政府与社会资本合作（PPP）的理论探索与实践应用研究 / 彭程甸等著. -- 湘潭 : 湘潭大学出版社, 2019.3
ISBN 978-7-5687-0299-7

Ⅰ. ①政… Ⅱ. ①彭… Ⅲ. ①政府投资—合作—社会资本—研究—中国 Ⅳ. ①F832.48 ②F124.7

中国版本图书馆 CIP 数据核字（2019）第 052955 号

政府与社会资本合作（PPP）的理论探索与实践应用研究

彭程甸　等著

责任编辑： 王亚兰
封面设计： 曾天怡
出版发行： 湘潭大学出版社
社　　址： 湖南省湘潭大学工程训练中心
电　　话： 0731-58298960 0731-58298966（传真）
邮　　编： 411105
网　　址： http://press.xtu.edu.cn/
印　　刷： 长沙鸿和印务有限公司
经　　销： 湖南省新华书店
开　　本： 710 mm×1000 mm 1/16
印　　张： 17
字　　数： 260 千字
版　　次： 2019 年 3 月第 1 版
印　　次： 2019 年 3 月第 1 次印刷
书　　号： ISBN 978-7-5687-0299-7
定　　价： 50.00 元